中勤万信
PEKING
上市公司破产重整系列丛书

上市公司破产重整

关键点案例分析

苏子轩 李凯 张宏敏◎主编

中国财经出版传媒集团
中国财政经济出版社
·北京·

图书在版编目（CIP）数据

上市公司破产重整关键点案例分析／苏子轩，李凯，张宏敏主编．——北京：中国财政经济出版社，2023.12（2024.3 重印）
（上市公司破产重整系列丛书）
ISBN 978－7－5223－2601－6

Ⅰ.①上…　Ⅱ.①苏…　②李…　③张…　Ⅲ.①上市公司－破产法－案例－中国　Ⅳ.①D922.291.925

中国国家版本馆 CIP 数据核字（2023）第 233562 号

责任编辑：翁晓红　　　　责任校对：张　凡
封面设计：孙俪铭　　　　责任印制：党　辉

上市公司破产重整关键点案例分析

SHANGSHI GONGSI POCHAN CHONGZHENG GUANJIANDIAN ANLI FENXI

中国财政经济出版社 出版

URL：http：//www.cfeph.cn
E－mail：cfeph@cfeph.cn

社址：北京市海淀区阜成路甲 28 号　邮政编码：100142
营销中心电话：010－88191522
天猫网店：中国财政经济出版社旗舰店
网址：https：//zgczjjcbs.tmall.com
中煤（北京）印务有限公司印刷　各地新华书店经销
成品尺寸：170mm×240mm　16 开　21.75 印张　254 000 字
2023 年 12 月第 1 版　2024 年 3 月北京第 2 次印刷
定价：96.00 元
ISBN 978－7－5223－2601－6
（图书出现印装问题，本社负责调换，电话：010－88190548）
本社质量投诉电话：010－88190744
打击盗版举报热线：010－88191661　QQ：2242791300

本书编委会

主　编：苏子轩　李　凯　张宏敏

副主编：宋伟杰　张肖飞　孔建波

周元尚　袁　宏

编　委：靳红星　赵海军　陈　承

张斐斐　职斯敏　张园园

任　航　孙　敬　杨雅文

冯世媛

序　一

本人曾参与众多企业的破产重整工作，在此过程中，我深切地感受到破产重整是一项错综复杂、实践性很强的综合业务。破产重整涉及众多不同的利益主体，每一方的利益诉求不同，对破产重整的理解存在差别，在对破产重整的研究上侧重点也有所不同。站在项目投资管理的角度，破产重整是一种特殊的投资机会，投资方会重点关注项目的风险收益情况。从此角度来看，破产重整项目具有以下难点：程序较为复杂，专业化程度高，项目周期较长；需要大量资金支持，债务的清偿以及改善企业经营状况等都需要有大量资金的投入；需要管理人、产业投资人和财务投资人等各方的合力协作。这些是投资每个破产重整项目都需要认真分析考量的内容。

破产重整的目的是发现企业重整价值，实现困境企业重生。破产重整企业的破产原因涉及宏观、微观、外部、内部多重因素，想要通过重整的方式盘活危机企业、实现正常经营，就需要从企业内外部各个方面进行深入的分析研究。一方面，需要对破产重整企业所处的行业、地域、经营能力等进行综合分析，考虑企业的行业地位、市场前景、经营情况、资质价值、品牌价值、社会公共价值等，深入挖掘企业价值，明确可持续发展路径；另一方面，需要关注国家政策导向、政府支持力度等，考虑可能涉及的社会维稳、行政手续缺陷等问题如何解决，协调平衡各利益相关方的利益诉求，制订可行的重整计划。另外，破产重整计划的制订必须依据合理的成本收益预测，这样才能保证能够引入合适的投资人。

破产重整还需要考虑重整过程中可能面临的各种风险，做好风险控制工作。破产管理人需要对可能涉及的风险进行全面分析和评估，包括但不限于法律风险、经营风险、市场风险等，制订有效的应对方案，这样才能确保重整计划的成功实施。

近来，在与中勤万信会计师事务所（特殊普通合伙）河南分所的破产管理团队一起讨论破产重整的理论与实务时，有幸阅读了由他们编撰的《上市公司破产重整关键点案例分析》一书。本书主要从资产重组角度对上市公司重整价值进行定义分析，是一本关于破产重整所必需的从资产重组角度分析、研究、总结之作，书中内容与我长期以来在实务中形成的破产重整思路可谓不谋而合。

本书收集了2007—2021年被批准重整的90家上市公司的破产重整有关信息，并对这些上市公司重整计划中的各类资产重组方案进行了具体研究，在此基础上针对企业重整效果、企业运营价值、企业财务状况、市值影响等焦点进行重点分析。本书内容翔实、依据充分，在阅读中，我总能看到自己以往在破产重整工作中碰到的类似问题，书中对问题、困难分析得全面透彻，所提对策建议切实可行，可以说本书是一本不可多得的破产重整实务经验的集成之作。

除了破产管理人外，本书对其他破产相关方也具备重要的借鉴意义：一是可以给政府决策部门在判断企业破产重整对本地经济贡献的价值时提供重要的判断参考依据；二是可以给公司原股东对于公司留存股权价值的未来发展空间提供判断参考依据；三是可以给战略投资者对于公司重整后焕发新生的价值重估提供判断参考依据；四是可以给公司债权人对债权清偿率提供判断参考依据；五是可以给受理案件的人民法院在公司重整过程中法律框架下，如何平衡各方利益提供判断参考依据。

综上，本人推荐《上市公司破产重整关键点案例分析》这本书。参与破产重整的各方主体若能认真看完本书，对企业是否应当进入破产重整程序、何时进入破产重整程序、破产重整程序完成后的收益等众多问题，均会有一个清晰且满意的答案。

 *

2023 年 11 月

---

* 崔凯，现任河南资产管理有限公司总经理，在资产管理行业从业 20 余年，负责主持过多个大型企业并购重组项目，在资产重组、破产重整、债务重组及产业投资等专业领域有丰富的项目运作管理经验。

序　二

《中华人民共和国企业破产法》（以下简称《破产法》）于2007年6月实施以来，国务院及其有关部门、最高人民法院和各地区陆续在制度层面推出了多项配套政策和法规，逐步完善和规范破产程序，指导破产相关实践。

企业破产最常见的程序为破产清算和破产重整。就破产重整而言，其目的在于挽救那些可能或已经具备破产原因但又有维持价值和再生希望的企业，避免企业最终破产清算。破产重整实务中债务人企业在重整保护期内一般会继续经营，这就要求管理人直接或者间接管理运营债务人企业，深入参与债务人企业的商业运营、市场发展、风险防控等经营管理的方方面面。为达到债务人企业重生的目的，破产重整中常会采用企业并购重组的方式，通过引进外部投资对企业的资金、资产、劳动力、技术、管理、业务等要素资源进行重新配置，改革旧的或构建新的商业模式。破产重整的这些特点要求管理人必须具备财务、税收、法律、企业组织、内部控制、并购管理等多方面的综合知识和经验。会计师事务所以注册会计师为核心的破产管理人团队具有财务会计、审计、税务、成本管理、经济法、公司战略与风险管理等方面专业知识，在破产重整方面具有独特的优势。

本书主要由中勤万信会计师事务所（特殊普通合伙）河南

分所（以下简称中勤万信河南分所）破产管理团队编写。中勤万信河南分所是一家享有较高声誉和具有综合专业服务能力的大型会计师事务所，是河南省高院企业破产案件管理人名录中的一级破产管理人，其破产管理团队自 2017 年以来承做了大量企业破产重整项目，实务经验丰富，特别是在破产重整中的资产重组方面专业优势显著。他们在工作实践中发现，近年来有关破产重整的研究成果颇为丰富，但多集中于法律领域，从企业资产重组角度进行研究的论著很少，而破产重整中的重整时机、重整管理模式、重整计划方案的选择与决策等关键工作均与破产企业资产的组合调整以及外部资源的引进整合息息相关。为推进破产重整研究的全面发展，填补破产重整在资产重组方面研究的不足，满足破产重整工作的实际需要，他们选择从上市公司破产重整这一角度入手，近年来持续进行相关研究，在河南财经政法大学相关师生的协作下，最终形成了这本从资产重组角度分析上市公司破产重整的专著。本书包含大量对已通过表决并执行完毕或大部分执行完毕的上市公司重整计划方案的全面系统分析研究，这些实证研究成果可以帮助读者对破产重整理论有更深入的理解，能给破产重整实务提供具有价值的参考借鉴。

本书内容具有以下特点：

一是立足资产重组视角。本书主要基于资产重组视角对上市公司破产重整进行研究，作者既有深厚的理论基础，又有丰富的实践经验，本书的出版丰富了相关领域的研究成果，能够引领更多专业人士从事相关研究。

二是内容涵盖面广。本书涵盖了重整时机、预重整程序、重整管理模式、重整方案、重整效果等所有破产重整方面的内容，有利于读者站在资产重组的角度深入了解、认识破产重整各个领域。

三是紧密联系实务。中勤万信河南分所曾以破产管理人以及审计机构的身份主导或参与了多家上市公司的破产重整，积累了丰富的实务经验，因此，书中加入了上市公司破产重整的案例分析，能够做到从实务出发，反映与解决实务中存在的问题，具有很强的现实指导意义。

本书作为从资产重组角度研究破产重整的专著，特色鲜明。阅读本书能够让读者从法律以外的视角认识破产重整，对破产重整领域的专业人士以及对此感兴趣的有志之士均有所裨益。

张子学*

2023 年 11 月

---

* 张子学，中国政法大学民商经济法学院教授，主要从事证券法、公司法、基金与信托法的科研教学工作，兼任中国上市公司协会并购融资委员会委员、中国证券投资基金业协会法制与自律监察委员会委员、中国注册会计师协会法律与权益维护委员会委员。

序　三

近年来，我国企业破产重整数量逐年上升，市场也越来越认识到破产重整制度在维护社会稳定、促进经济发展方面的价值，政府、法院、市场监管机构对于推动危机企业进入破产重整也越来越积极，企业破产重整已呈现常态化，成为解决企业破产危机的常用措施。

破产重整工作专业性强，涉及法律、会计、税务、评估、金融、资产管理等多个专业，对从业人员的专业素质和综合能力要求较高，破产重整从业人员需要具备扎实的法律基础，并精通财务管理知识，更重要的是具有推进企业破产重整的综合能力。破产重整的前提是企业重整价值大于清算价值，而企业重整价值的估算，主要就是计算在实施资源整合、业务布局优化、产能升级等资产重组措施后企业可能的经营价值；破产重整需要对债权进行调整，制订合理的债权清偿方案，通过现金清偿、以物抵债、债转股、留债分期偿还等多种债务重组手段对企业债务进行重组；破产重整需要调整企业资本结构，通过投资人受让股权、以股抵债、对核心人员进行股权激励等方式进行股权架构重组；破产重整需要对企业的经营管理进行调整，通过剥离闲置亏损资产、调整业务结构、优化购销渠道、完善公司治理结构等措施对企业经营管理进行全面重组。上述工作可以说是破产重整工作的核心，而要高质高效地完成这些工作，管理人必须熟悉资产重组相关知识，并具有丰富的资产重组经验。破产重整人员必须不断学习，致力于成为集法律、财务、资产重组等多领域知识为一体的复合型人才。对于大型破产重整案件，管理人团队应当配有不同领域的专业人才，各方各显其长、优势互补、通力合作，方可保障大型、复杂破产案件的成功办理。

上市公司的破产重整参与主体众多，涉及利益关系复杂，事关资本市场的持续健康发展、事关广大投资者的利益保护、事关职工权益保障和社会稳定。与一般企业破产重整相比，上市公司破产重整涉及利益关系更为复杂，主要包括：化解上市公司的债务和经营危机，通过内部重组、引进投资等使企业获得重生；保护债权人和投资者的合法权益，兼顾职工利益、出资人利益和社会利益，妥善处理各方利益的冲突；维护证券市场和社会的稳定，防止产生群体性、突发性事件等。因此，研究上市公司破产重整比研究一般破产重整案件有更多的特殊的理论价值和现实指导意义。

上市公司重整与首次公开募股（IPO）、上市公司再融资、债券发行、并购重组、强制退市等制度一样，是上市公司成长和运行生态圈的重要组成部分。重整是《企业破产法》给予困境企业重生机会的一个重要法律制度设计，更是困境公司的拯救机会。从上市公司运行生态圈的视角，重整制度的设计和制定意义重大。无论是作为一种制度还是一种方法，或是一种行为，重整都对该生态圈中的上市公司、机构投资者以及股民个人产生重大影响，成功的企业重整会促进生态圈的良性发展。

本书基于企业资产重组这一独特视角对上市公司重整进行研

究，对于公司是否应当进入破产重整程序、应当何时进入破产重整程序、破产重整收益如何等问题，均结合实务案例给出了翔实的分析总结，可以为破产重整实务工作者在解决实务操作中遇到的许多问题提供极其有价值的借鉴。

本书总结了中勤万信会计师事务所（特殊普通合伙）河南分所（以下简称中勤万信河南分所）破产管理团队多年来积累的企业破产重整实战经验。中勤万信河南分所作为河南省高级人民法院破产案件管理人名册一级管理人，主导或参与的破产管理项目 80 余个，积累了大量的企业破产管理经验。中勤万信河南分所破产管理团队倾力于上市公司破产重整的理论研究和实务操作，在他们的勤奋与坚持下，总结了不少典型案例，其中既有实践经验，又包含理论阐述。本书编写团队结合自身上市公司破产重整实战经验，从 90 家上市公司破产重整案例着手，聚焦这些上市公司重整计划中的重整方案，从资产重组的角度深刻论述了破产重整相关知识、重整时机分析、预重整程序的引入、重整管理模式的选择、重整方案分析、重整效果分析六大部分内容，清晰地展示了破产重整案件背后的博弈、思考，全方位诠释了上市公司破产重整的价值所在。

本书从资产重组角度对上市公司重整案例进行实证分析研究，不仅是深入理解破产法理论的一个重要途径，也是上市公司破产重整管理人协调债务人、债权人、战略投资人、出资人、企业职工、税务机关、地方政府等各方利益，制订重整方案的实务参考来源。

很高兴看到中勤万信河南分所主导编写的《上市公司破产重整系列丛书》之《上市公司破产重整关键点案例分析》即将

出版，阅读本书能够让读者学到破产重整一线实战者的经验，对于破产管理理论研究及实务操作均有较高的参考价值。

*

2023 年 11 月

---

* 沈琦，中联资产评估集团有限公司联席董事长，中评协资深会员，全联并购公会理事、中上协并融委委员，曾任中国证监会重组委委员。曾先后领导了中国石化、中国铝业、中国银行、中国中铁、中国中车、国电南瑞、万华化学、双汇集团等大型项目评估工作，对企业重组、并购和上市等的资产评估及财务顾问有丰富的经验。

前 言

2019年7月，国家发改委等13部门联合发布《加快完善市场主体退出制度改革方案》（发改财金〔2019〕1104号），提出要完善企业破产启动与审理程序、研究建立预重整和庭外重组制度、完善企业破产重整制度等。2021年2月，国家发改委等13部门联合发布《关于推动和保障管理人在破产程序中依法履职进一步优化营商环境的意见》（发改财金规〔2021〕1274号），提出加强金融机构对破产程序的参与和支持，加强重整企业融资支持，支持重整企业金融信用修复和企业纳税信用修复等。2021年11月，国务院发布《关于开展营商环境创新试点工作的意见》（国发〔2021〕24号），提出在优化营商环境工作中的一个重点任务就是要推行破产预重整制度，建立健全企业破产重整信用修复机制，允许债权人等推荐选任破产管理人等。另外，地方法院也陆续出台了一些有关破产重整的实施细则。这些政策制度丰富了我国破产重整法规体系，为上市公司破产重整实践奠定了坚实的法律基础。

随着有关破产重整制度、程序的日益完善，上市公司破产重整案件逐年增多。据我们统计，自2007年《企业破产法》实施至2021年12月31日，已经有90家上市公司发布重整计划草案并基本完成计划的执行。对这些上市公司重整计划认真进行实证研究，不仅可以对破产重整理论有深入的理解，也可以供破产重整实务工作者参考。近年来，有关上市公司破产重整的研究成果颇为丰富，如申林平编著的《上市公司破产重整：原理与实务》[①]、李曙光和郑志斌编著的《公司重整法律评论（第5卷）：上市公司重整专辑》[②]、张婷和胡利玲编著的《预重整制度理论与实践》[③]，这些研究成果丰富了上市公司破产重整的相关理论并被用于具体实践中，为我国上市公司破产重整理论与实践的发展作出较大的贡献。这些研究成果主要集中在法律方面，但破产重整不仅是法律问题，而且还涉及重整时机、重整管理模式、重整计划方案的选择与决策，这些必然涉及对债务人企业资产进行重新组合、调整、配置。据我们所知，目前还没有一本主要从资产重组方面详细分析上市公司破产重整的专业书籍，因此，我们决定利用自身的专业知识和多年上市公司破产重整的实务经验[④]，出版一本从资产重组方面分析上市公司破产重整的专著，为上市公司破产重整的研究提供新的视角，为读者从资产重组视角深入了解上市公司破产重整提供相关参考。

本书共分六章。

第一章介绍破产重整的相关知识。包括破产重整的概念与内涵、破产重整的重要阶段安排以及破产重整的实施效果。这些内容属于破产重整的理论部分，作为后面章节的理论基础。

第二章是重整时机分析。主要分析债权人或债务人向人民法

---

① 申林平：《上市公司破产重整：原理与实务》，法律出版社2020年版。

② 李曙光，郑志斌：《公司重整法律评论（第5卷）：上市公司重整专辑》，北京：法律出版社2019年版。

③ 张婷，胡利玲：《预重整制度理论与实践》，北京：法律出版社2020年版。

④ 本书编写团队有多位中勤万信会计师事务所（特殊普通合伙）河南分所（以下简称中勤万信河南分所）的专业人士。中勤万信河南分所是河南省法院企业破产案件管理人名录一级破产管理人、郑州市破产管理人协会理事单位，担任多家上市公司破产重整的联合管理人，具有丰富的实务经验。

院申请对债务人进行重整时会考虑的因素、重整过程中不可控的因素等。这些属于进行破产重整决策的内容，了解这些内容有助于债权人或债务人进行破产重整决策。

第三章是预重整程序的引入。预重整程序具有成本和效率优势，尤其在沪、深证券交易所推出上市公司退市新规后，留给上市公司退市整理的时间越来越少。上市公司为了避免退市，更加需要通过预重整以期更早进入重整程序，尽早达到重整成功的目的。因此，预计预重整程序会在上市公司破产重整中得到广泛应用，需要对引入预重整程序的决策进行分析。

第四章是重整管理模式的选择。我国上市公司重整的管理模式可以分为两种：一种是管理人管理模式，即由破产管理人负责管理上市公司财产和营业事务的运作模式；另一种是债务人自行管理模式，即经法院裁定批准由公司在管理人的监督下自行管理财产和营业事务的运作模式。这两种模式各有优缺点，因此选择何种管理模式是一个决策问题，需要进行深入分析。

第五章是重整方案分析。本章对 90 家上市公司破产重整方案中的重整决策进行全面分析，包括引入重整投资人、出资人权益调整、债权调整方案、债权清偿方案以及经营方案，使读者能够对我国上市公司破产重整的实践状况有深入的认识，有助于解决破产重整实务中遇到的问题。

第六章是重整效果分析。本章着力从企业运营价值、财务状况以及市值分析等方面对重整效果展开分析，研究发现：（1）大部分进入破产重整的上市公司通过重整程序实现了法律效果和社会效果的统一；（2）从现有统计数据来看，需要进一步兼顾降低破产成本和优化破产重整效率；（3）产业投资人和财务投资人都在上市公司破产重整中扮演了越来越重要的角色，以期实现社会效益和资本效益的共赢。期望这些研究发现能够为读者提供一些启示，推动上市公司破产重整的理论研究和实践活动发展。

为了增加可读性，本书在第二章、第三章、第四章、第五章都加入了上市公司破产重整的案例分析，这些案例均来自近三年具有一定代表性的上市公司，并且使用了规范的方法进行分析，读者如果仅阅读案例分析部分，也可以获得较多收获。

本书由中勤万信会计师事务所（特殊普通合伙）河南分所（以下简称中勤万信河南分所）的破产管理团队编写，河南财经政法大学相关师生以及其他具有丰富破产管理经验的破产管理从业人员也在本书的编写中提供了建议与帮助。中勤万信河南分所苏子轩编写第一章、第五章，中勤万信河南分所张宏敏编写第二章，河南财经政法大学李凯、张肖飞及袁宏编写第三章，宋伟杰、孔建波编写第四章，周元尚编写第六章。此外，靳红星、赵海军、陈承、张斐斐、职斯敏、张园园以及河南财经政法大学的任航、孙敬、杨雅文、冯世媛等人也深度参与了本书的信息收集分类统计、文本校对、提供建议等工作。

由于水平有限，虽经多次讨论修改，书中仍难免有疏忽与不足之处，恳请广大读者提出宝贵意见与建议。

作者

2023 年 11 月

目　录

Contents

第一章 破产重整的相关知识

第一节　破产重整的概念与内涵

一、破产重整的定义

破产重整概念是由传统的破产清算衍生而来，即对进入破产阶段但仍具备重生可能性的市场主体采取资产置换、增资和引入投资人等挽救措施，从而避免因破产清算导致的生产要素流失、生产能力消灭的情形，使陷入困境而有重生价值的企业获得新生，促进经济结构调整（李曙光和郑志斌，2019）①，是市场经济下优胜劣汰、优化资源配置的一种有效方式（何旭强和周业安，2006）②。从国际视野来看，美国《布莱克法律词典》也对"重整"（business reorganization）进行了定义，即当债务人陷入破产或者无力清偿到期债务时，可以依照《破产法》第十一章申请重整程序。在法院的监督下，债务人通常可以继续营业，直至重整计划获得 2/3 的债权人通过。日本的石川明教授将重整定义为：处于困境之下但可预见到能再建的股份有限公司，继续调整其利害关系人的利益，以谋求企业再生的制度③。从以上概念来看，虽然关于"重整"的定义没有完全统一，但学界对"重整"的定义均具有相同特点，即对陷入困境的企业不直接破产清算，而是采用更多有效的方式对仍具有存活可能性的企业进行

---

① 李曙光，郑志斌：《公司重整法律评论（第 5 卷）：上市公司重整专辑》，北京：法律出版社 2019 年版。

② 何旭强，周业安：《上市公司破产和重整的选择机制、经济效率及法律基础》，载《管理世界》2006 年第 7 期。

③ ［日］石川明：《日本破产法》，何勤华，周桂秋译，中国法制出版社 2000 年版，第 9 页。

拯救，以促进市场资源的最大化有效利用[①]。

我国在2007年《企业破产法》中正式引入重整制度。目前我国在立法上设计了三种破产程序，即破产清算程序、和解程序和重整程序。

（一）破产清算与破产重整

破产清算是对不能清偿到期债务的债务人直接宣告破产，依法定程序将其全部财产公平分配给债权人，此种情形下公司不再考虑是否能够拯救的可能性，仅关注如何分配债务人财产。破产重整和破产清算具有较大的不同。一是目的不同。破产重整的目的在于拯救处于困境中的企业；而破产清算的目的是清理公司、分配企业财产。二是破产原因不同。申请清算的破产企业基本没有可拯救的可能性；相较之下，重整的破产企业仍有挽救的可能性，重整的前提是重整价值大于清算价值。三是申请主体不同。可以申请破产重整的主体包括债务人、债权人以及出资额占债务人注册资本1/10以上的出资人，而破产清算的申请主体只能是债务人、债权人，不包括出资人。出资人是公司运转的重要支持者，出资人拯救公司的意愿对公司的长久经营能起到积极的促进作用。

（二）破产和解与破产重整

破产和解制度出现在重整制度之前，1986年《企业破产法》在第四章中规定了“和解和整顿”。重整制度与和解制度两者之间存在很明显的区别：

一是申请人不同。根据我国《企业破产法》第95条的

---

① 申林平：《上市公司破产重整：原理与实务》，北京：法律出版社2020版，第1页。

规定，和解只能由债务人申请；而重整既可以由债务人申请，也可以由债权人、出资额占债务人注册资本 1/10 以上的出资人申请。

二是预防破产措施不同。和解主要是通过债权人的让步达成和解协议，缓解债务人的债务压力，给予债务人以喘息的机会；而重整有更多可以拯救企业的措施，除可以调整债权人与债务人之间的债权债务关系之外，还可以采取股东无偿转让股份、资本公积金转增股份、债转股、引入投资者、资产重组等方法。

三是所依据文件不同。和解主要是由债权人与债务人协商达成和解协议；而重整是通过协调各方利害关系主体，达成包括债务调整方案、出资人权益调整方案、经营方案等内容的重整计划。

四是参与主体不同。和解程序中参与主体主要是债权人与债务人之间；重整程序的参与主体不仅包括债权人、债务人，还涉及公司出资人、职工，以及政府部门、国家证券监管部门、证券交易所等。

综上所述，虽然和解制度与重整制度均是预防公司破产的制度，但和解更多是一种消极的债务减免，重整更多是通过积极方式保持企业的持续经营以拯救企业。正因为重整是一种预防破产的积极手段，在实务中，重整程序被适用的频率远大于和解程序。

二、破产重整的本质

公司重整制度的实质是债务人借助《企业破产法》提供的谈判机制与债权人就当前的债权契约重新谈判，无力偿债的重整公司得以避免清算，债权人整体上又可以得到大于清算所能得到的支付，实现双赢基础上的帕累托改进。从理论上对破产重整的解释包括持续经营说、利益与共说、社会政策说、重整契约说和团队生产理论。

持续经营说认为，破产重整的本质是维持公司的营运价值，其目标是通过维持公司营运价值预防公司破产。该学说在重整程序中侧重于公司的运营管理。

利益与共说认为，破产重整的本质是通过各利益相关方共同分担损失使公司摆脱困境，恢复正常经营，从而共同分享重整利益。在重整价值高于清算价值的情形下选择重整，是各方利益相关方为追求各自更高利益的结果。

社会政策说认为，重整不仅保护个人利益，而且保护社会公共利益，故重整中应当有公权力的适当介入。此学说可以为公司重整的公私融合性质提供理论基石。

重整契约说强调公司重整的本质是债权人等利害关系人与债务人之间进行谈判并最终达成合约，重整契约的根源是自治式的债务融资契约。

团队生产理论是将公司法领域内创设的理论运用于上市公司破产重整之中。该理论将债权人、股东、管理层、员工、供应商、客户、地方政府、监管机构以及其他成员都视为团队成员，团队成员共同生产利润。

综观以上几种学说，每一种都体现着破产重整的一种或多种特点，但没有一个学说能够完全概括重整的所有特点，尤其是针对上市公司的破产重整。就当前学界的讨论，重整契约说得到更多学者的认可，但也存在自身的弊端，如对于有公权力介入的重整计划强制批准，重整契约说难以加以解释，但就目前而言，相较其他学说，重整契约说更能体现重整特点。

第二节　破产重整的重要阶段安排

一、上市公司破产重整的申请与受理

上市公司的重整由于不仅会影响上市公司、股东、债权人，还会影响众多的社会投资者、影响证券交易市场停复牌的变动、证券监管部门的监管等，加之上市公司职工众多、资金链庞大，其重整对社会稳定也会产生一定的影响，因此上市公司重整的申请和受理需要格外慎重处理。

（一）上市公司破产重整的申请条件

重整申请是上市公司重整的开始，法院根据申请人的申请裁定上市公司是否重整。依照我国《企业破产法》的规定，上市公司破产重整的申请可以分为申请人直接申请重整、申请破产后转为重整程序，两种程序之下的申请应符合申请条件、重整原因，并且由符合法律规定的权利主体提起。

对于法院而言，是否裁定受理重整需要根据当事人提供的证据审查上市公司是否具备重整原因、条件以及重整的可行性等内容，所提交的材料越充分，法院就能够越快且准确地裁定重整申请。《企业破产法》第8条对企业申请破产重整所需提交的材料作出基本规定："向人民法院提出破产申请，应当提交破产申请书和有关证据。破产申请书应当载明下列事项：（一）申请人、被申请人的基本情况；（二）申请目的；（三）申请的事实和理由；（四）人民法院认为应当载明的其他事项。"

此外，重整程序申请主体不同，所要求提交的材料有所不同。其他权利主体提起的重整申请一般要求上市公司提交更多的

材料，其理由在于债务人是掌握上市公司材料最多且最了解自身公司经营状况的主体，而债权人作为上市公司外部的“局外人”，相对债务人所能获得的上市公司重整情况材料有限，因此法律在规定上对不同申请者所需提交的材料作了一定的区分。如果重整是债务人提出申请的，除以上四项材料之外，还要求债务人向人民法院提交的材料包括：（1）财产状况说明；（2）债务清册；（3）债权清册；（4）有关财务会计报告；（5）职工安置预案以及职工工资的支付和社会保险费用的缴纳情况。

由于上市公司重整的复杂性和涉众性，除《企业破产法》第 8 条所规定的一般材料外，2012 年最高人民法院印发的《关于审理上市公司破产重整案件工作座谈会纪要》（以下简称《座谈会纪要》）专门针对上市公司重整要求，增加所需提交的申请材料，包括：（1）上市公司具有重整可行性的报告；（2）上市公司住所地省级人民政府向证券监督管理部门的通报情况材料；（3）证券监督管理部门的意见；（4）上市公司住所地人民政府出具的维稳预案等。如果是债务人即上市公司自行申请破产重整的，还应当提交切实可行的职工安置方案。

在实务中，有专门制订重整案件工作指引的试点破产法庭对申请上市公司重整所需提交的材料，在《企业破产法》和《座谈会纪要》的基础上，有更详尽和具有可操作性的规定。若涉及该试点地的上市公司申请破产重整的，需按照当地法院的具体操作办法实施。

上市公司重整与一般公司重整申请时所需提交材料的最大不同在于，由于上市公司涉及社会稳定问题、涉及大量资金、监管部门的监管等，要求上市公司在申请时除一般公司重整申请时所要求的材料外，必须再增加提交上市公司住所地省级人民政府向证券监督管理部门的通报材料、证券监督管理部门的意见、上市公司住所地人民政府出具的维稳预案等①。

（二）上市公司破产重整的申请主体

破产重整的开始是以相关主体向人民法院提出重整申请为前提，根据我国现行《企业破产法》的规定，上市公司破产重整的申请主体包括债务人、债权人、持有法定出资额的出资人以及国务院金融监督管理机构。重整的申请以债务人、债权人申请为原则，但特别情况下也可由出资人以及金融监管机构有条件申请。

1. 债务人申请重整

债务人本身是最清楚企业经营情况、资产负债情况以及最便于向法院提供上市公司经营状况证据的主体，是四种主体中申请范围最为广泛的主体，法律对债务人的申请范围未过多加以限制。当债务人本身具备《企业破产法》第 2 条规定的破产原因时，债务人既可以向人民法院申请重整，也可以向法院申请和解或者破产清算。

2. 债权人申请重整

债权人是最普遍出现的上市公司破产重整申请主体。据统计，在企业破产重整的申请模式中，债权人申请模式的比例超过 50%。根据《企业破产法》第 7 条规定，在债务人不能清偿到期债务、具备破产重整情形时，债权人可以向人民法院申请对债务人进行重整或者破产清算。

3. 出资人申请重整

在人民法院受理破产申请后、宣告债务人破产前，债务人或

---

① 申林平：《上市公司破产重整：原理与实务》，法律出版社 2020 年版，第 19—20 页。

者出资额占债务人注册资本1/10以上的出资人，可以向人民法院申请重整①。

4. 国务院金融监督管理机构申请重整

《企业破产法》第134条规定，当商业银行、证券公司、保险公司等金融机构具备破产情形时，国务院金融监督管理机构可以向人民法院申请对该金融机构进行重整或者破产清算。商业银行、证券公司、保险公司等金融机构涉及的资金非常庞大，对象众多，当这些金融机构资不抵债不能清偿到期债务时，影响的不仅是与之进行交易的主体，还可能会对不特定的社会公众、市场经济秩序造成影响，此时需要相关金融监管机构的适当干预。金融机构的重整，不仅限于上市公司各方当事人的利益，还要着眼于该机构在社会经济生活中的地位以及其兴衰存亡对社会生活的影响②。

（三）上市公司破产重整的受理裁定

重整申请的裁定是指法院经审查认为重整申请符合《企业破产法》的规定而予以接受，并开始重整程序的司法审判行为。法院在受理重整申请前，在法定期限内对上市公司或债权人或出资人提出的重整申请予以审查，包括是否符合破产原因、是否具备重整价值、重整申请是否符合法律规定等。经审查符合规定的申请，法院应当裁定受理。法院裁定受理重整申请后，重整程序开始③。

我国《企业破产法》并没有对上市公司重整的审查程序作

① 《企业破产法》第7条。

② 王卫国：《破产法》，人民法院出版社1999年版，第228页。

③ 李永军，王欣新，徐阳光：《破产法》（第2版），中国政法大学出版社2017年版，第224页。

出具体规定，但在2012年10月29日最高人民法院印发的《座谈会纪要》中，最高人民法院对上市公司重整的审查提出要求。《座谈会纪要》要求，债权人提出重整申请、上市公司在法律规定的时间内提出异议，或者债权人、上市公司、出资人分别向人民法院提出破产清算申请和重整申请的，人民法院应当组织召开听证会。人民法院应当就申请人是否具备申请资格、上市公司是否已经发生重整事由、上市公司是否具有重整可行性等内容进行听证。除此之外，由于上市公司破产重整案件较为敏感，不仅涉及企业职工和股票二级市场众多投资者的利益安排，还涉及与地方政府和证券监管机构的沟通协调，因此，目前人民法院在裁定受理上市公司破产重整申请前，还应当将相关材料逐级报送最高人民法院审查。

虽然上市公司重整本身并不属于行政许可事项，但中国证监会要求上市公司重整必须由地方政府出具“同意承担维稳工作的文件”。因此法院在完成案件审查后，应致函地方政府说明上市公司重整案件的情况，由地方政府复函是否支持重整、是否同意承担维稳工作，同时由其向中国证监会发函表明意见，中国证监会收到地方政府支持重整并承担维稳工作的文件后，作出是否同意上市公司重整的复函，并抄送最高人民法院①。

二、上市公司破产重整计划的实施

（一）上市公司破产重整计划的制订

《企业破产法》第73条规定：“在重整期间，经债务人申

① 郭毅敏主编：《破产重整·困境上市公司复兴新视野——以审判实务研究为中心》，人民法院出版社2010年版，第81页。

请，人民法院批准，债务人可以在管理人的监督下自行管理财产和营业事务。”该条第一次规定了自行管理制度。与《美国破产法典》第 11 章规定的自行管理中的债务人（debtor in possession）模式相比，我国《企业破产法》采用管理人管理财产和营业事务为原则，债务人自行管理为例外的模式，即管理人管理模式为《企业破产法》规定的默认模式。根据《企业破产法》第 80 条的规定，债务人自行管理财产和营业事务的，由债务人制订重整计划；管理人负责管理财产和营业事务的，由管理人制订重整计划。

（二）上市公司破产重整计划的表决

我国《企业破产法》规定对重整计划的表决采取分组表决原则，第 82 条、第 85 条规定，参加表决重整计划草案的债权人可以分为以下几组：（1）对债务人的特定财产享有担保权的债权，即有财产担保的债权组；（2）债务人所欠职工的工资和医疗、伤残补助、抚恤费用，所欠的应当划入职工个人账户的基本养老保险、基本医疗保险费用，以及法律、行政法规规定应当支付给职工的补偿金，即职工债权组；（3）债务人所欠税款，即税款债权组；（4）普通债权组，若人民法院认为必要时可以决定在普通债权组中设小额债权组对重整计划草案进行表决。

人民法院在收到重整计划草案之日起 30 日内将召开债权人会议，对重整计划草案进行表决。

1. 一次表决

出席会议的同一表决组的债权人过半数同意重整计划草案，并且其所代表的债权额占该组债权总额的 2/3 以上的，即为该组通过重整计划草案。债务人或者管理人应当向债权人会议就重整计划草案作出说明，并回答询问。债务人的出资人代表可以列席讨论重整计划草案的债权人会议。重整计划草案涉及出资人权益调整事项的，应当设出资人组，对该事项进行表决。各表决组均通过重整计划草案时，重整计划即为通过。

2. 再次表决

根据《企业破产法》第 87 条的规定，部分表决组未通过重整计划草案的，债务人或者管理人可以同未通过重整计划草案的表决组协商。该表决组可以在协商后再表决一次。双方协商的结果不得损害其他表决组的利益。

（三）上市公司破产重整计划的批准

批准程序是人民法院行使司法审查权的过程。在审查过程中，人民法院可以根据案情的需要，进行开庭或不开庭的审理。人民法院审理后，可以针对不同情况作出不同结果的裁定。

1. 通过后的审查批准

对于已获通过并提请批准的重整计划，人民法院应当进行审查。人民法院经审查认为重整计划符合《企业破产法》规定的，应当自收到申请之日起 30 日内裁定批准，同时终止重整程序，并予以公告。

如果人民法院审查后认为提请批准的重整计划在实体上或者程序上不符合《企业破产法》的规定，应当裁定不予批准，同时终止重整程序，并宣告债务人破产。

2. 未通过时的强行批准

由于企业重整不仅关系到债权人的利益，而且关系到其他利害关系人的利益和社会公共利益，因此，面对个别表决组出于自身利益而拒绝通过重整计划的情形，需要在不同利益之间进行理性的权衡。我国《企业破产法》借鉴《美国破产法典》第 11 章的“强行批准”规则，在第 87 条规定了重整计划未通过时的强行批准制度。具体说，分为两个步骤：

首先是协商基础上的再次表决。债务人或者管理人可以同未通过重整计划草案的表决组协商，该表决组可以在协商后再表决一次，但是双方协商的结果不得损害其他表决组的利益。

其次是再次表决未通过时的审查批准。未通过重整计划草案的表决组拒绝再次表决或者再次表决仍未通过重整计划草案，但重整计划草案符合下列条件的，债务人或者管理人可以申请人民法院批准重整计划草案：

（1）按照重整计划草案，担保债权就担保财产将获得全额清偿，其因延期清偿所受的损失将得到公平补偿，并且其担保权未受到实质性损害，或者该表决组已经通过重整计划草案；

（2）按照重整计划草案，职工债权和税收债权将获得全额清偿，或者相应表决组已经通过重整计划草案；

（3）按照重整计划草案，普通债权所获得的清偿比例，不低于其在重整计划草案被提请批准时依照破产清算程序所能获得的清偿比例，或者该表决组已经通过重整计划草案；

（4）重整计划草案对出资人权益的调整公平、公正，或者出资人组已经通过重整计划草案；

（5）重整计划草案公平对待同一表决组的成员，并且所规定的债权清偿顺序不违反破产清算程序中的法定清偿顺序；

（6）债务人的经营方案具有可行性。

其中前 4 项条件是以债权人在清算条件下的预计清偿为基准，即所谓“清算标准”。人民法院经审查认为重整计划草案符合上述规定的，应当自收到申请之日起 30 日内裁定批准，终止重整程序，并予以公告；反之，经审查认为重整计划不符合上述规定的，则应当裁定终止重整程序，并宣告债务人破产。

三、上市公司破产重整的执行

重整计划的执行是从动态上将纸面的权利义务转化为现实中的权利义务，是重整程序的最终落脚点，也是能否达到重整目的的实际检验[①]。重整计划的执行是一项涉及利益主体众多、涉及领域广泛的系统工程，甚至可以说，重整计划的执行是其他一切重整法律制度的归宿和延伸[②]。

（一）上市公司破产重整计划的执行主体

以往对重整计划执行主体的认识大致可分为三类：其一，由债务人作为重整计划执行主体，如美国和中国；其二，由管理人作为重整计划执行主体；其三，由重整程序中的经营控制人执行重整计划，如我国台湾地区。依据我国《企业破产法》第 89 条规定，重整计划由债务人负责执行。当出现“债务人不能执行或不执行重整计划”的情形时，按照第 93 条第 1 款的规定，人民法院经管理人或利害关系人请求，应当裁定终止重整计划的执行，并宣告债务人破产。据此，我国上市公司重整计划执行主体只限于债务人，即使因主客观原因致使债务人无法执行重整计划，亦不得更换执行主体。但上述绝对单一化的立法模式，不利于债权人利益的保护，也有违法律逻辑，难以适应实践的需求。若仅是因为债务人的原因，如董、监、高等管理人员不执行重整计划，或存在破产欺诈或其他严重损害债权人利益的违法行为时[③]，即使重整计划本身仍具可行性，依现行立法也只能终止重

① 李永军：《破产法》，中国政法大学出版社 2013 年版。

② 崔明亮：《破产重整计划执行法律问题研究》，载《中国政法大学学报》2018 年第 2 期，第 161—172 页。

③ 王欣新：《破产法原理与案例教程》，中国人民大学出版社 2010 年版。

整计划的执行。这意味着已经进行的重整活动变得“徒劳”而“无益”，且因此而产生的重整成本最终仍旧落在债权人的头上，于破产财产价值最大化以及社会整体福利的增进而言均无实益。

（二）上市公司破产重整计划的执行期间

重整计划执行期限即从重整计划被法院批准生效之日起算，至重整计划执行完毕的一段期限。考察各国或地区对重整计划执行期间的规定，大致分为两种立法模式：自由主义和限制性规定[①]。自由主义指对于重整计划执行的时长，法律不作过多干预，主要由管理人、债务人、债权人在制订重整计划时进行协商。如美国限制性规定指法律对重整计划的执行期间有规定，一般是规定不能超过一定的期限。如法国对重整计划规定：“方案的实施期限由法庭确定，该期限可以延长，但该期限不得超过10年。债务人为农业生产者的，该期限不得超过15年。”[②] 我国台湾地区规定：“重整计划之执行，除债务清偿期限外，自法院裁定认可之日起不得超过一年；有正当理由不能于一年内完成的，可以经重整监督人许可，申请法院裁定延展期限；期限届满仍未完成者，法院得依职权或依关系人之申请裁定终止重整。”[③]

我国采取的是自由主义的立法模式，在《企业破产法》中并没有对重整计划的执行期间进行规定；关于期间的延长，也仅规定了重整计划执行监督期间的延长：“经管理人申请，人民法

---

① 丁燕：《上市公司破产重整计划法律问题研究：理念、规则与实证》，法律出版社2014年版，第170页。

② 李飞主编：《当代外国破产法》，中国法制出版社2006年版，第381页。

③ 郭毅敏：《破产重整·困境上市公司复兴新视野——以审判实务研究为中心》，人民法院出版社2010年版，第334—335页。

院可以裁定延长重整计划执行的监督期限。”在上市公司重整实践中，重整计划执行期限长短跨度较大，短则一两个月，如S＊ST海纳、S＊ST天发；长则数年，如＊ST宝硕，其重整计划执行期限为36个月。因执行环境发生变化，导致无法如期执行完毕的，实践中允许延长重整计划执行期限。但从实证法上来看，《企业破产法》对重整计划执行期限延长的事由、期限、次数以及适用程序等事项的规定均付之阙如。实践中，延长的期限从半个月到12个月不等，延长的次数从一次到三次不等，申请延长的事由，如资产重组涉及的审批程序繁多、股份让渡程序复杂等。一般由债务人提出延长申请，法院行使自由裁量权对其申请予以裁定。另外，重整计划执行期限延长后对未能受偿的债权人造成的损失是否应给予赔偿，现行立法对此亦未有规定①。

（三）上市公司破产重整计划的执行监督

我国规定重整计划由债务人执行，但根据理性经济人相互制约的逻辑，对债务人的执行必须加以监督。通过监督掌握执行人是否认真、合法执行重整计划、在执行中是否存在徇私舞弊的行为，保护重整计划各利益相关方的权益。

各国或地区对于重整计划执行的监督人有三种形式：一是以法院监督为基本原则，在必要时设立专门的监督人，以美国和日本为代表；二是设立专门的监督机构，以法国和我国台湾地区为代表；三是由管理人承担监督职责，以德国和我国为代表②。在

---

① 崔明亮：《破产重整计划执行法律问题研究》，载《中国政法大学学报》2018年第2期，第161—172页。

② 丁燕：《上市公司破产重整计划法律问题研究：理念、规则与实证》，法律出版社2014年版，第184页。

美国，由于重整计划开始执行时通常要完成一系列的改组活动，在这个阶段，法院通常要起一种积极的监督和协助作用①，接着根据当事人的申请，法庭可以任命破产托管人或者任命监察员，采取合适的方式调查债务人。在法国，根据《法国商法典第六卷·困境企业》的规定，由法庭任命一名监察员负责监督方案的实施，司法管理人或者债权人代表可以被任命为监察员，方案实施监察员应向法庭庭长和检察官报告方案实施方面的缺陷，并通知企业委员会；未设立企业委员会的，通知职工代表②。我国采取的是管理人监督模式，我国《企业破产法》第 90 条明确规定，“在重整计划规定的监督期内，由管理人监督重整计划的执行”。

四、上市公司破产重整的终结

“上市公司重整终结”意味的是上市公司重整程序的全部结束。《企业破产法》第 87 条规定：“人民法院经审查认为重整计划草案符合前款规定的，应当自收到申请之日起三十日内裁定批准，终止重整程序，并予以公告。”该条所称是“终止重整程序”，实际上与“重整的终结”有所不同。“终止重整程序”是重整期间的终止，即重整计划的制订、表决、批准的结束，接下来将会进入重整计划的执行阶段。而“终结”是指重整程序的全部结束。上市公司重整程序的终结包括两种情况：一种是顺利执行完毕重整计划后的终结；另一种是重整过程中无法重整或重整计划不能执行，由法院裁定宣告破产，重整程序终结。

---

① 潘琪：《美国破产法》，法律出版社 1999 年版，第 234 页。

② 李飞主编：《当代外国破产法》，中国法制出版社 2006 年版，第 382 页。

（一）重整计划执行完毕

根据我国《企业破产法》的规定，管理人在重整计划执行阶段承担监督重整计划执行的职责，履行职责的方式是向人民法院提交监督报告，即通过监督报告向法院报告重整计划的执行情况、管理人对重整计划执行的监督情况，利用公权力再起到对重整计划执行的监督。

判断重整计划是否执行完毕，每个上市公司各有不同，具有一案一标准的特点，但总体上的思路是重整计划中所制订的债权调整方案、出资人权益调整方案、战略投资者的引入计划等重整计划内容必须按照要求完成。

对于重整计划执行完毕的终结，由于我国法律并未明确规定要求法院出具重整计划执行完毕、终结重整程序的裁定书，在实践中各地法院的做法略有差异。由法院对重整计划执行完毕作出裁定，符合法院的功能定位：从职能上看，法院贯穿上市公司重整程序全程；从效力来看，由法院裁定或确认后的重整程序的终结，无论对上市公司、债权人、出资人还是证券监管部门等都具有强法律效力①。

（二）重整失败

一个上市公司完整的重整程序需从重整的申请、受理到重整计划的制订、表决、批准和执行，在任何一个环节出问题，都可能导致重整程序失败，公司直接被宣告破产。

首先，在整个重整期间存在下列情形之一的，我国法律规定经管理人或者利害关系人的请求，人民法院应当裁定终止重整程

---

① 申林平：《上市公司破产重整：原理与实务》，法律出版社 2020 年版，第 63—64 页。

序，并宣告债务人破产：第一，债务人的经营状况和财产状况继续恶化，缺乏挽救的可能性；第二，债务人有欺诈、恶意减少债务人财产或者其他显著不利于债权人的行为；第三，由于债务人的行为致使管理人无法执行职务。

其次，在重整计划的提交和批准阶段，也存在重整失败的情形。为提高工作效率、督促管理人和债务人积极工作，我国法律规定债务人或者管理人应当自人民法院裁定债务人重整之日起6个月内，同时向人民法院和债权人会议提交重整计划草案，有正当理由的，可以裁定延期3个月，即最长提交重整计划的时间为9个月。法律明确规定，对于延期提交的上市公司，人民法院应当裁定终止重整程序，并宣告债务人破产。在重整计划批准时，重整计划草案未获表决通过并且也没有获得强制批准，或者表决通过后的重整计划没有获得法院的批准，法律规定此时法院应当裁定终止重整程序，并宣告债务人破产。

最后，在重整计划的执行阶段，法律规定重整计划不能执行或债务人不执行重整计划的，法院均应当终止重整计划的执行，并宣告债务人破产①。

第三节　破产重整的实施效果

上市公司重整是拯救困境公司的重要手段，重整后的上市公司重整效果主要表现为债权债务得到妥善安排、生产经营进入正常轨道、上市资格得以保留等。从上市公司重整的效果也可看出重整程序对陷入困境上市公司拯救的重要性和必要性，上市公司

---

① 《企业破产法》第78条、第79条、第88条、第93条。

的重整实施效果包括法律效果和社会效果。

一、上市公司破产重整的法律效果

从法律的角度来看，重整后的上市公司可以产生以下法律效果：

（一）法人主体资格以及上市资格得以存续

重整后的上市公司仍旧享有法人资格，仍具有完全的民事权利能力，无须对公司实施注销。此外在经营状况好转前，部分上市公司可能因长时间连续亏损而被处以退市风险警告或暂停上市，通过重整，上市公司得以恢复盈利能力、各项财务指标得以改善，已经被实施退市风险警告或暂停上市的公司再次满足上市条件，上市资格得以存续。上市资格对于上市公司来说是非常具有价值的无形资产，保留上市资格亦是上市公司重整的一个重要目的。

（二）债权债务关系得以消灭或改善

在上市公司重整中，为改善上市公司资不抵债的局面，重整计划制订者协调各方处理债权债务关系，管理人采用现金抵债、债转股、债务豁免、延期支付、调整债权偿还比例等方式，妥善安排上市公司所有经确认的债权。上市公司重整后，获得清偿的债权将依法按计划严格清偿，未获清偿的部分上市公司能够依法得到豁免，上市公司所有的债权债务关系得以消灭或改善。

（三）重整计划经批准后对各方债权债务人均具有约束力

根据目前学界的主流观点，虽然重整计划不具有法律强制执行力，但对重整相关的各方利益主体具有约束力已经达成共识。重整计划经批准之后，出资人按照计划中的出资人调整方案进行调整、各类债权按照债权调整方案和受偿方案进行清偿、上市公司按照经营方案做好公司的经营管理、管理人负责对重整计划的执行进行监督等。各方主体按照重整计划的内容共同执行，否则将可能使重整计划不能执行而宣告破产。

（四）相关诉讼或仲裁数量减少，公司营业环境改善

上市公司重整前，公司可能因资不抵债或管理不善陷入诉讼或仲裁而导致法院对公司的资产、账户进行查封或冻结，使得原本已资不抵债的公司陷入更大的资金周转困境。上市公司重整后，根据《企业破产法》的规定，法院依法裁定受理重整后，上市公司财产的保全措施应当解除，诉讼、仲裁程序应当中止，此时上市公司因诉讼、仲裁拖累的负担减少，公司的营业环境也将会得到改善。

二、上市公司破产重整的社会效果

上市公司往往规模庞大、资金量巨大，涉及大量的职工、债权人，上市公司的破产不仅关系到债权人的利益，还涉及上下游产业链、职工的安置、税款的缴纳等情形，大型上市公司还会对国家经济、金融环境直接产生影响。若上市公司能够顺利重整，以上社会问题将能够得到缓解和改善。

（一）合理安置公司职工，维护社会稳定

上市公司往往有大量债权人，当资不抵债拖欠职工工资、社会保险费用及大量职工失业时，可能会产生引发社会秩序不稳定的因素。职工为维护自身的合法权益，除通过正常的诉讼、仲裁维权外，还可能通过私力救济上访、聚众等，由于其数量众多，对社会的稳定产生潜在威胁。上市公司重整后，公司对失业员工妥善安置、对欠付的职工工资等费用优先清偿，避免了人数众多的职工群体与公司直接产生冲突，化解影响社会稳定的潜在因素。

（二）为社会创造就业、投资机会

上市公司重整前，公司运营缓慢或停滞，不少公司为节省开支而裁员，大量公司员工面临失业。上市公司重整后，被查封冻结的资金可以使用、出资人或股东让渡股份偿还债务，债权债务关系得到缓解，公司资源逐渐被释放利用；再有优质资产注入和公司妥善管理之后，公司逐渐恢复正常的生产经营活动，迈向正轨需要更多的人力和物力扩大发展，便创造了大量的就业和投资机会，推动社会经济的发展。

（三）金融环境得到改善

上市公司为扩大企业规模、促进产业发展，通常选择向金融机构大量贷款来满足资金流动的需求；上市公司陷入困境后，如果不选择重整而直接破产清算，金额较大的金融机构债权将可能大量流失，而上市公司的贷款金额往往都比较大，甚至可能引发系统性金融风险。上市公司重整后，有财产担保的金融债权可以得到优先清偿，即使没有担保的金融债权也能获得普通债权调整，减少金融机构资金的流失，维护金融环境。

（四）国家税款得以增加

税款是国家财政的重要来源，我国每一位公民或法人都有义务依法纳税，但上市公司在申请破产重整的情况下，可能因为资不抵债无法上缴应纳税款。通常上市公司的交易额较大，按照我国税法规定的应纳税额也相对较大，对国家财政会产生一定的影响。根据对上市公司重整的要求，税款费用可以优先普通债权清偿，并且从本书第五章对债权分类和调整方案部分的整理可以看出，在上市公司重整中，税款费用一般不作调整，100%全额清偿，恢复生产经营活动后的上市公司有了收入和利润，国家财政亦能获得税款收入。

第二章　重整时机分析

重整时机是指上市公司何时申请破产重整。债权人或债务人可以直接向人民法院申请对债务人进行重整。若是债权人提出重整申请，而债务人不想进入重整程序时，债务人可以和债权人商定债务偿还方案，债权人认为能够收回所欠资金或者其权益能够得到保障时，就会向法院撤销重整申请，所以债权人提出重整的时机和债务人采取的措施紧密联系。若是债务人提出重整申请，通常都是充分考虑利弊得失后做出的理性选择。债务人选择重整时机会考虑哪些因素？重整过程中有哪些不可控的因素？这些都是本章要讨论的内容。

自 2007 年《企业破产法》正式开始施行至 2021 年底，我国沪、深两市进行破产重整的有 90 家公司，涵盖制造业、服务业多个行业，也涉及绝大多数省市，具有代表性，因此本书以这 90 家公司作为样本进行研究。首先，分析重整时长，发现重整过程耗时很长，这将成为债务人是否申请重整的一个因素；其次，分析财务状况，发现经营困难、丧失偿债能力是其普遍现象，这迫使债务人不得不申请重整；最后，上市公司的重整价值会直接影响重整结果，不管对于债务人还是债权人来说都是重要的，但债务人、债权人对重整价值有不同的认识，需要分别从债务人和债权人角度对重整价值进行深入分析。

第一节 重整时间点分析

破产重整时长包括从破产重整申请到法院受理的时长、从重整受理到重整计划获批准通过的时长以及重整计划获批准通过到执行完毕的时长。根据 2012 年 10 月 29 日最高人民法院印发的《座谈会纪要》要求，上市公司重整申请所需提交材料繁多，包括上市公司具有重整可行性的报告、上市公司住所地省级人民政府向证券监管机构的通报情况材料以及证券监管机构的意见、上市公司住所地人民政府出具的维稳预案等材料，且要求文件需逐级报送最高人民法院审查，同时在上市公司的重整过程中，涉及企业职工和二级市场众多投资者的利益安排、涉及地方政府和证券监管机构的沟通协调，因此相较普通公司的重整，上市公司重整的受理审查时间往往更长。就实务案例来看，上市公司重整的案件时长各有长短，根据重整计划方案，从《企业破产法》施行以来直至 2021 年底被批准重整计划的 90 家上市公司的重整时长具体如本章附表 2－1 所示。表 2－1 对 90 家公司重整时长进行了统计分析。

表 2－1　　重整时长分析　　（时间：天）

时间指标	平均值	中位数	最大值	最小值	标准差
申请到受理历时	141	112	588	0	124
受理到批准重整计划历时	134	112	447	1	93
批准到执行完毕历时	190	90	1 536	1	282

这 90 家破产重整的上市公司中，破产重整申请到法院受理历时最短 0 天、最长 588 天；从重整受理到重整计划获批准通过历时最短 1 天、最长 447 天；从重整计划获批准通过到执行完毕历时最短 1 天、最长 1 536 天。由于破产重整的每个关键节点需要大量的时间，这就增加了破产重整成功的不确定性，那么债权人尤其是债务人在选择破产重整时机时需要考虑如何应对。对于债权人来说，如果认为破产重整需要时间太长，那么会选择直接申请债务人破产；对于债务人来说，如果认为破产重整需

要时间太长，那么在综合考虑其他因素后会尽量选择不申请破产重整。

第二节　重整前的财务分析

自 2007 年《企业破产法》实施以来，我国资本市场在迅速发展的同时，上市公司陷入破产困境也屡见不鲜。对于因经营管理不善等原因导致公司财务状况持续恶化以致资不抵债陷入破产困境的上市公司来说，我国《企业破产法》为其指明了一条继续发展的道路——破产重整。《企业破产法》规定：如果债务人不能清偿到期债务，并且不足以清偿全部债务或者明显缺乏清偿能力的，债务人或者债权人可以向人民法院申请对债务人进行破产重整。而企业财务能力的高低是企业能否进行破产重整至关重要的一点，因此在企业正式进行破产重整之前，对企业财务能力的分析是必不可少的。偿债能力、盈利能力、营运能力、发展能力作为财务分析的四大能力指标，是企业进行破产重整的考虑因素之一，其作用主要在于可以全面评价企业在一定时期内的各种财务能力；可以为企业外部投资者、债权人、其他有关部门和人员提供更加系统的、完整的会计信息，为其投资决策、信贷决策和其他经济决策提供依据。

自 2007 年《企业破产法》正式开始施行至 2021 年底，我国沪、深两市进行破产重整的 90 家公司的财务状况在重整申请前 3 年都出现了不同程度的恶化。现将这 90 家公司进行破产重整申请的年份作为划分标准，通过观察反映偿债能力、盈利能力、营运能力、发展能力的相关指标来分析这 90 家公司的财务状况，具体分析如下。

一、偿债能力

偿债能力分析，可以对企业偿还各种债务的能力和保障程度作出系统的评价。而企业有无能力偿还债务代表着企业财务状况的好与坏，通过这种分析可以有效地揭示出企业存在的财务风险。

流动比率是流动资产对流动负债的比率，用来衡量企业流动资产在短期债务到期以前，可以变为现金用于偿还负债的能力。

速动比率是指企业速动资产与流动负债的比率，速动资产是企业的流动资产减去存货和预付费用后的余额，是衡量企业流动资产中可以立即变现用于偿还流动负债的能力。

已获利息倍数是指上市公司息税前利润相对于所需支付债务利息的倍数，可用来分析公司在一定盈利水平下支付债务利息的能力。计算公式为：

$$已获利息倍数=\frac{息税前利润总额}{利息支出}$$

$$=\frac{净利润+利息费用+所得税费用}{利息费用}$$

资产负债率又称举债经营比率，是用以衡量企业利用债权人提供资金进行经营活动的能力，以及反映债权人发放贷款的安全程度的指标，通过将企业的负债总额与资产总额相比较得出，反映在企业全部资产中属于负债比率。资产负债率是期末负债总额除以资产总额的百分比，也就是负债总额与资产总额的比例关系。

因此，本章选择流动比率、速动比率、已获利息倍数和资产负债率这 4 个指标来分析这 90 家进行破产重整的公司重整前 3 年的偿债能力，具体指标如本章附表 2－2 所示。表 2－2 对这 90 家公司重整前 3 年的偿债能力指标进行描述性分析。

表 2－2　　　　重整前 3 年的偿债能力指标数值

财务指标		平均值	中位数	最小值	最大值	标准差
流动比率	重整申请前 3 年	0.867	0.806	0.002	2.498	0.528
	重整申请前 2 年	0.718	0.630	0.004	3.400	0.553
	重整申请前 1 年	0.558	0.393	0.002	4.496	0.636
速动比率	重整申请前 3 年	0.628	0.569	0.002	2.486	0.420
	重整申请前 2 年	0.534	0.454	0.004	3.400	0.476
	重整申请前 1 年	0.439	0.322	0.002	4.496	0.567
已获利息倍数	重整申请前 3 年	－5.642	1.191	－595.097	43.795	63.998
	重整申请前 2 年	－5.233	－1.158	－140.732	40.865	20.205
	重整申请前 1 年	－8.724	－4.355	－299.778	53.671	33.090
资产负债率	重整申请前 3 年	235.576	73.661	23.585	5 519.055	831.108
	重整申请前 2 年	278.798	84.068	40.261	6 133.537	937.537
	重整申请前 1 年	386.150	107.891	44.968	9 695.931	1 424.372

一般认为，流动比率应在 2∶1 以上，在此情况下，即使流动资产有一半在短期内不能变现，也能保证全部流动负债得到偿还，但这 90 家公司的流动比率在重整前均远低于该标准，并且这 90 家公司从重整前 3 年至重整前 1 年的流动比率均值分别为 0.867、0.718、0.558，流动比率与速动比率呈现逐年下降的趋势；而流动比率的逐年降低，说明这 90 家企业资产的变现能力

与短期偿债能力变弱，企业还债压力逐渐增大。资产负债率是总负债与总资产的比值，反映在总资产中有多大比例是通过借债来筹资的，也可以衡量企业在清算时保护债权人利益的程度，而这90家公司资产负债率逐年递增，表明企业的总负债远多于企业的总资产；重整前1年绝大部分公司已获利息倍数小于0，更是显著表明这90家公司重整前的财务状况已经出现恶化的现象，甚至已经无法支付到期利息。下面以＊ST康美、＊ST浪奇两家上市公司为例进行具体分析。之所以选择＊ST康美、＊ST浪奇，主要是因为这两家是近几年发生破产重整的，都被中国证监会处罚过，而且＊ST康美是民营企业、＊ST浪奇是国有企业，能够代表进行破产重整的不同所有制企业。

如图2－1、图2－2所示，＊ST康美、＊ST浪奇重整前3年的流动比率与速动比率均呈下降趋势，资产变现能力减弱；已获利息倍数的逐年下降、资产负债率的逐年递增显示出这两家公司的偿债能力弱且存在较大的财务风险，财务状况恶化。与90家公司偿债能力数据的平均值与中位数相比，这两家公司偿债能力尚可，破产重整成功的可能性大，难度较低。

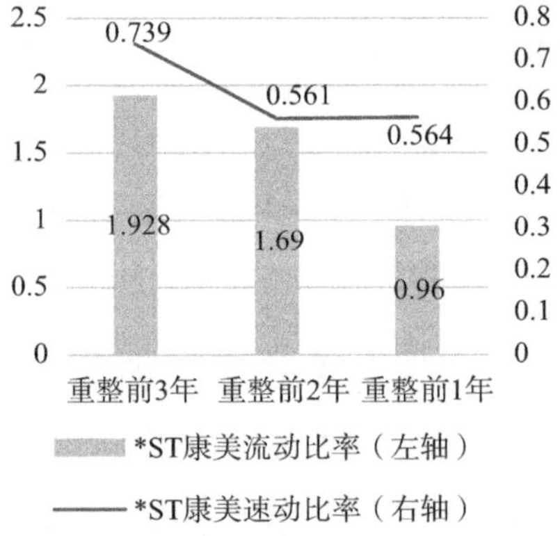

图2－1（a） ＊ST康美（600518）流动比率、速动比率整体趋势

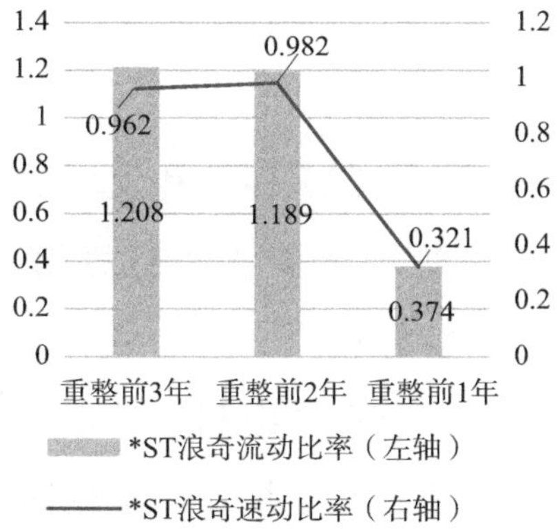

图 2-1（b） ＊ST 浪奇（000523）流动比率、速动比率整体趋势

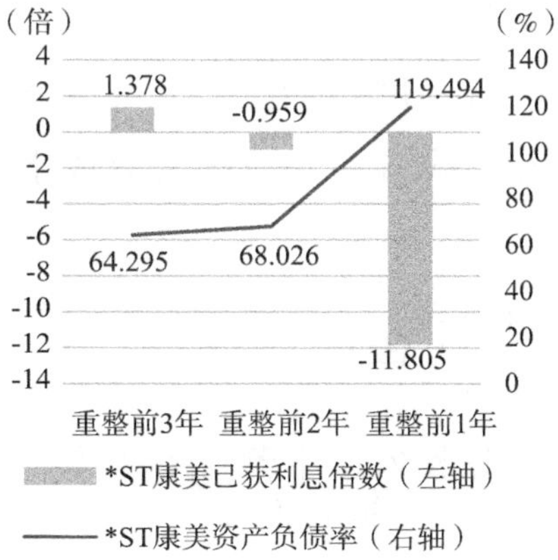

图 2-2（a） ＊ST 康美（600518）已获利息倍数、资产负债率重整趋势

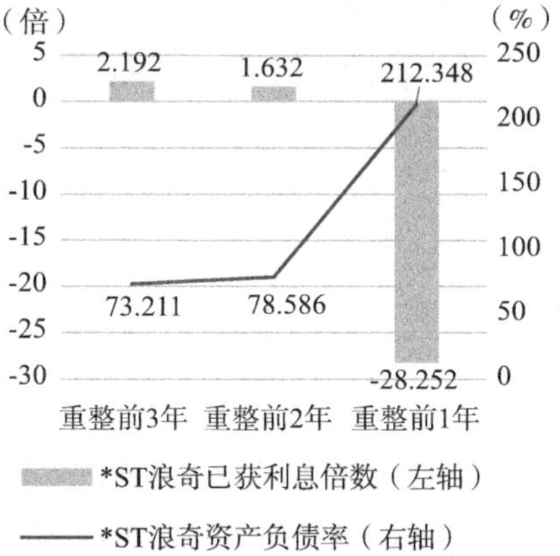

图 2-2（b） ＊ST 浪奇（000523）已获利息倍数、资产负债率重整趋势

二、盈利能力

盈利是一个企业持续生存、经营和发展的基本物质保障，与投资人、债权人、企业管理者等各个利益相关者紧密相连，因此，企业的盈利能力不容忽视。

在盈利能力分析中，总资产净利率是指公司净利润与平均资产总额的百分比。销售净利率是指企业实现净利润与销售收入的对比关系，用以衡量企业在一定时期的销售收入获取的能力，反映能够取得多少营业利润。

销售毛利率是毛利与销售收入（或营业收入）的百分比，其中，毛利是收入和与收入相对应的营业成本之间的差额，用公式表示：

$$毛利率=\frac{毛利}{营业收入}\times 100\%$$

$$=\frac{主营业务收入-主营业务成本}{主营业务收入}\times 100\%$$

净资产收益率，是净利润与平均股东权益的百分比，是公司税后利润除以净资产得到的百分比，体现了自有资本获得净收益的能力。一般来说，负债增加会导致净资产收益率上升。

本章选择总资产净利率、销售净利率、销售毛利率和净资产收益率来分析这90家破产重整的上市公司重整前3年的盈利能力，具体指标如本章附表2-3所示。而90家公司重整前3年盈利能力指标整体数值的描述性分析如表2-3所示。

在这90家公司重整前的3年中，总资产净利率大部分公司均为负值，反映出公司运用全部资产所获得利润的水平较低，公

表 2-3 重整前 3 年盈利能力指标数值

财务指标		平均值	中位数	最小值	最大值	标准差
总资产净利率	重整申请前 3 年	-3.065	0.542	-83.085	54.070	17.122
	重整申请前 2 年	-20.840	-8.542	-300.119	41.888	41.845
	重整申请前 1 年	-33.658	-20.965	-377.467	138.015	63.873
销售净利率	重整申请前 3 年	-102.643	1.186	-10 959.000	1 479.080	1 173.322
	重整申请前 2 年	-244.353	-26.391	-8 440.698	885.213	961.070
	重整申请前 1 年	-1 879.239	-72.843	-139 140.532	4 495.360	14 755.701
销售毛利率	重整申请前 3 年	20.481	16.128	-36.916	100	20.507
	重整申请前 2 年	12.817	10.789	-181.231	100	33.696
	重整申请前 1 年	9.712	8.494	-75.161	65.942	25.183
净资产收益率	重整申请前 3 年	-16.687	1.546	-193.312	57.002	45.791
	重整申请前 2 年	-111.258	-23.872	-1 456.310	162.598	270.688
	重整申请前 1 年	-298.246	-92.649	-7 988.850	895.729	1 123.728

司每占用 1 元的资产平均能获得的利润逐年减少。该指标的逐年降低，表明公司投入产出水平低、资产运营成效差、成本费用控制水平低，体现出企业管理水平的下降。

销售净利率与净利润成正比关系，与销售收入成反比关系，该指标反映每 1 元销售收入带来净利润的多少，表示销售收入的收益水平；毛利率反映的是一个商品经过生产转换内部系统以后增值的那一部分，也就是说，增值越多，毛利自然就越多。但从实际数据看来，重整前 3 年的销售毛利率均值分别为 20.481%、12.817%、9.712%，说明这 90 家公司旗下产品增值不多，不能为企业带来高收益。

净资产收益率指标反映股东权益的收益水平，用以衡量公司运用自有资本的效率。这 90 家公司净资产收益率指标的均值在重整前 3 年呈现急剧下降的趋势，说明其投资并未给公司带来实际收益。这 90 家公司的盈利能力水平较低，已陷入入不敷出的困境。下面以 * ST 康美、* ST 浪奇两家上市公司为例具体分析。

如图 2 - 3、图 2 - 4 所示，在公司重整前 3 年，* ST 康美、* ST 浪奇盈利能力前 3 个指标的数值均呈现下降趋势。在净资产收益率指标中，* ST 浪奇则呈现上升趋势，与 * ST 康美截然相反；* ST 康美的净资产收益率从 20.288% 下降至 -364.116%，下降幅度较大，显示出 * ST 康美与 * ST 浪奇相比，破产重整难度较大，* ST 浪奇的盈利能力虽有所下降，但与大部分破产重整公司比较，其盈利能力水平尚可①。

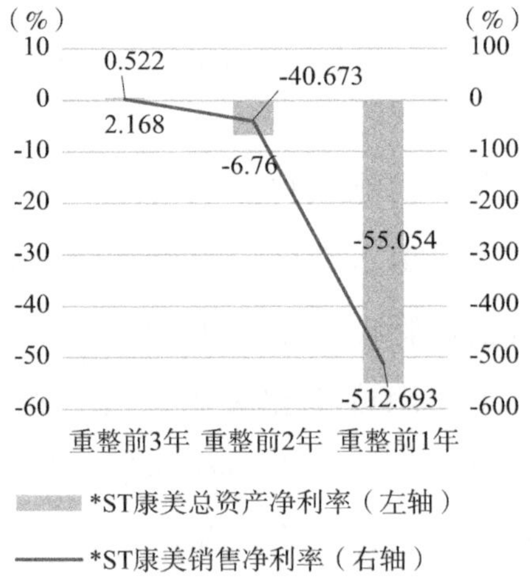

图 2 - 3（a） * ST 康美（600518）总资产净利率、销售净利率重整趋势

---

① * ST 浪奇（000523）2020 年度的净资产收益率缺失是因为净资产为负值，导致该指标不适用。

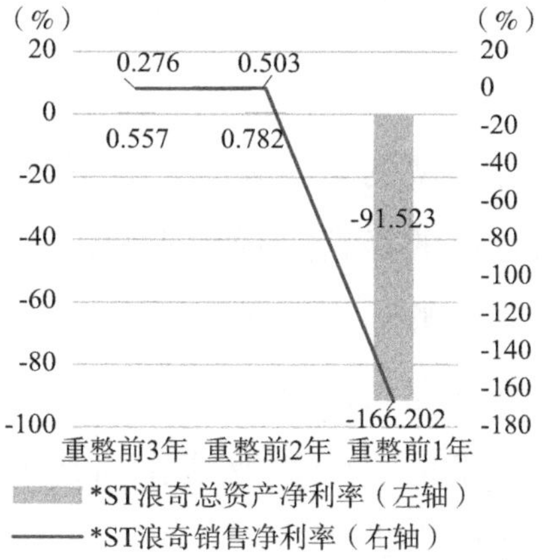

图 2-3（b） *ST 浪奇（000523）总资产净利率、销售净利率重整趋势

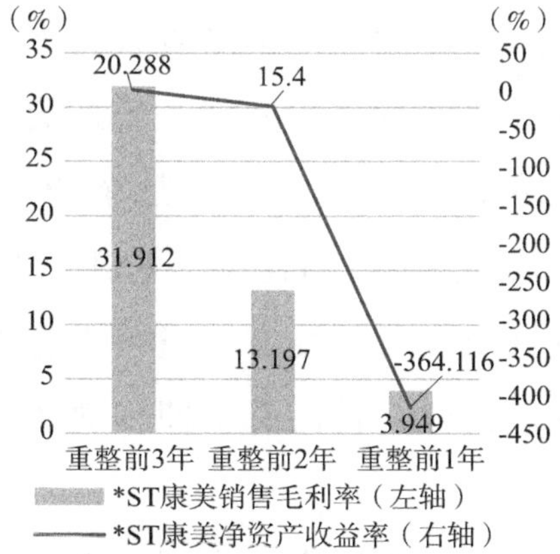

图 2-4（a） *ST 康美（600518）销售毛利率、净资产收益率重整趋势

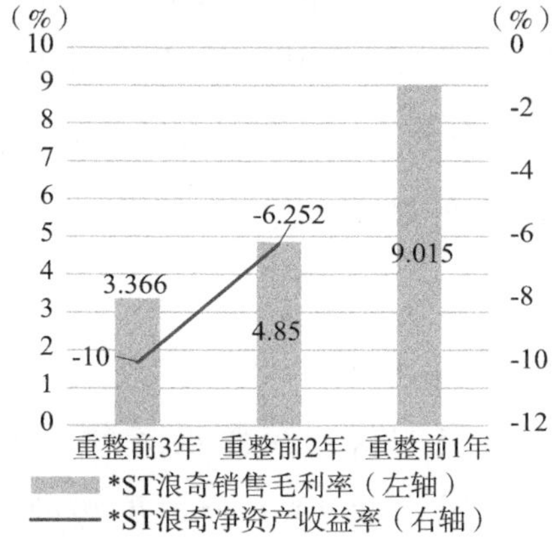

图 2-4（b） *ST 浪奇（000523）销售毛利率、净资产收益率重整趋势

三、营运能力

企业的营运能力反映的是企业资金周转状况，资金周转状况表现良好，则说明企业的经营管理水平较高，资金的利用率也就比较高。而一个企业能够运用各种资产的效率、进行周转速度的快慢，又将直接关系到偿债能力和盈利能力。因此，投资人、债权人和经营管理者为了能对经营业绩作出比较客观全面的评价，就需要对企业的营运能力进行分析。

应收账款是企业流动资产除存货外的另一重要项目。应收账款周转率是企业在一定时期内赊销净收入与平均应收账款余额之比。它是衡量企业应收账款周转速度及管理效率的指标。

存货周转率又称为库存周转率，是企业一定时期营业成本（销货成本）与平均存货余额的比率。它用于反映存货的周转速度，即存货的流动性及存货资金占用量是否合理，促使企业在保证生产经营连续性的同时，提高资金使用效率，增强企业的短期偿债能力。

固定资产周转率又称为固定资产利用率，是指企业年产品销售收入净额与固定资产平均净值的比率。它是反映企业固定资产周转情况从而衡量固定资产利用效率的一项指标。

总资产周转率是企业一定时期的销售收入净额与平均资产总额之比，是衡量资产投资规模与销售水平之间配比情况的指标。

本章选择应收账款、存货、固定资产、总资产的周转率来分析这 90 家进行破产重整的公司重整前 3 年的营运能力，具体指标如本章附表 2 - 4 所示。而 90 家公司重整前 3 年营运能力指标整体数值的描述性分析如表 2 - 4 所示。

表 2-4　　重整前 3 年的营运能力指标数值

财务指标		平均值	中位数	最小值	最大值	标准差
应收账款周转率（次）	重整前 3 年	66.898	4.271	0.008	5 147.701	544.819
	重整前 2 年	70.251	3.627	0.113	5 542.360	586.757
	重整前 1 年	9.039	3.542	0.002	101.513	17.314
存货周转率（次）	重整前 3 年	12.889	3.373	0.000	292.711	42.907
	重整前 2 年	9.576	2.944	0.000	156.277	24.863
	重整前 1 年	33.324	3.288	0.010	2 196.017	239.115
固定资产周转率（次）	重整前 3 年	10.247	1.878	0.138	296.485	36.705
	重整前 2 年	7.381	1.437	0.034	258.637	29.896
	重整前 1 年	8.589	1.047	0.000	351.431	43.289
总资产周转率（次）	重整前 3 年	0.495	0.399	0.008	2.591	0.411
	重整前 2 年	0.426	0.314	0.009	2.982	0.437
	重整前 1 年	0.381	0.285	0.000	2.344	0.402

在这 90 家公司中，绝大部分公司的存货周转率在重整申请前 3 年有所下降，或者维持低水平，说明公司投入生产、存货管理水平、销售收回能力的综合性能力出现一定的问题。固定资产利用率越高，表明固定资产利用效率高，利用固定资产效果好。在重整申请前 3 年，这 90 家公司的固定资产利用率呈下降趋势，且平均值与中位数都较低，说明固定资产周转情况差、利用率低。总资产周转率越高，说明企业销售能力越强，资产投资的效益越好。这 90 家公司重整申请前 3 年总资产周转率普遍很低，说明大部分公司销售能力较差，资产投资效益也较低。整体而言，这 90 家公司在重整申请前 3 年的营运能力出现了不同程度的降低。下面以 * ST 康美、 * ST浪奇两家上市公司为例进行具体分析。

如图 2-5、图 2-6 所示，由于所处行业的差异， * ST 康美与＊ST浪奇的存货周转率与固定资产周转率在数值方面存在较大差异，其他两个指标数值相近，都呈下降趋势；在重整前3年，两家公司的应收账款周转率与存货周转率的持续下降也充分表现出两家公司经营情况的恶化。总体而言，＊ST康美与＊ST浪奇的4个营运指标在重整申请前3年均处于较低的水平，反映出＊ST康美与＊ST浪奇两家公司营运能力变差，公司资产不能得到充分的利用，资金回收困难，效益低。

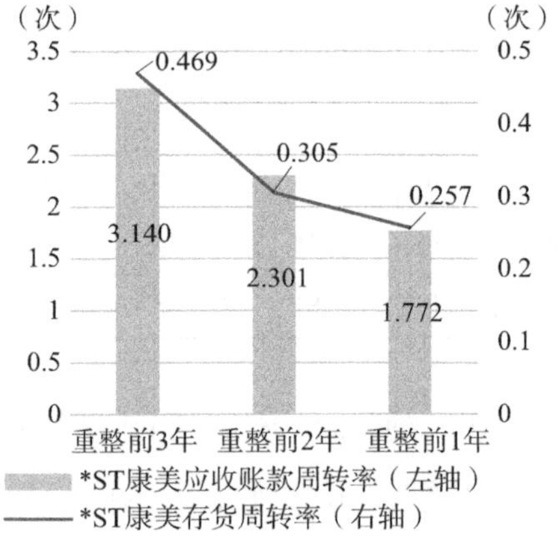

图2-5（a） ＊ST康美（600518）应收账款、存货周转率重整趋势

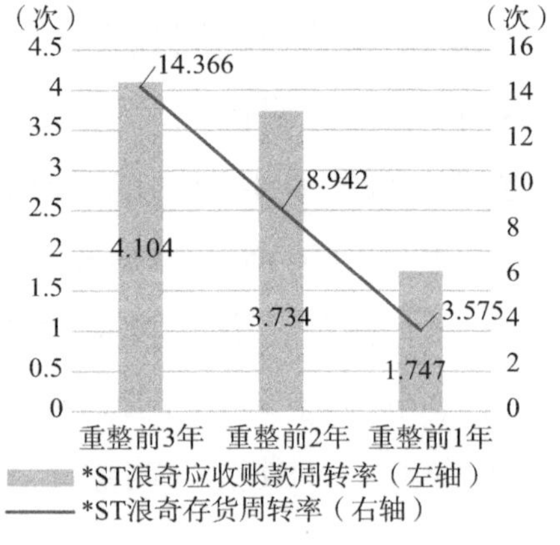

图2-5（b） ＊ST浪奇（000523）应收账款、存货周转率重整趋势

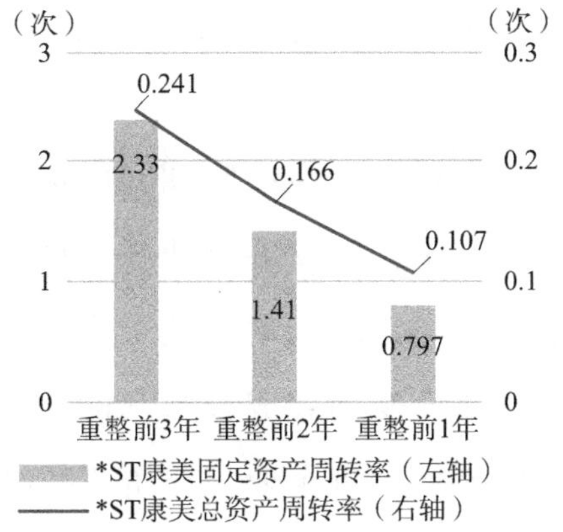

图 2－6（a） ＊ST 康美（600518）固定资产、总资产周转率重整趋势

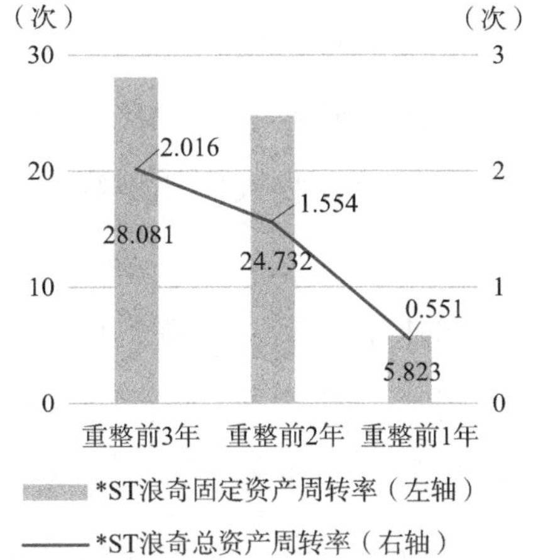

图 2－6（b） ＊ST 浪奇（000523）固定资产、总资产周转率重整趋势

四、发展能力

企业的发展能力是指企业在进行一系列持续经营活动的过程中所表现出来的持续不断成长的能力。企业要在市场竞争中持续保持优势，就需要企业管理者制定清晰正确的战略目标，重视企业的长远发展。

净利润同比增长率是企业在一定期间内取得的净利润与其上年同期净利润增长的百分比，指标值越大，代表企业盈利能力越强。

净资产同比增长率是企业在一定期间内取得的资产与其上年同期净资产增长的百分比，以反映企业在此期间内净资产的增长或下降等情况。净资产同比增长率反映了企业资本规模的扩张速度，是衡量企业总量规模变动和成长状况的重要指标。

总资产同比增长率是分析企业当年资本积累能力和发展能力的主要指标，反映企业本期资产规模的增长情况。

营业收入同比增长率是企业在一定期间内取得的营业收入与其上年同期营业收入增长的百分比，以反映企业在此期间内营业收入的增长或下降等情况。营业收入同比增长，说明公司在上一年度挣钱的能力加强了；营业收入同比下降，则说明公司的挣钱能力稍逊于往年。

本章选择净利润同比增长率、净资产同比增长率、总资产同比增长率、营业收入同比增长率来分析评价这90家在沪、深两市上市并进行破产重整的公司重整前3年的发展能力，具体指标计算如本章附表2-5所示。而90家公司重整前3年的发展能力指标整体数值的描述性分析如表2-5所示。

表2-5　　重整前3年的发展能力指标数值

财务指标		平均值	中位数	最小值	最大值	标准差
净利润同比增长率	重整申请前3年	-776.145	3.686	-45 915.289	1 204.268	5 009.685
	重整申请前2年	-2 393.439	-176.285	-124 256.012	1 056.843	13 135.465
	重整申请前1年	-867.666	-151.028	-12 994.610	168.555	2 062.209

续表

财务指标		平均值	中位数	最小值	最大值	标准差
净资产同比增长率	重整申请前 3 年	-36.106	0.513	-3 042.760	679.675	335.214
	重整申请前 2 年	-8.079	-24.355	-4 987.490	6 726.210	907.815
	重整申请前 1 年	-490.307	-70.412	-14 002.260	257.494	2 069.317
总资产同比增长率	重整申请前 3 年	14.300	-0.040	-97.937	706.484	80.201
	重整申请前 2 年	4.032	-10.281	-70.335	1 337.384	144.673
	重整申请前 1 年	-20.771	-20.590	-80.037	49.311	23.074
营业收入同比增长率	重整申请前 3 年	17.629	3.388	-99.486	1 128.480	124.722
	重整申请前 2 年	-9.179	-11.677	-91.879	668.445	80.395
	重整申请前 1 年	-22.601	-25.938	-99.320	152.896	43.064

如图 2-7、图 2-8 所示，*ST 康美与 *ST 浪奇在重整前 3 年的发展能力趋势大体相同，总资产同比增长率、净资产同比增长率、营业收入同比增长率 3 个指标都是逐年下降且下降幅度很大，说明这两家公司在重整前 3 年的发展能力逐年变差。

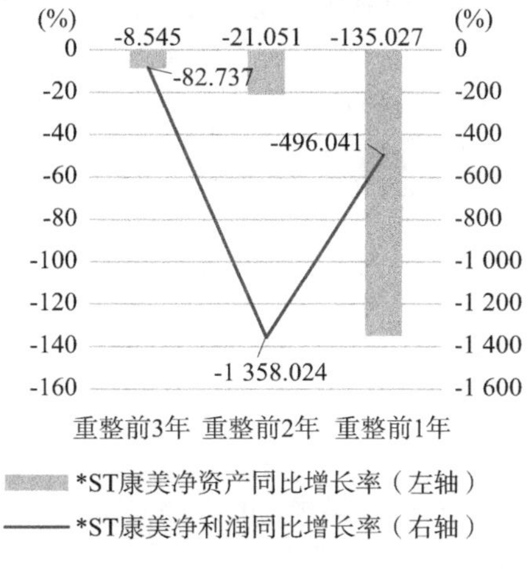

图 2-7（a） *ST 康美（600518）净利润、净资产同比增长率重整趋势

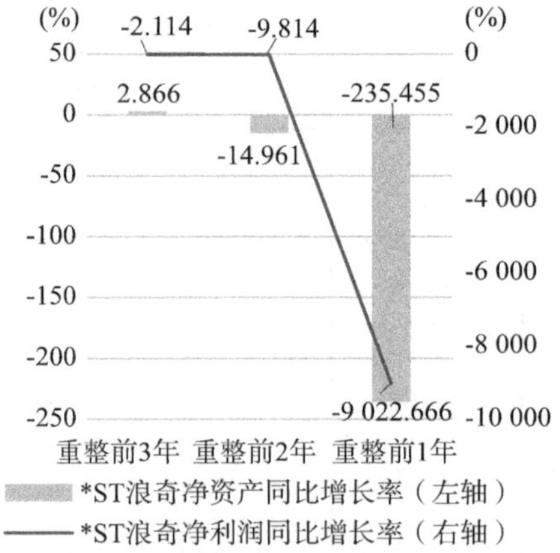

图 2-7（b） *ST 浪奇（000523）净利润、净资产同比增长率重整趋势

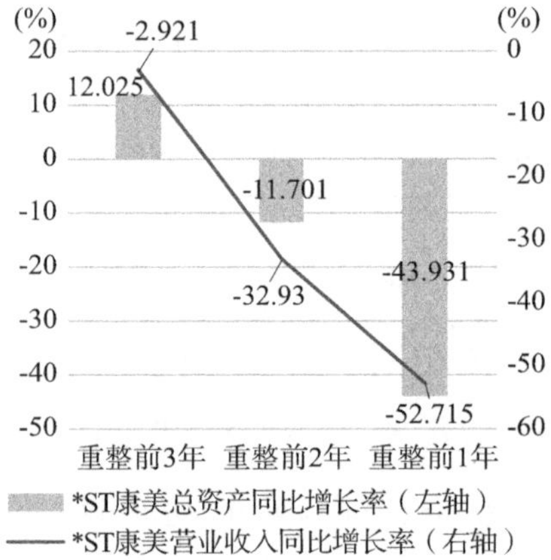

图 2-8（a） *ST 康美（600518）营业收入、总资产同比增长率重整趋势

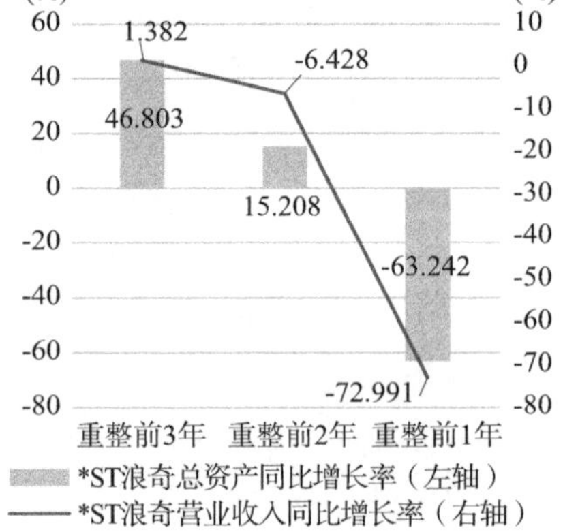

图 2-8（b） *ST 浪奇（000523）营业收入、总资产同比增长率重整趋势

从上文分析可以看出，90 家上市公司在破产重整前都处于经营困难、无力偿债的状况，债务人很难依靠自身来摆脱困境，而通过破产重整，上市公司可以存续甚至是逆境翻转，所以债务人通常会选择破产重整。但债务人选择破产重整并不意味着其股东会放弃自身的利益，相反债务人股东尤其是大股东会尽力地维护、争取自身的利益，上市公司的价值是债务人大股东确定自身利益的主要依据。有些上市公司虽然已经资不抵债，但其大股东会认为账面数据不能反映上市公司真实价值，从而会在重整过程中提出过高的要求，这样导致重整难度增加甚至失败。合理判断重整价值对于推动重整成功至关重要。

第三节　重整价值分析

最高人民法院在 2018 年 3 月发布的《全国法院破产审判工作会议纪要》中，明确规定了破产重整的对象应当是具有挽救价值和可能的困境企业；对于僵尸企业，应通过破产清算，果断实现市场出清。人民法院在审查重整申请时，根据债务人的资产状况、技术工艺、生产销售、行业前景等因素，能够认定债务人明显不具备重整价值以及拯救可能性的，应裁定不予受理。我国法律没有明确规定法院对于破产申请的审查是形式审查还是实质审查，也没有规定审查的标准。大多数国家把具有“再建希望和重整价值”作为提出重整的前提条件，在审查破产申请的时候，只有符合具有再建希望和重整价值的企业才能进入破产重整程序当中[①]。

---

① 郑志斌，张婷：《困境公司如何重整》，人民法院出版社 2007 年版，第 14 页。

只有一个企业的经营价值大于清算价值，这家公司才有破产重整的必要，否则会造成社会资源的浪费。如果从定量的角度，清算价值相对比较容易测算，但是经营价值不是那么容易估算，不同的资产评估者可能给出相差很大的重整价值；并且，现代公司理论普遍承认公司的社会责任和社会价值，上市公司的规模和影响力一般都比非上市公司大，相应地，其社会价值也就更大，而社会价值更是一个主观性极强的标准，使上市公司的经营价值更加不好估算。一般而言，对于陷入困境的上市公司，其经营价值分为经济价值和社会价值，经济价值体现在壳资源、市场竞争力、资质和牌照、品牌价值和知识产权，社会价值体现在带动区域经济的发展、创造税收及社会稳定①。

企业及相关利益主体在决定是否进行破产重整时，需要依据企业破产重整的价值来判断，如果企业具有较高的重整价值，那么，重整无疑是帮助企业摆脱困境的最优选择。从多角度进行分析，才能够全方位地衡量企业破产重整的价值。

一、公司控制人角度

（一）从公司整体价值出发

现代企业是财产、交易关系和利益的共同体，这种复合的组织构成意味着企业是担负多种社会经济职能的实体。一般而言，公司重整的损失低于清算损失，一是因为重整公司中的营运价值包含了资本组合，例如成立公司的费用、配置资源的费用、员工培训的费用、风险成本等开支，这些费用不能很好地体现在可供

① 申林平：《上市公司破产重整：原理与实务》，法律出版社2020年版，第97页。

清算变价的财产中，通常也不能转嫁给购买财产的下家，即任何购买者要把所购买的破产财产变成一个具备破产前的生产经营规模和能力的企业，都必须重新支付这样的资产组合成本；二是企业资产在清算时存在价值的损耗，不仅在清算过程中需要支付评估费、拍卖费等必要费用，而且清算价格受市场行情波动影响很大，很可能在清算时市场处于低迷行情，导致清算价值大跌。

破产重整的动因并不仅限于个体利益的需要，还基于整个社会的福祉。这种整体考虑就是社会政策。企业进行破产重整并不仅仅是破产企业的重新开始，而是对整个社会资源的保护和有效利用。破产重整除保留原先企业的经营实体外，还实现了企业再造，为困境企业输入动力，使其再次发挥带动经济和社会福祉增长的功能。

因此，绝不能把重整制度为企业再建而采取的种种保护措施错误地看作是债务人借以逃债的手段。从这个角度出发，在衡量企业价值的时候，不能忽视企业的存亡和社会中诸多利益的关联，更不能仅仅把眼光放在债务人和债权人的利益上，而是要从更宽的视角考察上市公司继续经营的价值。

1. 公司的壳资源

壳公司是指在证券市场上拥有和保持上市资格，但相对其他上市公司而言，负债率较高，资产状况不佳，公司主营业务规模较小甚至停业，业绩较差或极差，无新的利润增长点，看不到成长前景，股价低或股价趋于零，甚至已经成为停牌终止交易的上市公司。由于我国企业上市的相关规定较为严格，非上市公司要想获得上市资格，除了原始上市外，另一条途径就是把注意力集中于 ST 或 * ST 上市公司，看是否可以通过壳资源的利用顺利上市。壳资源价值就是源于上市公司的身份或资格稀缺性所体现的价值。在我国实行股票发行注册制改革前，上市公司的壳资源具有很高的价值，尤其对于那些想借壳上市的公司而言。随着注册制改革的推进[①]，公司上市的门槛在降低，壳资源的价值也在降低，期望把上市公司的壳卖个高价的想法已经不切合实际。另外，与股票发行注册制配合使用的退市规定也对壳资源价值带来负面影响。

2020 年 12 月 31 日，围绕新一轮退市制度改革，沪、深证券交易所正式发布新修订的股票上市规则以及科创板（创业板）股票上市规则等多项规则，主要调整和优化了以下几方面内容：首先，在财务类指标方面，由原来的单一指标变化为“扣非前后净利润为负且营业收入低于 1 亿元”的组合指标，这在关注公司盈利能力的同时增加了对公司持续经营能力的重视。其次，在交易类指标方面，新增“连续 20 个工作日股票收盘市值均低于 3 亿元”的标准，并由原来“每日收盘价低于每股面值退市”变为“1 元退市”；在规范类指标方面，新增“信息披露、规范运作存在重大缺陷且拒不改正和半数以上董事对于半年报或年报不保真”两类情形；重大违法类指标方面，明确了量化指标和判定标准：“连续两年财务造假金额合计达到 5 亿元且造假比例超过披露相关合计金额的 50%。”最后，退市新规也缩短了退市流程，并且压缩了缓冲期、新增审计意见类指标、强化了风险警示情形。退市新规主要内容如表 2-6 所示。

---

① 2013 年中共中央提出进行股票发行注册制改革，2019 年上海证券交易所对在科创板上市的公司实行注册制，2020 年深圳证券交易所对在创业板上市的公司实行注册制，全市场注册制改革也在推进中。

表 2-6　　退市新规主要内容

项目	类别	指标
退市标准	财务类	（一）最近一个会计年度经审计的净利润为负值且营业收入低于人民币1亿元，或追溯重述后最近一个会计年度净利润为负值且营业收入低于人民币1亿元 （二）最近一个会计年度经审计的期末净资产为负值，或追溯重述后最近一个会计年度期末净资产为负值 （三）最近一个会计年度的财务会计报告被出具无法表示意见或否定意见的审计报告 （四）证监会行政处罚决定书表明公司已披露的最近一个会计年度经审计的年度报告存在虚假记载、误导性陈述或者重大遗漏，导致该年度相关财务指标实际已触及第（一）项、第（二）项情形的 （五）交易所认定的其他情形
	交易类	（一）在交易所仅发行A股股票的公司，通过交易所交易系统连续120个交易日股票累计成交量低于500万股 （二）在交易所仅发行B股股票的公司，通过交易所交易系统连续120个交易日股票累计成交量低于100万股 （三）在交易所既发行A股股票又发行B股股票的公司，通过交易所交易系统连续120个交易日，其A股股票累计成交量低于500万股且其B股股票累计成交量低于100万股 （四）在交易所仅发行A股股票或者仅发行B股股票的公司，通过交易所交易系统连续20个交易日的每日股票收盘价均低于1元 （五）在交易所既发行A股股票又发行B股股票的公司，通过交易所交易系统连续20个交易日的A股和B股每日股票收盘价同时均低于1元 （六）公司连续20个交易日在交易所的股票收盘市值均低于3亿元 （七）公司连续20个交易日股东人数均少于2 000人 （八）交易所认定的其他情形

续表

<table>
<tr><th>项目</th><th>类别</th><th>指标</th></tr>
<tr><td rowspan="2">退市标准</td><td>规范类</td><td>（一）因财务会计报告存在重大会计差错或者虚假记载，被中国证监会责令改正但公司未在规定期限内改正，公司股票及其衍生品种自前述期限届满的下一交易日起停牌，此后公司在股票及其衍生品种停牌2个月内仍未改正
（二）未在法定期限内披露半年度报告或者经审计的年度报告，公司股票及其衍生品种自前述期限届满的下一交易日起停牌，此后公司在股票及其衍生品种停牌2个月内仍未披露
（三）因半数以上董事无法保证公司所披露半年度报告或年度报告的真实性、准确性和完整性，且未在法定期限内改正，公司股票及其衍生品种自前述期限届满的下一交易日起停牌，此后公司在股票及其衍生品种停牌2个月内仍未改正
（四）因信息披露或者规范运作等方面存在重大缺陷，被交易所要求限期改正但公司未在规定期限内改正，公司股票及其衍生品种自前述期限届满的下一交易日起停牌，此后公司在股票及其衍生品种停牌2个月内仍未改正
（五）因公司股本总额或股权分布发生变化，导致连续20个交易日不再具备上市条件，公司股票及其衍生品种自前述期限届满的下一交易日起停牌，此后公司在股票及其衍生品种停牌1个月内仍未解决
（六）公司可能被依法强制解散
（七）法院依法受理公司重整、和解和破产清算申请
（八）交易所认定的其他情形</td></tr>
<tr><td>重大违法类</td><td>（一）公司存在欺诈发行、重大信息披露违法或者其他严重损害证券市场秩序的重大违法行为，且严重影响上市地位，其股票应当被终止上市的情形
（二）公司存在涉及国家安全、公共安全、生态安全、生产安全和公众健康安全等领域的违法行为，情节恶劣，严重损害国家利益、社会公共利益，或者严重影响上市地位，其股票应当被终止上市的情形</td></tr>
</table>

续表

项目	类别	指标
退市流程	退市流程	交易所在作出终止上市公司股票上市决定之日起两个交易日内，通知上市公司并以交易所公告形式发布相关决定，同时报中国证监会备案。公司应当在收到交易所关于终止其股票上市的决定后，及时披露股票终止上市公告。股票终止上市公告应当包括终止上市股票的种类、简称、证券代码以及终止上市的日期；终止上市决定的主要内容；终止上市后其股票登记、转让、管理事宜；终止上市后公司的联系人、联系地址、电话和其他通信方式等。交易所决定不对公司股票实施终止上市的，公司应当在收到交易所相关决定后，及时披露并申请股票复牌。公司股票不存在其他退市风险警示情形的，自复牌之日起，交易所撤销对公司股票实施的退市风险警示
	退市整理期	退市整理期的交易期限为 15 个交易日。退市整理期间，上市公司股票原则上不停牌。公司因特殊原因向交易所申请其股票全天停牌的，停牌期间不计入退市整理期，且停牌天数累计不得超过 5 个交易日
	审计意见	被出具无法表示意见或者否定意见的审计或者鉴证报告
其他风险警示指标	风险警示	上市公司出现下列情形之一的，交易所对其股票交易实施其他风险警示： （一）公司存在资金占用且情形严重 （二）公司违反规定程序对外提供担保且情形严重 （三）公司董事会、股东大会无法正常召开会议并形成决议 （四）公司最近一年被出具无法表示意见或者否定意见的内部控制审计报告或者鉴证报告 （五）公司生产经营活动受到严重影响且预计在 3 个月内不能恢复正常 （六）公司主要银行账号被冻结 （七）公司最近 3 个会计年度扣除非经常性损益前后净利润孰低者均为负值，且最近 1 年审计报告显示公司持续经营能力存在不确定性

资料来源：根据退市新规内容整理。

从上面的退市新规可以看到以下明显的特征：（1）完善财务类退市标准，力求出清壳公司。本次退市新规改变了以往单纯考核净利润的退市指标，通过营业收入和扣非净利润的组合指标，力求准确刻画壳公司。（2）严格退市执行，压缩规避空间。在交易类、财务类、规范类以及重大违法类指标等方面体现严格监管，特别是通过财务类指标的全面交叉利用，打击规避退市。（3）简化退市流程，提高退市效率。取消了暂停上市和恢复上市环节，加快退市节奏。因此，在退市新规下上市公司保留壳资源的难度会加大。截至 2022 年 3 月 30 日，沪深两市除＊ST 中新、＊ST 拉夏、＊ST 德奥、＊ST 长动触及财务类退市情形而退市外，还有＊ST 明科、＊ST 易见、＊ST 中天、＊ST 游久、＊ST 绿庭、＊ST 中房、＊ST 华讯、＊ST 邦讯、＊ST 腾邦、＊ST 金刚、＊ST 东电、＊ST 艾格等多家上市公司的 2021 年度业绩预告均显示，其存在触及财务类退市指标而被终止上市的可能①。若上市公司失去上市资格，壳资源的价值就不存在，上市公司的重整价值会缩水很多。

2. 上市公司的行业地位、行业前景

上市公司的行业地位是指上市公司的主营产品在其所渗透到区域内的市场占有率或行业的影响力，行业地位可以基本体现出该上市公司的综合能力。一般而言，行业地位较高的上市公司重整价值较高，其在重整后的表现也会更好。

根据最高人民法院于 2010 年发布的《关于正确审理企业破产案件为维护市场经济秩序提供司法保障若干问题的意见》中

---

① ＊ST 中新、＊ST 拉夏触及财务类退市，还有逾 10 家公司拉响警报，https：//new. qq. com/rain/a/20220330A0DG3N00. html。

的规定，对于虽然已经出现破产原因或者有明显丧失清偿能力可能，但符合国家产业结构调整政策、仍具发展前景的企业，人民法院要充分发挥破产重整和破产和解程序的作用，对其进行积极有效的挽救。企业所属行业是否符合国家的需要和社会的发展方向是企业能否生存的战略性因素。在判断公司的整体重整价值时，公司的行业前景是一项重要的考量因素，对于行业前景符合国家需要和社会发展方向的公司而言，其在重整过程中会获得来自政府的支持，并且从长远来看，其重整的价值也很高。如康美药业，自上市以后历经 20 余年的迅速发展，产业结构完整，产品种类齐全，在 2019 年广东省百强民营企业中排名第 60 位，在 2020 年中国品牌 500 强企业中排名第 282 位，是我国当之无愧的医药行业龙头企业。截至目前，康美药业已经发展成为我国中医药产业领域业务链条较完整的产业体系。因此，康美药业具有较高的重整价值，能够帮助企业自身摆脱债务危机，最大限度保障债权人、股东、重整投资人等多方利益，有利于资源合理配置，维护当地经济生态健康发展。

3. 公司的经营情况、品牌价值

此处的经营情况，包括企业的股权结构、股东实力、资本价值、特许经营权或者生产资产等因素。企业如果股权结构清晰，不存在较难处理的股权问题，在破产重整过程中可以减少自身损耗，同时更方便地运用股权方法处理债权人的债务问题。如果公司的股东实力较强，其可以通过注入优质资产、增资扩股等方式帮助企业；由于其对公司的重整成功有一定的期待，更容易配合相关债务问题的解决。

公司的资本价值、特许经营权或者生产资质等因素也会影响公司的整体重整价值，重整投资人可以通过破产重整来更快、更方便地获得特许经营权或者生产资质。因此，公司经营情况的优劣也是衡量公司重整价值的重要因素。

优秀的公司品牌可以给公司带来大量的无形资产的收入，品牌代表着公司声誉、代表着公司产品质量，也代表着顾客对产品的喜好。破产重整可以帮助公司快速恢复品牌价值，原先的品牌价值可以帮助公司迅速恢复经营，抢占市场。

4. 企业员工的安置等社会影响

对于员工人数众多的大型上市公司来说，员工的安置问题以及公司对当地社会经济的影响是其考虑公司整体价值时必不可少的因素。国有企业员工的压力相对来说没有私企员工大，因此当破产重整涉及一家国有企业的员工时，他们承受风险的能力相对较弱，破产重整给员工带来的影响也就更大。由于国有企业员工人数众多，所以在衡量公司的重整价值时，考虑重整成功后的公司可以保住或者增加就业机会这一点是更为重要的。另外，无论国有企业还是民营企业，均可以带动区域经济的发展，为当地贡献税收进而带来社会效益。

因此，在衡量公司的重整价值时，无论民营企业还是国有企业都应该从对社会的影响、企业职工的安置以及对当地经济的影响出发，在协调各方利益、解决当事人矛盾的同时，避免处理不当以至于引发群体性、突发性事件，从而影响社会稳定。

（二）从控制人自身利益出发

1. 对控制人自身利益影响

在企业进行破产重整之前，控制人是企业的实际掌控者，但是在企业进行破产重整之后，控制人则可能失去企业实际掌控者的地位。因此，当一家上市公司考虑进行破产重整时，控制人很有可能出于自身利益选择是否进行破产重整。

一方面，对于控制人而言，如果选择企业破产重整所获利益大于企业破产，那么基于对自身利益的影响，控制人很大可能选择进行破产重整；另一方面，如果选择破产重整所获利益小于企业破产，那么控制人有可能放弃破产重整，使得企业最终面临破产的困境。除此以外，还应考虑到在企业面临是否重整的选择之前，是否存在控制人已经将股权进行质押的情况。假若该情况已经发生，那么企业是否破产重整还应考虑质权人的意见。比如当股东无偿让渡股票时，如果质权人拒绝原股东让渡股权，重整计划可能搁浅。

2. 控制人心态影响

在衡量公司是否要破产重整时，少数上市公司控制人对公司的归属感、控制欲可能是其首要考虑因素。在实际控制人仍然是公司创始人这种特别情况下，控制人在其对公司深厚的感情影响之下，出于对公司的不舍，可能难以接受失去大股东地位的情形，因此对于破产重整有更多的考量。

控股股东参与公司事务的年限对破产重整价值的衡量也会产生一定影响。年限较长的人由于对公司倾注了更多的感情，在对公司强烈的认同感和归属感的影响下，可能将公司的利益放在首位；但是对于参与公司事务年限较短的控制人来说，他们没有对公司强烈的认同感和归属感，因而更偏向于维护自身的利益，而不考虑公司利益。

二、债权人角度

破产重整的首要利益方是债权人，债务人资不抵债，没有能力偿还债务，债权人是首要的利益受损方。与通过民事诉讼和强制执行获得债权清偿的方式相比，破产重整将上市公司财产统一进行处理，债权人以现有部分债权的让渡换取公司未来更多的收益，以此获得相较清算状态下更高的清偿比例。对于不同类型的债权人而言，其面对破产重整的态度也会有不同程度的差异。

（一）按债权人有无财产担保划分

有财产担保的债权人与普通债权人所占债权人比重的大小在一定程度上影响着企业清偿方案的制订。有财产担保的债权人由于在破产重整中享有优先受偿权，其自身利益在企业破产时可得到一定的保护，所以其参与积极度较低；普通债权人由于处于清偿顺序的末位，会更积极地参与企业的破产重整。

1. 有财产担保的债权人

有财产担保的债权人在破产重整中享有优先受偿权，所以其自身利益在企业破产时可得到一定的保护，基于此，在面对破产重整时，有财产担保的债权人完全可以做出更符合自身利益的选择。有财产担保的债权可以简单地分为以下三方面。

（1）超额有财产担保的债权。超额有财产担保的债权，是指担保物价值超过被担保的债权数额的有财产担保债权。这一类债权人，在清算中肯定能获得足额清偿，而在重整中他们却承担了担保物价值贬损的风险、因迟延清偿而损失的再投资利益以及机会成本上升的风险。对于这一类债权人而言，重整对于他们只有风险而无利益，因此他们很可能会反对重整而选择直接清算。

（2）不足额有财产担保的债权。不足额有财产担保的债权，是指担保物价值低于被担保的债权数额的有财产担保的债权。未获得清偿的债权部分将作为普通债权参加破产程序。这一类债权人，由于在清算中很可能有部分债权无法获得清偿，所以往往会对重整予以考虑。但是否会同意重整，则要看两个因素：担保物价值占债权数额的比例、重整成功的可能性。

（3）担保额与债权额相差不多的有财产担保债权。在这里要说明的是，在真正清算之前，担保物的价值、债权的数额等因素都无法确定，那些担保物价值与被担保债权的数额相差不多的有财产担保债权的债权人，无法确定其有财产担保的债权究竟属于超额担保还是不足额担保，那么该类债权人往往属于最摇摆不定、难以抉择的债权人类别。倘若重整中他们的利益受到很好的保障，那么他们则会更倾向于重整，以期待其债权的足额清偿[①]。

相对于企业进行漫长的破产重整之路之后仍不明晰的发展前景，有财产担保的债权人更可能选择提前拿回属于自身的利益，不支持企业进行破产重整。因此，企业进行破产重整前后有财产担保的债权人所获利益的大小是其衡量破产重整进行与否的重要参照物。

2. 优先债权人

在我国的民法通则中并没有明确规定优先债权的具体概念。但在民法的特别法中，《合同法》《公司法》《企业破产法》等法律都对其内容规定了相关的条款。如《企业破产法》第 37 条规定的破产还债程序中，破产费用、破产企业所欠职工工资和劳动保险费用、破产企业所欠税款等，均优先于一般的破产债权。

优先债权人虽然优先于普通债权获得清偿，但其仍然排在有财产担保的债权人之后。优先债权大多是职工债权和税款债权，债权涉及人数较多，较为分散，且数额相对较小。对于优先债权人而言，如果选择破产清算，有财产的债权人清偿完毕后，公司有价值的财产也所剩不多；但如果选择破产重整，重整成功后优先债权通常情况下都可以获得全额清偿。因此，对于优先债权人

① 杨森，牛宁：《论破产重整程序中的重整债权及保护》，载《法制与经济》（中旬）2009 年第 6 期，第 93 页。

而言，他们会更加倾向于重整成功。

3. 普通债权人

普通债权是指无担保债权中除去职工债权和税收债权以外的债权。普通债权主要由以下几部分组成：第一，企业破产以前的普通债权，包括企业向职工筹集的资金，若没有担保物，就是普通债权。这种借款的利息可以按银行同期存款利率计算，还有应付账款和向银行等金融机构的借款。第二，担保债权人放弃优先受偿转化而成的普通债权。第三，担保债权额超过担保财产价值的债权。第四，担保人代替偿还的债务。这些债权的数额和偿还标准，可由债权人和债务人商议确定。

普通债权是破产分配中处于最后分配顺位的债权，普通债权人往往在清算中所得到的分配较少甚至没有，所以普通债权人是最有可能支持重整的一类债权人。普通债权在清偿顺位上处于最后的位置，是最弱势的债权，因此其最优的选择就是希望重整成功以获得最大限度的清偿。也正是因为这种选择的唯一性，普通债权人往往是最支持重整并且在重整中最积极的一类债权人①。

（二）按债权人来源划分

债权人按来源可以分为国内债权人和国外债权人。国内债权人在面对公司破产重整等问题时，会受到国内利益方的影响，相比较国外债权人来说，国内债权人更有安全感和耐心，也愿意考虑更多长远性问题；在面对公司困境时，国内债权人更愿意与公司进行谈判，也更容易做出妥协。国外债权人通常不受国内其他利益方的影响，损失最小化是其首要目标，会坚持收回债款，维

---

① 杨淼，牛宁：《论破产重整程序中的重整债权及保护》，载《法制与经济》（中旬）2009年第6期，第93页。

护自身利益，从而与我国债权人做出不同的选择。对于国外债权占比较大的公司，国外债权人甚至可能影响企业的破产重整。

2022年1月30日，中国恒大发布了一则公告，公告称："本集团获悉本公司若干附属公司的资产被委任资产接管人，该等资产为本公司若干附属公司于2021年1月签署的一项本金约5.2亿美元融资交易的担保，该等资产为位于香港元朗的一块拟用于住宅的未开发土地。公司正在寻求法律意见，以维护公司的合法权益。同时，本公司正与贷款人就该事项的解决方案进行积极讨论，以期达成和解，从而使本集团的回报最大化。"这意味着债权人认为恒大不按时还钱，所以要将恒大在香港的这笔资产划走。从中可以看出国外债权人已经不寄希望于恒大按时还钱，接下来可能会有更多的海外债权人通过法律手段来收回债款。这对未来可能出现破产重整的恒大也会有一定的影响。

（三）重整价值时的利益平衡

上市公司的破产重整是一个复杂的过程，需要在各方的利益中做出取舍和平衡。企业持续经营经常需要债权人做出让步，如减少债务或者延长债务的清偿期以换取公司正常经营的可能，同时债权人还需要承担重整失败带来的债权清偿额度的损失①。但是对于债权人来说，企业经过破产重整之后，变废为宝，企业的价值持续增长，相对重整之前，债权人可以得到更高比例的债务清偿，同时公司自身的价值得以保留；如果企业走向破产清算而不是破产重整，那么债权人将失去企业持续经营带来的利益，只能和投资者争夺清算价值②。

---

① 郑志斌，张婷：《困境公司如何重整》，人民法院出版社2007年版，第105页。

② 郑志斌，张婷：《困境公司如何重整》，人民法院出版社2007年版，第98页。

对于同意清偿方案的债权人来说，可以以债转股的形式清偿全部债务；对于不同意清偿方案的债权人来说，可以采用分批还钱的方式清偿债务，但其还款周期普遍较长，难以在短时间内清偿完毕。破产重整公司的债权人会议次数，可以从侧面反映出其协调进程是否顺利，一般来说，会议次数越少，其协调进程越顺利。

地方政府作为公司的税款债权人也是破产重整的利益方之一。税款债权虽然是优先债权，但其清偿顺序仍在有担保的债权后，在破产清算时公司财产在偿还完有担保的债权后很有可能已经所剩无几，而破产重整时税款债权基本是全额清偿。另外对于地方政府而言，一些陷入困境的公司对当地的民生以及经济都有着积极作用，还有一定的价值，因此，地方政府更倾向于支持公司的破产重整。对于本地债权人来说，更易受到当地政府的影响，向破产重整的清偿方案做出让步；而对于非本地债权人来说，则更倾向于坚持维护自身的利益。

第四节　典型案例分析：海航控股

一、海航控股及其子公司简介

海南航空控股股份有限公司（以下简称“海航控股”），成立于1995年12月29日，注册地位于中国海南省海口市国兴大道7号海航大厦，法定代表人为刘璐。

海航控股作为海航集团航空主业的核心企业，与海航集团控股的其他航空公司共同组成海航航空集团，是我国民航业第四大航空公司。海航控股是在上交所挂牌的上市公司，下属并表子公司34家，包括祥鹏航空、长安航空、新华航空、山西航空、北部湾航空、乌鲁木齐航空、福州航空、海航技术、科航投资、福顺投资 10 家核心子公司。由于海航集团整体债务危机，并受新冠疫情叠加影响，海航控股及其 10 家子公司财务状况恶化、资金链断裂、债务大面积逾期、关联资产严重减值，出现巨额亏损。至 2020 年末，海航控股及其 10 家子公司已严重资不抵债，债务全面逾期，生产经营难以为继，面临破产清算风险。

根据相关债权人申请，海南高院于 2021 年 2 月 10 日依法裁定受理海航控股及其 10 家子公司的破产重整案，并指定海南省人民政府成立的海航集团清算组分别担任前述 11 家公司管理人，具体开展重整各项工作。

二、重整前的财务分析

海航控股在 2018—2020 年债务偿还能力以及资产变现能力逐年下降，具体的偿债能力指标和分析如下。

（一）偿债能力

海航控股的债务偿还能力以及资产变现能力呈现逐年下降的态势，其在 2018—2020 年的具体偿债能力指标和分析如表 2－7 所示。

表 2－7　　海航控股偿债能力指标

项目	2018 年	2019 年	2020 年
流动比率	0.44	0.42	0.37
速动比率	0.44	0.41	0.36
利息保障倍数（倍）	21.58	118.57	－1 063.66
资产负债率（%）	66.42	68.40	113.52

资料来源：根据海航控股年报整理。

从短期偿债能力指标来看，2018—2020 年，海航控股的流动比率和速动比率均从 0.44 逐步下降至 0.37 和 0.36，企业的短期偿债能力恶化。2018—2020 年，海航控股的利息保障倍数先上升再降低，2020 年利息保障倍数急剧下降，说明其长期偿债能力低，偿还利息出现较大困难（见图 2－9）。

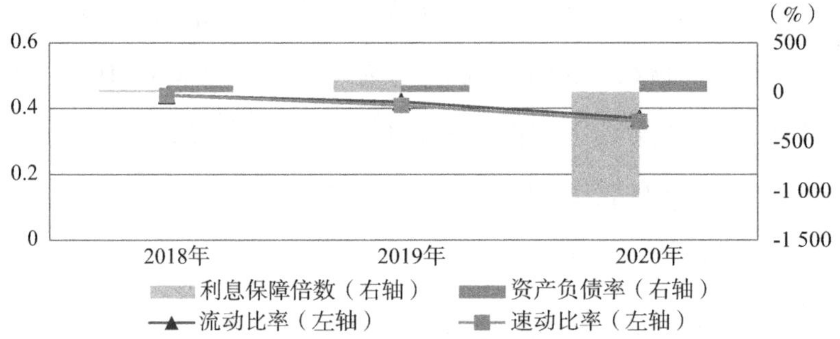

图 2－9　海航控股偿债能力指标

（二）盈利能力

由于市场环境以及经营不善的影响，2018—2020 年海航控股的经营状况变差，盈利能力快速下降。具体的盈利能力指标如表 2－8 所示。

表 2－8　海航控股盈利能力指标

指标	2018 年	2019 年	2020 年
总资产利润率（%）	－1.78	0.38	－41.77
主营业务利润率（%）	7.07	7.24	－41.54
营业利润率（%）	－7.54	1.14	－243.36
主营业务成本率（%）	92.70	92.58	141.13

资料来源：根据海航控股年报整理。

海航控股的总资产利润率、营业利润率在 2018 年和 2020 年相继出现负数，说明海航已经亏损，基本不具备盈利能力（见图 2－10）。

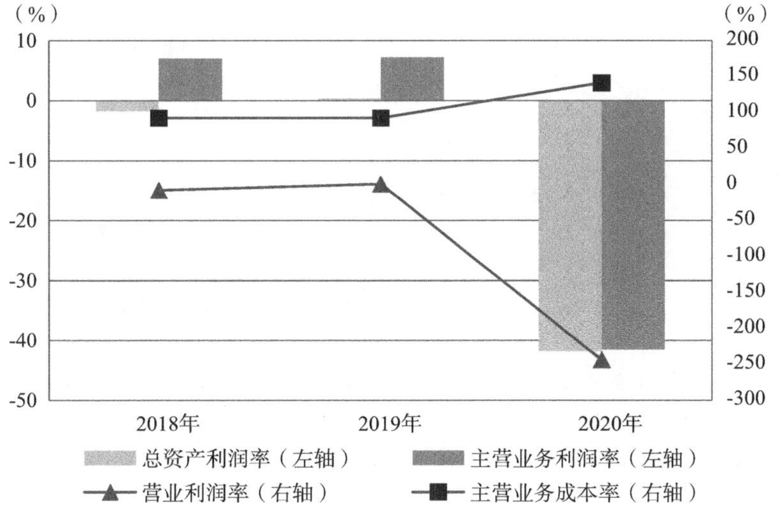

图 2－10　海航控股盈利能力指标

（三）营运能力

海航控股的持续经营能力出现下滑，其在 2018—2020 年的具体营运能力指标及分析如表 2－9 所示。

表 2－9　　海航控股营运能力指标

指标	2018 年	2019 年	2020 年
应收账款周转率（次）	25.92	18.47	8.11
应收账款周转天数（天）	13.89	19.49	44.37
存货周转率（次）	292.71	112.81	38.50
总资产周转率（次）	0.34	0.36	0.16
存货周转天数（天）	1.23	3.19	9.35
总资产周转天数（天）	1 068	1 031	2 293

资料来源：根据海航控股年报整理。

海航控股的存货周转率从 292.71 次下降至 38.5 次，变现能力恶化，导致应收账款周转率也逐年下降，从 25.92 次下降至 8.11 次，其营业周期显著拉长（见图 2－11）。

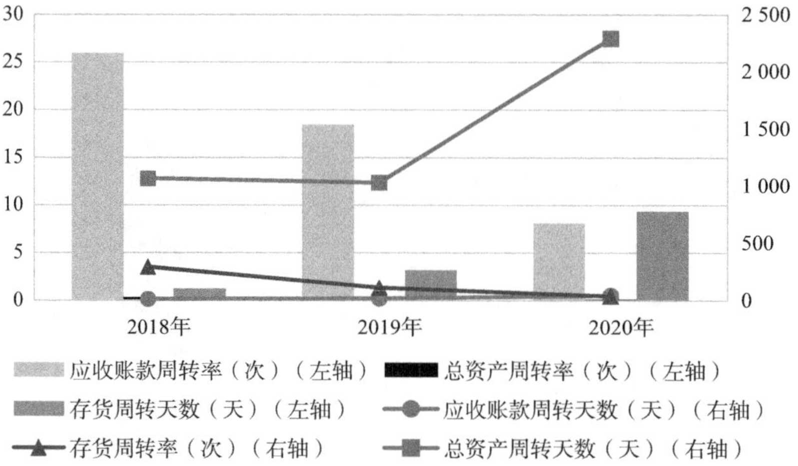

图 2－11　海航控股营运能力指标

（四）发展能力

海航控股的发展能力在近年一直下滑，已经陷入困境，2018—2020 年具体发展能力指标及分析如表 2－10 所示。

表 2－10　　海航控股发展能力指标

指标	2018 年	2019 年	2020 年
主营业务收入增长率（%）	13.12	6.83	－59.38
净利润增长率（%）	－208.08	114.45	－12 431.17
净资产增长率（%）	－7.09	－2.53	－155.09
总资产增长率（%）	3.74	－4.00	－21.61

资料来源：根据海航控股年报整理。

海航控股主营业务收入增长率在 2020 年下降至－59.38%，企业收入减少，净利润增长率甚至下降至－12 431.17%，总资产增长率逐年下降，资产呈持续减少状态（见图 2－12）。

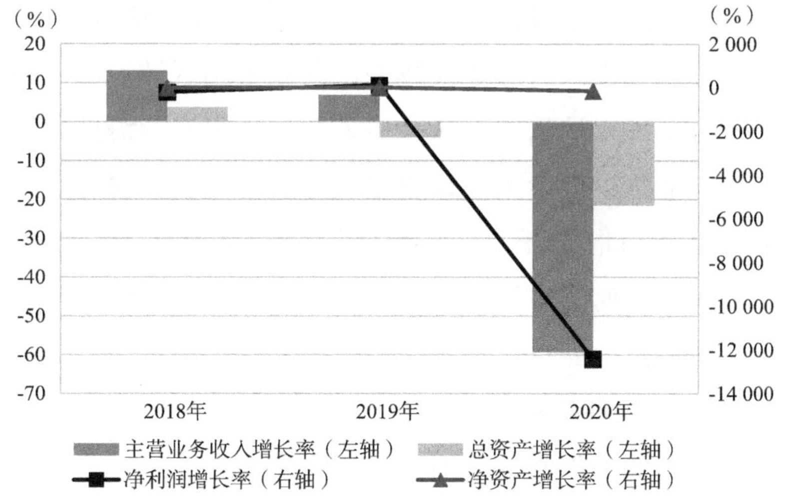

图 2－12　海航控股发展能力指标

结合以上 2018—2020 年偿债、盈利、运营和发展能力财务指标分析可看出，海航控股的业绩表现不佳，难以清偿到期债务，且资产不能清偿全部债务，生产经营和财务状况均已陷入困境。

三、重整价值分析

（一）上市公司控制人角度

1. 从公司整体价值出发

海航控股作为海航集团航空主业的核心企业，与海航集团控股的其他航空公司及其 10 家子公司共同组成海航航空集团，迄今为止，海航航空主业已形成以海南航空为主要品牌，覆盖“全服务＋低成本＋通用航空＋航空维修”全运营模式的航空集团企业。在成为国内第四大航空集团的同时，海航更是掌握着 10 多个航空牌照，包括经营境内 12 张、境外 2 张客运牌照，4 张货运牌照，3 家公务机牌照，同时还有公务机（直升机）托管运营、航空发动机维修、航材维修、飞行员培训、特业人员健康检查等资质牌照，在民航局关闭新设航空公司渠道的今天，公司的壳资源更是具备了较高的价值。当前，海航控股运营模式全、牌照多、机队规模大、从业人数多，其在带动区域经济发展的同时，更是保障了人员就业。从公司整体价值出发，海航控股势必会进行破产重整，而为了保证重整成功，避免破产清算，管理人在法院的监督和指导下，更是严格按照《企业破产法》的规定履行相关职责，而海航控股的重整工作也受到了各级政府、法院的高度重视和大力支持。

2. 从控制人自身利益出发

作为公司剩余价值的所有者，海航控股及其 10 家子公司的控股股东以及控制人当然是破产重整的利益方。作为海航控股的实际控制人，以陈峰为首成立的理事会以及第二大股东海南省国资委对于破产重整的考量也是不同的。对于以陈峰为首的理事会而言，由于海航控股的所有者权益为负，则其价值更多地体现在经济价值方面，因此海航控股是否进行破产清算，首要考虑因素是破产重整所减少的损失以及重整后可能带来的经济收益。通过对海航控股进行破产重整从而使其走出经营困境，控制人可以从中获得企业价值增值的收益。

作为海航控股的第二大股东，海南省国资委在破产重整中更多考量的是海航控股所承担的社会责任，仅海航控股一家公司，其航空主业从业人员就有 6.4 万人，其中特业人员[①]更是超 3.8 万人。公司从业人数多，一旦进行破产清算，不仅对于当地社会稳定产生不利影响，更是不利于海南未来自贸港的建设。从实际情况来看，海航控股及 10 家子公司的股东以及海南省国资委更倾向于对公司进行重整，而非破产清算。

---

① 特业人员包括飞行员、乘务员以及飞机维修人员。

（二）债权人角度

2021 年 1 月 29 日，北京富来特国际货运代理有限责任公司、河北致远通用航空有限责任公司等债权人分别以海航控股等 10 家公司不能清偿到期债务且明显缺乏清偿能力为由，向海南高院申请对海航控股及其 10 家子公司实施破产重整。

1. 有财产担保的债权

对于海航控股及其 10 家子公司而言，其有财产担保债权占总债权的比重较大，且债权关系复杂，在重整计划中，有财产担保的债权中可优先受偿金额只有一半，并且受疫情影响，海航控股即使在破产清算中，有财产担保的债权人也难以获得足额清偿。海航控股及其 10 家子公司在重整计划中具体调整情况如表 2－11 所示。

表 2－11　有财产担保债权金额　（单位：亿元）

公司	有财产担保债权	有财产担保金额可优先受偿金额	有财产担保债权转普通债权金额
海南航空	535.62	274.1	261.52
新华航空	12.25	8.52	3.73
山西航空	7.48	3.15	4.33
海航技术	0.65	0.65	—
福州航空	—	—	—
祥鹏航空	5.29	2.48	2.81
长安航空	13.31	9.5	3.81
北部湾航空	—	—	—
科航投资	27.15	25.13	2.02
乌鲁木齐航空	—	—	—
福顺投资	—	—	—

资料来源：根据海航控股及其 10 家子公司重整计划整理。

调整后的11家公司有财产担保债权将由担保人或建设工程所有权人留债清偿，主要安排如下：

（1）留债期限：10年。

（2）清偿安排：以2022年为第一年，自第二年起逐年还本，还本比例分别为2%、4%、4%、10%、10%、15%、15%、20%、20%。每年按照未偿还本金的金额付息。

（3）留债利率：按原融资利率与2.89%/年孰低者确定，利息自本重整计划获得法院裁定批准次日起算。

（4）还款时间：付息日为每年6月20日、12月20日，遇节假日提前；还本日（自第二年起）为每年12月20日，遇节假日提前。首期付息日为2022年6月20日，首期还本日为2023年12月20日。

对于海航控股及其10家子公司有财产担保的债权人而言，破产清算状态下，很可能难以足额受偿，按照重整计划的受偿情况来看，有财产担保的债权人可以通过留债方式获得足额清偿。虽然有10年的清偿期，但有利息且100%清偿，相比普通债权人而言有更强的保障。

2. 优先债权（见表2－12）

表2－12　优先债权金额　（单位：亿元）

债权	海南航空	新华航空	山西航空	海航技术	福州航空	祥鹏航空
职工债权	1.17	0.0067	0.0011	0.27	0.05	0.16
税款债权	0.54	—	0.14	—	0.000225	0.8
债权	长安航空	北部湾航空	科航投资	乌鲁木齐航空	福顺投资	
职工债权	0.07	0.07	—	0.05	—	
税款债权	0.97	—	0.1	0.03	—	

资料来源：根据海航控股及其10家子公司重整计划整理。

对于优先债权人而言，其在破产清算状态下的受偿顺序低于有财产担保的债权人，而其在破产重整状态下可以获得全额清偿。11家公司各自的职工债权由其在重整计划执行期间以自有现金全额清偿，如自有资金不足，以战略投资者投入的资金依规统一安排清偿。11家公司各自的税款债权由其在重整计划执行期间以自有现金全额清偿，如自有资金不足，以战略投资者投入的资金依规统一安排清偿，破产重整更有益于优先债权人。

3. 普通债权

根据《偿债能力分析报告》，11家公司如破产清算，假定其财产均能够按照清算价值获得处置变现，按照《企业破产法》规定的清偿顺序，担保财产变现所得优先用于偿还有财产担保债权；担保财产变现金额超过优先债权部分以及未设定担保的财产在清偿破产费用、共益债务后，按照职工债权、税款债权、普通债权的顺序进行清偿。

在前述清偿顺序下，11家公司在假定破产清算状态下普通债权清偿率如表2－13所示。

表2－13　11家公司在假定破产清算状态下普通债权清偿率

债务人	海南航空	新华航空	山西航空	海航技术	福州航空	祥鹏航空
模拟清偿率	4.45%	9.20%	1.43%	10.49%	9.19%	3.81%
债务人	长安航空	北部湾航空	科航投资	乌鲁木齐航空	福顺投资	
模拟清偿率	12.57%	8.29%	0.00%	4.77%	—	

资料来源：根据海航控股及其10家子公司重整计划整理。

针对评估机构出具的《偿债能力分析报告》，管理人认为海航控股及其10家子公司在假定破产清算状态下的普通债权清偿比例存在不确定性，实际破产清算状态下的普通债权清偿比例较上述估计并不乐观。根据11家公司的实际情况及财产处置的实践经验，如果进行破产清算，普通债权实际受偿率可能比《偿债能力分析报告》预计的更低。主要分析如下。

（1）11家公司主要资产，如飞机、发动机等是航空专用的大型资产，民航业受新冠疫情持续冲击，航空器供大于求，如目前阶段破产清算，该类资产处置价格可能将较清算价值进一步降低。

（2）11家公司较多的经营协议，尤其是飞机租赁协议、航空器维修协议等存在加速到期条款，即在破产清算条件下，合同项下全部费用都将加速到期；此外，一旦11家公司宣告破产，目前阶段与债权人谈判的优惠清偿安排将会无效，这些因素均将导致清算假设下待偿还的负债大幅增长。

（3）清算状态下，因11家公司职工人数众多，除需要支付巨额经济补偿金外，可能还需要承担其他潜在的职工安置费用。

（4）11家公司资产种类繁杂、分布地域广泛，在司法实践中破产清算程序处置耗时极为漫长，且面临众多不确定性，不仅会产生巨额资产处置税费，还可能会发生超越预期的各项费用。

因此，如11家公司破产清算，普通债权实际受偿率很可能将比《偿债能力分析报告》预计的更低。

在重整计划中，海航控股及其10家子公司的普通债权具体分类及其金额如表2-14所示。

表 2－14　　普通债权金额　　（单位：亿元）

公司	确认债权中的普通债权	有财产担保债权中调整为普通债权	普通债权总额
海南航空	631.58	261.52	893.11
新华航空	27.42	3.73	31.15
山西航空	11.47	4.33	15.79
海航技术	—	—	16.91
福州航空	—	—	0.95
祥鹏航空	37.55	2.81	40.36
长安航空	29.20	3.81	33.01
北部湾航空	—	—	10.78
科航投资	0.16	2.02	2.18
乌鲁木齐航空	—	—	4.02
福顺投资	—	—	—

资料来源：根据海航控股及其 10 家子公司重整计划整理。

调整后 11 家公司的普通债权中，每家债权人 10 万元以下（含 10 万元）的部分，由 11 家公司于法院裁定批准重整计划后 60 日内以自有资金一次性清偿完毕，超过 10 万元的部分主要由关联方清偿和股票抵债，其中股票抵债价格为 3.18 元/股（最终比例以及抵债价格可能适当微调），海航控股的股价在 1.8 元左右（2021 年 4 月），对于其普通债权人而言，3.18 元/股的清偿价格虽然有一定差距，但如果重整成功后经营情况改善，海航控股股价将会大幅上涨，普通债权的清偿率将会提升。

附表

附表 2－1　　2007—2021 年被批准重整计划的 90 家上市公司重整时长

序号	公司代码	公司名称（重整前）	公司名称（重整后）	重整申请时间	重整受理时间	申请到受理历时（天）	重整计划批准时间	受理到批准重整计划历时（天）	重整计划执行完毕时间	批准到执行完毕历时（天）
1	600722	*ST 沧化	金牛化工	2007－6－12	2007－11－16	157	2007－12－24	37	2010－11－30	1071
2	600242	S*ST 华龙	ST 中昌	2007－7－30	2008－3－10	223	2008－4－17	37	2009－1－5	262
3	000688	S*ST 朝华	国城矿业	2007－11－6	2007－11－16	10	2007－12－24	37	2008－3－24	90
4	000892	S*ST 星美	欢瑞世纪	2007－12－17	2008－3－11	84	2008－4－22	41	2008－12－31	252
5	600155	*ST 宝硕	华创阳安	2007－12－28	2008－1－3	5	2008－2－5	32	未披露	—
6	000925	S*ST 海纳	众合科技	未披露	2007－9－14	—	2007－11－21	66	2007－12－24	32
7	000631	S*ST 兰宝	顺发恒业	未披露	2007－11－16	—	2007－12－21	34	未披露	—
8	600705	S*ST 北亚	中航产融	2008－1－10	2008－1－28	17	2008－4－24	86	2010－12－27	976
9	000561	*ST 长岭	烽火电子	2008－5－5	2008－5－14	8	2008－10－25	163	2009－12－25	425
10	600094	*ST 华源	大名城	2008－8－11	2008－9－27	46	2008－12－13	76	未披露	—
11	600180	*ST 九发	瑞茂通	2008－9－16	2008－9－28	11	2008－12－9	71	未披露	—
12	200160	*ST 帝贤 B	东洋 B 退	2008－11－1	2008－11－10	8	2008－12－30	49	未披露	—
13	000719	S*ST 鑫安	中原传媒	2008－11－5	2008－11－7	1	2008－12－22	44	2009－12－18	360

续表

序号	公司代码	公司名称（重整前）	公司名称（重整后）	重整申请时间	重整受理时间	申请到受理历时（天）	重整计划批准时间	受理到批准重整计划历时（天）	重整计划执行完毕时间	批准到执行完毕历时（天）
14	600556	*ST 北生	天下秀	2008-11-27	2008-11-27	0	2008-12-29	31	2009-10-30	304
15	600728	S*ST 新太	佳都科技	2009-3-12	2009-3-17	4	2009-11-3	230	2010-9-3	303
16	000498	*ST 丹化	山东路桥	2009-5-12	2009-5-13	0	2009-11-27	197	2010-4-20	143
17	600217	*ST 秦岭	中再资环	2009-5-12	2009-8-23	102	2009-12-14	112	2010-10-22	311
18	000030	*ST 盛润 A	富奥股份	2009-7-3	2010-4-14	284	2010-10-22	190	2011-4-25	184
19	200030	*ST 盛润 B	富奥 B	2009-7-3	2010-4-14	284	2010-10-22	190	2011-4-25	184
20	000034	*ST 深泰	神州数码	2009-7-7	2009-11-10	125	2010-4-30	170	2010-8-30	121
21	000697	*ST 偏转	炼石航空	2009-8-24	2009-11-25	92	2010-5-17	172	2012-5-7	720
22	600057	*ST 夏新	厦门象屿	2009-8-28	2009-9-15	17	2009-11-20	65	2010-4-21	151
23	000587	S*ST 光明	*ST 金洲	2009-10-20	2009-11-9	19	2010-8-5	268	2011-1-28	175
24	000818	ST 锦化	航锦科技	2009-12-30	2010-3-19	78	2010-7-30	132	2011-6-20	324
25	000557	ST 银广夏	西部创业	2010-1-18	2010-9-16	240	2011-12-8	447	2013-2-20	439
26	000787	*ST 创智	*ST 创智	2010-1-19	2010-8-12	204	2011-5-27	287	2012-5-28	366
27	600699	*ST 得亨	均胜电子	2010-2-3	2010-4-13	68	2010-8-11	119	2010-10-27	76
28	600678	*ST 金顶	四川金顶	2010-2-11	2011-9-23	588	2012-9-17	359	2012-12-31	101

续表

序号	公司代码	公司名称（重整前）	公司名称（重整后）	重整申请时间	重整受理时间	申请到受理历时（天）	重整计划批准时间	受理到批准重整计划历时（天）	重整计划执行完毕时间	批准到执行完毕历时（天）
29	600757	*ST 源发	长江传媒	2010-7-13	2010-8-30	47	2010-11-29	90	2010-12-31	31
30	000757	*ST 方向	浩物股份	—	2010-12-7	—	2011-6-16	190	2012-1-5	202
31	002145	*ST 钛白	中核钛白	2011-4-22	2011-11-30	221	2012-7-31	243	2012-12-15	136
32	600462	*ST 石岘	ST 九有	2011-5-9	2011-12-30	234	2012-8-3	216	2012-12-13	131
33	600817	*ST 宏盛	宇通重工	2011-5-11	2011-10-27	168	2012-4-23	178	2016-7-8	1536
34	000820	*ST 金城	神雾节能	2011-6-22	2012-5-22	334	2012-10-15	145	2012-11-23	38
35	000677	*ST 海龙	恒天海龙	2012-3-1	2012-5-18	77	2012-11-2	167	2013-3-27	144
36	000035	*ST 科健	中国天楹	2012-3-28	2012-4-24	26	2012-5-18	23	2013-7-18	425
37	000017/200017	*ST 深中华 A/B	深中华 A	2012-5-11	2012-10-12	153	2013-11-5	388	2013-12-25	49
38	000972	*ST 中基	*ST 中基	2012-9-10	2012-10-19	38	2012-12-24	65	2013-3-22	87
39	000751	*ST 锌业	锌业股份	2013-1-10	2013-1-31	20	2013-12-6	308	2017-12-22	1476
40	600074	*ST 中达	退市保千	2013-1-14	2013-4-26	101	2013-11-21	208	2014-2-21	91
41	000520	*ST 凤凰	长航凤凰	2013-5-14	2013-11-26	195	2014-3-18	111	2014-9-15	180
42	600381	*ST 贤成	青海春天	2013-5-23	2013-6-18	25	2013-12-23	187	2014-7-11	199

续表

序号	公司代码	公司名称（重整前）	公司名称（重整后）	重整申请时间	重整受理时间	申请到受理历时（天）	重整计划批准时间	受理到批准重整计划历时（天）	重整计划执行完毕时间	批准到执行完毕历时（天）
43	002506	＊ST 超日	协鑫集成	2014－4－3	2014－6－26	83	2014－10－28	123	2014－12－26	58
44	002015	＊ST 霞客	协鑫能科	2014－9－24	2014－11－19	55	2015－4－16	147	2015－11－2	199
45	000033	＊ST 新都	新都退	2015－7－24	2015－9－15	52	2015－12－16	91	2015－12－29	12
46	002608	＊ST 舜船	江苏国信	2015－12－22	2016－2－5	44	2016－10－24	261	2016－12－31	67
47	000155	＊ST 川化	川能动力	2016－2－15	2016－3－24	37	2016－9－29	188	2016－12－28	89
48	600725	＊ST 云维	云维股份	2016－6－20	2016－8－23	63	2016－11－21	89	2016－12－28	36
49	601005	＊ST 重钢	重庆钢铁	2017－4－24	2017－7－3	69	2017－11－20	139	2017－12－29	38
50	000912	＊ST 天化	泸天化	2017－6－5	2017－12－13	190	2018－6－29	197	2018－12－28	181
51	600423	＊ST 柳化	柳化股份	2017－9－19	2018－1－31	133	2018－11－26	298	2019－11－21	359
52	600399	＊ST 抚钢	抚顺特钢	2018－4－14	2018－9－20	158	2018－11－22	62	2018－12－27	34
53	000982	＊ST 中绒	中银绒业	2018－11－15	2019－7－9	235	2019－11－13	126	2019/12/26	42
54	300116	坚瑞沃能	保力新	2018－12－12	2019－9－30	291	2019－12－27	87	2020－4－29	123
55	300008	天海防务	天海防务	2019－3－21	2020－2－14	329	2020－9－9	207	2020－12－31	112
56	600815	＊ST 厦工	厦工股份	2019－4－2	2019－7－26	114	2019－11－1	97	2019－12－31	59
57	601258	＊ST 庞大	庞大集团	2019－5－13	2019－9－5	114	2019－12－9	94	2019－12－30	20
58	600186	＊ST 莲花	莲花健康	2019－7－3	2019－10－15	103	2019－12－16	61	2020－3－4	78

续表

序号	公司代码	公司名称（重整前）	公司名称（重整后）	重整申请时间	重整受理时间	申请到受理历时（天）	重整计划批准时间	受理到批准重整计划历时（天）	重整计划执行完毕时间	批准到执行完毕历时（天）
59	000410	*ST 沈机	ST 沈机	2019－7－12	2019－8－16	34	2019－11－16	91	2019－12－26	39
60	002260	*ST 德奥	德奥退	2019－7－22	2020－4－22	274	2020－5－28	35	2020－6－28	30
61	000792	*ST 盐湖	盐湖股份	2019－8－15	2019－9－30	45	2020－1－20	111	2020－4－20	90
62	002210	*ST 飞马	飞马国际	2019－9－3	2020－9－16	378	2020－12－18	92	2021－11－17	333
63	002501	*ST 利源	利源精制	2019－9－6	2020－11－5	425	2020－12－11	35	2020－12－31	19
64	000981	*ST 银亿	银亿股份	2019－10－8	2020－6－23	258	2020－12－15	174	2022－11－3	687
65	002716	*ST 金贵	金贵银业	2019－12－18	2020－11－5	322	2020－12－16	40	2020－12－31	14
66	600179	*ST 安通	安通控股	2020－3－18	2020－9－11	176	2020－11－4	53	2020－12－18	43
67	000595	*ST 宝实	宝塔实业	2020－3－20	2020－7－21	122	2020－11－13	114	2020－12－25	41
68	002354	*ST 天娱	天娱数科	2020－4－26	2020－7－31	95	2020－11－6	97	2020－12－9	32
69	002445	*ST 中南	中南文化	2020－5－25	2020－11－24	182	2020－12－25	30	2021－3－25	89
70	002323	*ST 雅博	雅博股份	2020－6－16	2021－4－25	312	2021－9－30	157	2022－2－16	138
71	601777	*ST 力帆	力帆科技	2020－6－29	2020－8－21	52	2020－12－1	101	2021－2－8	68
72	600157	*ST 永泰	永泰能源	2020－8－6	2020－9－25	49	2020－12－16	81	2020－12－30	13
73	603555	ST 贵人	贵人鸟	2020－8－12	2020－12－8	117	2021－4－26	138	2021－7－2	66
74	600595	*ST 中孚	中孚实业	2020－8－20	2020－12－11	112	2021－8－10	241	2021－12－29	140

续表

序号	公司代码	公司名称（重整前）	公司名称（重整后）	重整申请时间	重整受理时间	申请到受理历时（天）	重整计划批准时间	受理到批准重整计划历时（天）	重整计划执行完毕时间	批准到执行完毕历时（天）
75	002766	*ST 索菱	索菱股份	2020-8-21	2021-11-26	461	2021-12-27	31	2021-12-31	3
76	002219	*ST 恒康	新里程	2020-8-24	2021-7-8	317	2022-4-22	287	2022-6-23	61
77	000980	*ST 众泰	众泰汽车	2020-10-10	2021-6-9	241	2021-11-30	173	2021-12-31	30
78	002072	*ST 凯瑞	凯瑞德	2020-12-11	2021-11-5	328	2021-12-8	32	2021-12-31	22
79	002356	*ST 赫美	赫美集团	2020-12-21	2021-11-29	342	2021-12-29	29	2021-12-31	1
80	000564	*ST 大集	*ST 大集	2021-1-29	2021-2-10	11	2021-10-31	262	2021-12-31	60
81	600221	*ST 海航	海航控股	2021-1-29	2021-2-10	11	2021-10-31	262	2021-12-31	60
82	600515	*ST 基础	海南机场	2021-1-29	2021-2-10	11	2021-10-31	262	2021-12-31	60
83	600734	*ST 实达	*ST 实达	2021-2-9	2021-11-26	289	2021-12-27	30	2021-12-31	3
84	300071	*ST 嘉信	福石控股	2021-3-5	2021-10-28	236	2021-12-16	48	2021-12-31	14
85	600225	*ST 松江	卓朗科技	2021-3-26	2021-4-20	24	2021-11-15	208	2022-3-9	113
86	600518	*ST 康美	*ST 康美	2021-4-22	2021-6-4	42	2021-11-26	174	2021-12-29	32
87	002321	*ST 华英	*ST 华英	2021-5-12	2021-11-20	191	2021-12-22	31	2022-4-14	112
88	000523	*ST 浪奇	广州浪奇	2021-6-3	2021-9-29	117	2021-11-11	42	2021-12-23	41
89	300278	*ST 华昌	华昌达	2021-6-4	2021-11-18	166	2021-11-20	1	2021-12-31	40
90	002175	*ST 东网	东方智造	2021-6-25	2021-10-27	123	2021-11-30	33	2021-12-31	30

附表 2-2　　重整前 3 年的偿债能力指标

序号	证券代码	公司名称（重整前）	公司名称（重整后）	流动比率			速动比率			已获利息倍数（调整后）			资产负债率		
				前 3 年	前 2 年	前 1 年	前 3 年	前 2 年	前 1 年	前 3 年	前 2 年	前 1 年	前 3 年	前 2 年	前 1 年
1	600722	*ST 沧化	金牛化工	0.744	0.585	0.473	0.548	0.499	0.445	2.107	-3.558	-11.326	69.724	80.228	123.533
2	600242	S*ST 华龙	ST 中昌	1.342	0.028	0.009	0.84	0.027	0.009	-8.726	-48.005	-8.217	55.626	224.415	435.83
3	000688	S*ST 朝华	国城矿业	1.162	0.18	0.043	1.016	0.149	0.028	-2.69	-20.192	-9.129	68.713	200.244	477.886
4	000892	S*ST 星美	欢瑞世纪	0.644	0.483	0.088	0.589	0.482	0.087	1.332	-4.487	-20.957	70.552	86.716	355.277
5	600155	*ST 宝硕	华创阳安	0.903	0.645	0.195	0.645	0.582	0.132	2.478	-0.243	-5.179	59.64	96.901	167.959
6	000925	S*ST 海纳	众合科技	2.445	1.531	3.728	2.128	1.054	2.706	-0.699	-93.306	23.673	33.404	255.538	226.866
7	000631	S*ST 兰宝	顺发恒业	0.507	0.357	0.683	0.388	0.296	0.683	-6.11	-13.134	3.726	92.849	106.928	220.866
8	000561	*ST 长岭	烽火电子	0.211	0.251	0.319	0.101	0.154	0.215	0.188	0.12	-14.862	205.028	210.894	333.133
9	600094	*ST 华源	大名城	0.513	0.311	0.145	0.387	0.219	0.087	-2.041	-8.472	-5.558	77.569	88.933	153.408
10	600180	*ST 九发	瑞茂通	1.131	1.054	0.757	0.947	0.908	0.717	1.922	-2.621	-3.656	56.099	60.772	85.881
11	200160	*ST 帝贤 B	东洋 B 退	0.453	0.393	0.116	0.246	0.299	0.115	2.425	-3.722	-26.005	41.382	52.401	134.561
12	000719	S*ST 鑫安	中原传媒	0.713	0.405	0.323	0.636	0.389	0.311	-4.605	-9.814	-5.156	73.402	112.239	150.083
13	600556	*ST 北生	天下秀	0.592	0.481	0.34	0.533	0.405	0.274	3.158	-3.659	-5.213	45.802	56.561	68.926
14	600705	S*ST 北亚	中航产融	0.842	0.529	0.714	0.452	0.509	0.672	-1.764	-8.663	2.859	69.578	104.742	82.24
15	000498	*ST 丹化	山东路桥	0.489	0.117	0.116	0.46	0.102	0.103	-6.104	-5.951	1.079	96.208	181.6	188.951
16	600217	*ST 秦岭	中再资环	0.35	0.321	0.218	0.256	0.229	0.142	-5.161	1.233	-3.199	80.051	75.939	94.169
17	000030	*ST 盛润 A	富奥股份	0.006	0.007	0.004	0.004	0.004	0.002	1.644	0.366	-1.109	5 519.055	6 133.537	9 695.931
18	200030	*ST 盛润 B	富奥 B	0.006	0.007	0.004	0.004	0.004	0.002	1.644	0.366	-1.109	5 519.055	6 133.537	9 695.931

续表

序号	证券代码	公司名称（重整前）	公司名称（重整后）	流动比率			速动比率			已获利息倍数(调整后)			资产负债率		
				前3年	前2年	前1年	前3年	前2年	前1年	前3年	前2年	前1年	前3年	前2年	前1年
19	000034	*ST深泰	神州数码	0.574	0.252	0.154	0.484	0.19	0.097	-1.552	-8.062	-4.466	181.243	376.188	714.395
20	000697	*ST偏转	炼石航空	1.334	1.262	1.278	1.062	0.972	1.012	—	—	-16.147	53.257	52.368	47.783
21	600057	*ST夏新	厦门象屿	0.93	0.648	0.345	0.535	0.287	0.155	0.544	-6.605	-7.729	85.626	110.047	166.39
22	000587	S*ST光明	*ST金洲	0.495	0.506	0.296	0.32	0.251	0.167	-1.461	1.438	-3.986	110.271	119.374	177.271
23	000818	ST锦化	航锦科技	0.819	0.75	0.586	0.711	0.68	0.549	1.899	0.256	-0.688	64.792	68.974	73.651
24	600728	S*ST新太	佳都科技	0.712	0.54	0.45	0.624	0.5	0.363	1.495	-1.198	1.713	129.829	151.351	160.596
25	000787	*ST创智	*ST创智	2.498	3.4	4.496	2.486	3.4	4.496	—	—	—	87.562	78.093	73.288
26	600699	*ST得亨	均胜电子	0.996	0.701	0.273	0.694	0.471	0.171	1.213	-0.455	-3.465	72.611	79.219	121.131
27	600678	*ST金顶	四川金顶	0.99	0.767	0.292	0.898	0.663	0.221	2.411	3.578	-7.664	61.3	67.922	92.881
28	600757	*ST源发	长江传媒	0.335	0.271	0.161	0.153	0.196	0.097	1.507	-5.322	-2.839	93.793	144.869	215.96
29	000757	*ST方向	浩物股份	0.38	0.236	0.265	0.288	0.142	0.179	0.193	-0.243	1.187	179.829	229.656	220.507
30	000557	ST银广夏	西部创业	0.186	0.154	0.422	0.128	0.068	0.398	0.604	-9.625	16.062	214.706	306.119	194.02
31	600462	*ST石岘	ST九有	0.268	0.157	0.193	0.133	0.069	0.098	-4.373	-8.467	1.427	83.62	105.368	104.895
32	600817	*ST宏盛	宇通重工	0.002	0.004	0.002	0.002	0.004	0.002	-595.097	-140.732	53.671	2 024.671	2 791.991	1 893.984
33	000820	*ST金城	神雾节能	0.283	0.248	0.153	0.224	0.201	0.125	-3.56	-2.846	-14.336	91.636	99.696	153.211
34	002145	*ST钛白	中核钛白	0.63	0.462	0.569	0.352	0.186	0.274	-11.995	-9.626	1.641	53.457	60.226	52.928
35	000035	*ST科健	中国天楹	0.051	0.05	0.262	0.051	0.05	0.262	0.774	1.563	0.645	327.272	301.95	292.279
36	000017/200017	*ST深中华A/B	深中华A	0.046	0.036	0.043	0.029	0.024	0.034	-0.115	1.686	1.632	1 196.673	1 371.142	1 339.692

续表

序号	证券代码	公司名称（重整前）	公司名称（重整后）	流动比率			速动比率			已获利息倍数（调整后）			资产负债率		
				前3年	前2年	前1年	前3年	前2年	前1年	前3年	前2年	前1年	前3年	前2年	前1年
37	000972	*ST中基	*ST中基	0.938	0.949	0.624	0.527	0.475	0.303	0.924	-1.493	-5.368	76.808	75.284	98.385
38	000677	*ST海龙	恒天海龙	0.511	0.459	0.329	0.361	0.309	0.216	1.808	-1.013	-2.457	88.947	95.583	113.642
39	600074	*ST中达	退市保千	0.669	0.586	0.224	0.531	0.436	0.149	-1.467	1.176	-3.2	82.345	81.736	102.774
40	000520	*ST凤凰	长航凤凰	0.667	0.336	0.355	0.629	0.308	0.323	0.759	-1.863	-6.496	85.384	97.378	110.886
41	600381	*ST贤成	青海春天	0.115	2.313	1.338	0.111	2.185	1.222	8.463	11.365	-22.482	114.116	41.108	46.884
42	000751	*ST锌业	锌业股份	0.645	0.47	0.193	0.33	0.206	0.068	0.222	-1.41	-7.05	86.918	97.959	202.392
43	002506	*ST超日	协鑫集成	1.248	0.779	0.546	1.023	0.708	0.531	0.431	-5.862	-16.196	56.405	84.208	104.436
44	002015	*ST霞客	协鑫能科	0.985	0.829	0.742	0.502	0.398	0.46	2.861	1.514	-7.143	66.024	71.53	84.766
45	000033	*ST新都	新都退	1.54	1.669	0.614	1.516	1.644	0.587	-1.081	1.224	-23.857	42.86	51.876	141.133
46	002608	*ST舜船	江苏国信	1.365	1.394	0.974	0.778	0.858	0.606	2.598	2.834	-7.111	68.521	71.309	97.722
47	600725	*ST云维	云维股份	0.594	0.422	0.29	0.456	0.358	0.246	1.038	-1.118	-5.328	86.763	95.23	134.475
48	000155	*ST川化	川能动力	0.638	0.227	0.141	0.451	0.189	0.126	-6.133	-12.444	-7.545	74.215	164.989	326.19
49	000912	*ST天化	泸天化	0.341	0.365	0.268	0.197	0.245	0.182	-2.954	0.864	-1.623	90.789	91.007	98.495
50	600423	*ST柳化	柳化股份	0.556	0.535	0.243	0.403	0.369	0.173	1.099	-1.659	-3.978	75.585	83.562	100.663
51	601005	*ST重钢	重庆钢铁	0.472	0.187	0.094	0.175	0.067	0.056	1.042	-3.929	-3.151	78.807	89.783	100.295
52	600399	*ST抚钢	抚顺特钢	0.65	0.684	0.533	0.47	0.438	0.405	1.191	0.891	-2.354	97.359	83.927	111.779
53	000982	*ST中绒	中银绒业	1.106	0.653	0.647	0.687	0.367	0.435	-2.171	-0.667	1.167	75.123	83.82	84.262
54	300116	坚瑞沃能	保力新	1.881	1.237	0.969	1.384	0.897	0.702	16.654	14.365	-9.7	33.88	62.415	86.136

续表

序号	证券代码	公司名称（重整前）	公司名称（重整后）	流动比率			速动比率			已获利息倍数（调整后）			资产负债率		
				前3年	前2年	前1年	前3年	前2年	前1年	前3年	前2年	前1年	前3年	前2年	前1年
55	300008	天海防务	天海防务	2.116	1.283	1.01	0.94	0.562	0.694	43.795	40.865	-299.778	23.585	40.261	67.978
56	600815	*ST厦工	厦工股份	0.804	0.897	0.837	0.607	0.648	0.554	-22.907	4.115	-0.366	93.537	88.877	100.74
57	601258	*ST庞大	庞大集团	1.008	0.997	0.714	0.78	0.821	0.577	2.815	1.838	-8.969	81.524	78.927	80.284
58	600186	*ST莲花	莲花健康	0.319	0.293	0.285	0.253	0.24	0.232	1.545	-2.069	-9.372	98.563	105.864	128.967
59	000410	*ST沈机	ST沈机	1.108	0.904	0.86	0.637	0.613	0.519	-0.906	1.414	0.062	96.677	95.231	99.264
60	002260	*ST德奥	德奥退	0.698	0.468	0.274	0.453	0.295	0.169	1.621	-15.242	-1.798	65.434	125.626	195.17
61	000792	*ST盐湖	盐湖股份	0.69	0.587	0.365	0.535	0.469	0.273	1.462	-2.152	-0.648	68.206	73.02	74.949
62	002210	*ST飞马	飞马国际	1.254	1.227	0.99	1.23	1.118	0.987	—	10.823	-12.147	79.294	79.979	88.03
63	002501	*ST利源	利源精制	0.222	0.181	0.123	0.185	0.136	0.099	3.667	3.655	-4.858	62.236	47.496	67.702
64	000981	*ST银亿	银亿股份	1.838	1.691	0.924	0.435	0.83	0.404	4.19	7.729	-0.168	73.919	57.837	59.039
65	002716	*ST金贵	金贵银业	1.807	2.055	1.331	0.689	0.889	0.662	1.754	2.289	1.668	69.934	60.459	68.451
66	600179	*ST安通	安通控股	0.809	1.07	0.407	0.794	1.049	0.392	18.494	14.002	-28.374	65.451	68.939	112.336
67	000595	*ST宝实	宝塔实业	1.027	1.009	0.742	0.777	0.652	0.465	4.622	-1.862	-12.497	59.012	61.697	74.977
68	002354	*ST天娱	天娱数科	1.019	0.634	0.397	1.004	0.628	0.386	13.127	-44.676	-2.383	33.706	72.652	86.704
69	002445	*ST中南	中南文化	1.527	0.952	0.65	1.122	0.673	0.437	3.479	-7.933	-7.145	43.571	57.205	93.3
70	002323	*ST雅博	雅博股份	1.368	1.265	1.217	0.755	0.946	1.214	12.142	-8.081	-2.324	67.784	77.505	94.921
71	601777	*ST力帆	力帆科技	0.807	0.715	0.448	0.66	0.626	0.38	1.297	1.241	-3.682	75.718	72.939	85.399
72	600157	*ST永泰	永泰能源	0.51	0.215	0.181	0.495	0.202	0.163	1.562	1.148	1.222	73.138	73.294	73.071

续表

序号	证券代码	公司名称（重整前）	公司名称（重整后）	流动比率			速动比率			已获利息倍数（调整后）			资产负债率		
				前3年	前2年	前1年	前3年	前2年	前1年	前3年	前2年	前1年	前3年	前2年	前1年
73	603555	ST贵人	贵人鸟	1.174	0.772	0.542	1.033	0.614	0.442	2.179	-1.787	-6.274	65.359	67.81	88.955
74	600595	*ST中孚	中孚实业	0.476	0.322	0.338	0.323	0.26	0.274	0.484	-2.115	1.273	79.053	89.372	88.957
75	002766	*ST索菱	索菱股份	1.603	0.95	0.969	1.315	0.837	0.896	0.59	-6.598	0.854	54.991	84.568	89.964
76	002219	*ST恒康	新里程	0.842	0.775	0.273	0.635	0.671	0.236	2.539	-2.933	-6.113	57.598	67.375	95.774
77	000980	*ST众泰	众泰汽车	1.211	1.218	0.878	1.01	1.048	0.775	20.904	4.675	-50.264	49.328	45.876	68.744
78	002072	*ST凯瑞	凯瑞德	0.759	0.644	0.678	0.759	0.644	0.678	-0.29	-9.807	1.67	90.646	143.638	95.363
79	002356	*ST赫美	赫美集团	0.926	0.792	0.414	0.69	0.666	0.347	3.278	-12.173	-9.051	68.802	98.892	205.879
80	000564	*ST大集	*ST大集	1.67	1.652	1.538	1.319	1.316	1.207	6.212	-0.689	-6.552	42.642	41.868	44.968
81	600221	*ST海航	海航控股	0.439	0.418	0.371	0.437	0.409	0.364	-0.104	1.214	-7.628	66.42	68.399	113.522
82	600515	*ST基础	海南机场	1.377	1.028	0.633	0.632	0.414	0.336	3.049	0.172	-2.853	60.86	65.614	85.803
83	600734	*ST实达	*ST实达	1.162	0.529	0.388	0.993	0.373	0.323	-0.607	-22.768	-1.974	64.422	117.888	155.087
84	300071	*ST嘉信	福石股份	0.874	0.626	0.491	0.874	0.626	0.49	-8.751	1.79	-3.822	95.5	93.431	140.282
85	600225	*ST松江	卓朗科技	0.93	0.834	0.452	0.401	0.345	0.22	0.352	0.101	-3.399	89.101	94.717	134.711
86	600518	*ST康美	*ST康美	1.928	1.69	0.96	0.739	0.561	0.564	1.378	-0.959	-11.805	64.295	68.026	119.494
87	002321	*ST华英	*ST华英	1.117	0.881	0.566	0.909	0.658	0.477	2.519	0.774	-4.355	66.963	64.008	72.035
88	000523	*ST浪奇	广州浪奇	1.208	1.189	0.374	0.962	0.982	0.321	2.192	1.632	-28.252	73.211	78.586	212.348
89	300278	*ST华昌	华昌达	1.216	0.888	0.769	0.759	0.582	0.598	1.822	-16.549	-4.447	62.263	90.336	111.692
90	002175	*ST东网	东方智造	0.669	0.761	0.173	0.506	0.506	0.12	-17.117	4.014	-35.314	92.348	74.239	247.072

附表 2-3 重整前 3 年的盈利能力指标

序号	证券代码	公司名称（重整前）	公司名称（重整后）	总资产净利率			销售净利率			销售毛利率			净资产收益率（平均）		
				前 3 年	前 2 年	前 1 年	前 3 年	前 2 年	前 1 年	前 3 年	前 2 年	前 1 年	前 3 年	前 2 年	前 1 年
1	600722	*ST 沧化	金牛化工	1.485	-11.467	-39.999	2.33	-30.541	-224.497	12.653	-5.897	-11.517	5.261	-54.298	—
2	600242	S*ST 华龙	ST 中昌	-13.641	-93.384	-103.734	-95.606	-8 440.70	-3 135.70	1.119	-181.231	65.942	-29.908	-1 021.17	—
3	000688	S*ST 朝华	国城矿业	-10.915	-96.17	-83.152	-16.359	-249.94	-2 122.74	6.991	-6.269	28.771	-32.52	—	—
4	000892	S*ST 星美	欢瑞世纪	0.445	-20.413	-91.909	1.836	-797.187	-3 791.81	38.467	-49.887	55.716	0.453	-100.125	—
5	600155	*ST 宝硕	华创阳安	2.272	-9.223	-54.121	2.696	-16.471	-111.76	12.961	12.571	10.617	6.891	-64.413	—
6	000925	S*ST 海纳	众合科技	-3.431	-168.061	6.794	-11.549	-572.368	10.56	28.704	34.258	51.879	-7.467	-1 407.83	—
7	000631	S*ST 兰宝	顺发恒业	-18.834	-9.186	3.301	-65.985	-45.869	—	-0.296	1.422	—	-104.61	—	—
8	000561	*ST 长岭	烽火电子	2.72	-6.865	-83.252	7.507	-12.352	-161.305	21.266	-0.163	5.253	—	—	—
9	600094	*ST 华源	大名城	-8.768	-29.791	-34.494	-9.463	-76.139	-115.637	5.502	4.395	3.649	-39.237	-218.745	—
10	600180	*ST 九发	瑞茂通	1.16	-7.435	-21.95	2.534	-27.309	-284.114	12.096	7.089	-25.915	2.839	-18.571	-90.304
11	200160	*ST 帝贤 B	东沣 B 退	0.72	-14.645	-87.352	7.152	-167.281	-2 705.35	23.282	10.535	-51.909	1.551	-29.915	-494.764
12	000719	S*ST 鑫安	中原传媒	-16.803	-40.703	-32.307	-67.485	-1 570.28	-139 140.53	-16.523	-77.064	28.34	-51.294	-385.634	—
13	600556	*ST 北生	天下秀	4.486	-11.697	-20.137	20.328	-160.737	-767.9	58.094	56.145	-0.877	8.356	-23.872	-53.36
14	600705	S*ST 北亚	中航产融	-6.499	-38.931	19.043	-33.321	-807.264	254.621	10.379	6.625	14.803	-19.873	-212.05	895.729
15	000498	*ST 丹化	山东路桥	-20.115	-51.18	1.157	-55.072	-670.181	22.378	0.867	-19.898	-75.161	-160.243	—	—
16	600217	*ST 秦岭	中再资环	-14.508	0.851	-19.424	-36.047	2.268	-50.454	12.182	15.74	0.093	-52.911	4.189	-144.672
17	000030	*ST 盛润 A	富奥股份	54.07	-77.482	-377.467	1 479.08	-1 224.56	-5 010.31	100	100	—	—	—	—

续表

序号	证券代码	公司名称（重整前）	公司名称（重整后）	总资产净利率			销售净利率			销售毛利率			净资产收益率(平均)		
				前 3 年	前 2 年	前 1 年	前 3 年	前 2 年	前 1 年	前 3 年	前 2 年	前 1 年	前 3 年	前 2 年	前 1 年
18	200030	*ST 盛润 B	富奥 B	54.07	-77.482	-377.467	1 479.08	-1 224.56	-5 010.31	100	100	—	—	—	—
19	000034	*ST 深泰	神州数码	-17.108	-45.007	-113.457	-33.014	-57.732	-100.636	9.642	9.916	9.031	—	—	—
20	000697	*ST 偏转	炼石航空	3.189	-5.945	-6.98	3.034	-6.15	-6.416	4.311	2.273	3.774	7.419	-12.465	-14.209
21	600057	*ST 夏新	厦门象屿	-1.96	-24.019	-33.634	-1.546	-25.473	-46.236	19.869	8.891	4.657	-18.228	-1 456.31	—
22	000587	S*ST 光明	*ST 金洲	-16.642	3.191	-43.595	-59.654	16.402	-157.066	1.183	8.1	12.14	—	—	—
23	000818	ST 锦化	航锦科技	1.185	0.539	-6.235	1.438	0.918	-12.975	10.137	11.815	2.012	3.557	1.705	-21.765
24	600728	S*ST 新太	佳都科技	2.811	-15.028	5.648	6.501	-32.614	15.493	38.451	41.006	57.683	—	—	—
25	000787	*ST 创智	*ST 创智	24.3	2.097	0.225	145.895	37.473	—	49.209	90	—	—	19.35	1.711
26	600699	*ST 得亨	均胜电子	0.938	-9.03	-32.857	4.668	-46.258	-138.431	11.649	-2.323	-0.509	5.428	-51.692	-7 988.85
27	600678	*ST 金顶	四川金顶	2.202	2.999	-28.749	6.196	9.551	-84.003	34.674	38.736	13.045	6.267	5.318	-389.131
28	600757	*ST 源发	长江传媒	1.159	-44.475	-41.605	1.557	-80.202	-99.798	5.38	-2.78	3.418	—	—	—
29	000757	*ST 方向	浩物股份	1.608	-16.13	1.671	3.278	-41.465	2.645	16.604	19.225	22.896	—	—	—
30	000557	ST 银广夏	西部创业	4.575	-72.947	65.971	56.923	-843.453	4 495.36	25.806	35.614	25.412	—	—	—
31	600462	*ST 石岘	ST 九有	-10.422	-22.478	0.533	-24.858	-75.977	1.627	-2.358	-41.468	5.22	-50.582	-358.899	—
32	600817	*ST 宏盛	宇通重工	-83.085	-300.119	138.015	-10 959.0	-2 597.72	857.492	10.807	29.029	43.373	—	—	—
33	000820	*ST 金城	神雾节能	-10.824	-8.435	-47.411	-81.697	-34.139	-196.151	21.886	21.878	15.698	-78.81	-191.96	—
34	002145	*ST 钛白	中核钛白	-26.19	-18.38	1.665	-92.272	-106.957	3.13	-36.916	10.843	-4.671	-48.436	-43.311	3.939

续表

序号	证券代码	公司名称（重整前）	公司名称（重整后）	总资产净利率			销售净利率			销售毛利率			净资产收益率（平均）		
				前 3 年	前 2 年	前 1 年	前 3 年	前 2 年	前 1 年	前 3 年	前 2 年	前 1 年	前 3 年	前 2 年	前 1 年
35	000035	＊ST 科健	中国天楹	-3. 308	8. 174	-3. 543	-317. 927	885. 213	-394. 588	58. 709	43. 018	57. 54	—	—	—
36	000017/200017	＊ST 深中华 A/B	深中华 A	-58. 881	41. 888	29. 003	-40. 689	21. 562	12. 372	4. 679	6. 32	7. 35	—	—	—
37	000972	＊ST 中基	＊ST 中基	0. 23	-8. 649	-26. 748	0. 79	-32. 194	-93. 776	20. 824	-12. 002	0. 636	2. 313	-27. 919	-150. 892
38	000677	＊ST 海龙	恒天海龙	1. 695	-6. 266	-16. 908	3. 01	-9. 447	-29. 866	14. 335	0. 499	-3. 734	19. 487	-112. 707	—
39	600074	＊ST 中达	退市保千	-9. 743	0. 51	-22. 988	-14. 76	0. 766	-33. 689	12. 93	11. 164	0. 575	-50. 679	3. 292	-467. 603
40	000520	＊ST 凤凰	长航凤凰	0. 17	-10. 635	-26. 943	0. 527	-34. 478	-89. 91	10. 322	-7. 25	-24. 414	1. 07	-151. 345	—
41	600381	＊ST 贤成	青海春天	9. 188	3. 844	-4. 238	87. 578	38. 297	-32. 916	51. 471	54. 016	4. 532	—	10. 411	-225. 6014
42	000751	＊ST 锌业	锌业股份	-6. 622	-12. 9	-63. 849	-7. 449	-15. 728	-76. 366	4. 219	0. 856	-8. 552	-38. 83	-162. 887	—
43	002506	＊ST 超日	协鑫集成	-0. 995	-24. 574	-21. 653	-1. 665	-106. 982	-271. 595	18. 706	-30. 734	0. 064	-1. 836	-83. 453	-372. 372
44	002015	＊ST 霞客	协鑫能科	1. 498	0. 489	-14. 696	1. 672	0. 73	-19. 24	8. 364	7. 194	-9. 817	3. 724	0. 93	-61. 487
45	000033	＊ST 新都	新都退	-5. 169	0. 674	-90. 191	-38. 016	4. 342	-698. 252	41. 821	49. 941	31. 599	-9. 061	1. 291	-954. 247
46	002608	＊ST 舜船	江苏国信	1. 459	1. 767	-21. 454	3. 13	3. 772	-60. 169	7. 994	8. 769	-2. 47	4. 018	5. 916	-153. 722
47	600725	＊ST 云维	云维股份	0. 007	-9. 867	-36. 151	0. 012	-19. 522	-133. 019	8. 998	3. 636	-12. 191	2. 819	-122. 991	—
48	000155	＊ST 川化	川能动力	-23. 391	-76. 891	-68. 662	-39. 32	-195. 546	-222. 311	6. 021	0. 334	7. 464	-60. 473	—	—
49	000912	＊ST 天化	泸天化	-10. 373	-0. 283	-7. 999	-33. 684	-0. 978	-20. 854	2. 376	9. 418	2. 06	-84. 322	2. 436	-148. 131

续表

序号	证券代码	公司名称（重整前）	公司名称（重整后）	总资产净利率			销售净利率			销售毛利率			净资产收益率（平均）		
				前3年	前2年	前1年	前3年	前2年	前1年	前3年	前2年	前1年	前3年	前2年	前1年
50	600423	*ST柳化	柳化股份	0.179	-9.593	-19.234	0.278	-18.467	-39.31	16.198	3.198	-2.643	0.667	-46.471	-214.07
51	601005	*ST重钢	重庆钢铁	0.109	-13.862	-12.385	0.422	-71.703	-106.133	-3.5	-25.859	-39.587	0.517	-85.76	-247.386
52	600399	*ST抚钢	抚顺特钢	0.45	0.938	-12.207	1.137	2.378	-26.836	19.155	21.147	13.97	18.019	9.734	-311.68
53	000982	*ST中绒	中银绒业	-6.672	-8.434	0.396	-27.587	-32.044	1.68	12.101	11.648	10.168	-23.041	-40.493	2.539
54	300116	坚瑞沃能	保力新	2.553	3.833	-14.811	6.371	9.591	-38.66	29.304	30.069	31.32	3.753	9.657	-61.543
55	300008	天海防务	天海防务	5.153	4.302	-55.315	8.828	11.944	-182.827	17.847	26.59	2.35	7.514	5.915	-110.516
56	600815	*ST厦工	厦工股份	-31.09	3.119	-11.847	-82.405	4.937	-24.043	6.592	10.743	11.767	-155.447	26.762	-405.115
57	601258	*ST庞大	庞大集团	0.549	0.289	-12.806	0.558	0.276	-14.685	9.724	9.243	0.645	3.003	1.612	-62.478
58	600186	*ST莲花	莲花健康	0.825	-7.093	-21.354	1.009	-7.589	-22.22	9.96	10.834	9.702	57.002	-120.469	—
59	000410	*ST沈机	ST沈机	-6.105	0.469	-4.134	-23.022	2.587	-17.231	23.027	25.878	25.639	-103.257	15.46	-169.13
60	002260	*ST德奥	德奥退	0.566	-63.054	-34.261	0.732	-67.78	-24.008	25.094	23.107	18.739	1.541	-591.179	—
61	000792	*ST盐湖	盐湖股份	0.256	-5.187	-4.575	2.022	-36.655	-20.126	42.681	33.516	26.185	1.439	-18.584	-18.654
62	002210	*ST飞马	飞马国际	7.882	1.543	-12.743	3.042	0.518	-5.92	0.819	0.855	0.297	48.29	7.57	-72.038
63	002501	*ST利源	利源精制	5.264	3.831	-29.36	21.512	17.258	-845.363	37.153	33.252	-59.976	13.097	8.331	-67.527
64	000981	*ST银亿	银亿股份	2.863	4.813	-1.174	8.867	13.097	-5.282	34.544	26.982	28.452	9.487	13.557	-3.521

续表

序号	证券代码	公司名称（重整前）	公司名称（重整后）	总资产净利率			销售净利率			销售毛利率			净资产收益率（平均）		
				前3年	前2年	前1年	前3年	前2年	前1年	前3年	前2年	前1年	前3年	前2年	前1年
65	002716	*ST金贵	金贵银业	2.041	2.965	1.245	1.818	2.279	1.244	8.259	6.953	7.973	7.108	8.994	3.274
66	600179	*ST安通	安通控股	7.211	5.022	-46.648	8.17	4.887	-86.613	16.057	11.665	-21.412	20.288	15.4	-364.116
67	000595	*ST宝实	宝塔实业	1.808	-5.239	-19.327	6.388	-22.467	-104.11	22.733	22.997	0.402	2.758	-14.855	-67.004
68	002354	*ST天娱	天娱数科	11.384	-60.756	-15.158	39.993	-268.506	-84.753	65.385	65.094	49.343	13.69	-127.643	-85.741
69	002445	*ST中南	中南文化	4.164	-32.507	-44.787	19.12	-215.319	-301.036	45.52	16.118	13.702	7.301	-64.268	-151.496
70	002323	*ST雅博	雅博股份	11.244	-21.389	-20.014	19.19	-200.539	-303.929	38.101	-34.149	-20.907	35.846	-75.12	-142.352
71	601777	*ST力帆	力帆科技	0.524	0.852	-19.834	1.235	2.242	-62.981	13.001	9.076	-3.019	2.45	3.455	-91.841
72	600157	*ST永泰	永泰能源	0.845	0.149	0.262	3.873	0.713	1.316	28.025	26.531	29.556	2.51	0.272	0.585
73	603555	ST贵人	贵人鸟	2.425	-11.245	-25.478	5.774	-24.661	-69.32	34.452	28.655	35.492	6.151	-35.567	-112.901
74	600595	*ST中孚	中孚实业	-1.792	-17.186	0.159	-4.038	-35.447	0.65	8.543	1.502	16.949	-4.015	-64.327	3.112
75	002766	*ST索菱	索菱股份	2.341	-27.862	0.136	5.596	-102.069	0.671	34.352	8.004	22.983	4.683	-94.301	1.402
76	002219	*ST恒康	新里程	2.743	-14.598	-36.543	6.552	-36.153	-67.785	31.819	21.535	26.395	4.903	-41.098	-173.407
77	000980	*ST众泰	众泰汽车	6.097	2.44	-42.299	5.464	5.424	-374.812	18.768	13.541	-5.859	11.99	4.655	-93.457
78	002072	*ST凯瑞	凯瑞德	-5.097	-45.164	1.647	-45.101	-1 005.75	55.728	38.617	34.509	49.676	-44.837	—	—
79	002356	*ST赫美	赫美集团	3.87	-35.421	-73.666	9.434	-104.77	-288.562	41.874	48.462	41.758	8.3	-165.33	—

续表

序号	证券代码	公司名称（重整前）	公司名称（重整后）	总资产净利率			销售净利率			销售毛利率			净资产收益率(平均)		
				前3年	前2年	前1年	前3年	前2年	前1年	前3年	前2年	前1年	前3年	前2年	前1年
80	000564	*ST大集	*ST大集	1.364	-2.405	-9.265	4.699	-22.535	-208.483	17.597	25.931	37.768	2.478	-3.997	-16.445
81	600221	*ST海航	海航控股	-1.815	0.377	-38.073	-5.384	1.043	-233.81	7.301	7.421	-41.13	-6.463	1.028	-537.777
82	600515	*ST基础	海南机场	1.976	-1.693	-13.889	15.791	-12.885	-152.817	49.62	36.305	30.746	6.019	-4.461	-50.51
83	600734	*ST实达	*ST实达	-3.434	-61.219	-24.997	-3.952	-195.706	-51.33	9.512	0.401	9.178	-9.741	-284.512	—
84	300071	*ST嘉信	福石股份	-23.792	0.563	-37.426	-22.572	0.585	-59.751	16.266	24.058	30.065	-153.242	10.057	—
85	600225	*ST松江	卓朗科技	-2.576	-7.037	-36.616	-11.595	-79.854	-380.268	20.947	42.594	39.888	-27.041	-117.466	—
86	600518	*ST康美	*ST康美	0.522	-6.76	-55.054	2.168	-40.673	-512.693	31.912	13.197	3.949	1.291	-20.046	-416.16
87	002321	*ST华英	*ST华英	2.239	-0.395	-13.105	3.584	-0.622	-32.535	11.075	7.706	-13.761	4.687	-2.053	-46.623
88	000523	*ST浪奇	广州浪奇	0.557	0.782	-91.523	0.276	0.503	-166.202	3.366	4.85	9.015	-10	-6.252	—
89	300278	*ST华昌	华昌达	0.534	-40.757	-20.575	0.893	-97.544	-36.647	19.337	10.601	13.211	1.461	-154.348	—
90	002175	*ST东网	东方智造	-63.421	16.08	-168.296	-419.366	63.134	-508.259	10.343	24.456	32.739	-193.312	162.598	—

注：某些上市公司某些年度的净资产收益率缺失是因为净资产为负值导致该指标不适用。

附表 2-4　　重整前 3 年的营运能力指标

序号	证券代码	公司名称（重整前）	公司名称（重整后）	应收账款周转率（次）			存货周转率（次）			固定资产周转率（次）			总资产周转率（次）		
				前3年	前2年	前1年	前3年	前2年	前1年	前3年	前2年	前1年	前3年	前2年	前1年
1	600722	*ST沧化	金牛化工	6.309	4.304	2.350	5.787	5.032	5.058	1.491	1.028	0.520	0.637	0.376	0.178
2	600242	S*ST华龙	ST中昌	1.819	0.218	61.333	0.770	0.171	36.808	0.531	0.034	0.072	0.143	0.011	0.033
3	000688	S*ST朝华	国城矿业	10.272	8.985	0.834	7.671	5.185	0.509	8.192	3.118	0.166	0.667	0.385	0.039
4	000892	S*ST星美	欢瑞世纪	1.262	0.113	0.113	3.689	1.842	6.185	0.903	0.091	0.094	0.243	0.026	0.024
5	600155	*ST宝硕	华创阳安	19.099	14.026	12.025	7.613	6.506	6.214	1.883	1.695	1.380	0.843	0.560	0.484
6	000925	S*ST海纳	众合科技	3.409	2.491	2.931	2.176	1.524	1.589	2.925	2.760	4.406	0.297	0.294	0.643
7	000631	S*ST兰宝	顺发恒业	7.869	11.123	—	2.896	2.547	—	0.685	0.466	0.000	0.285	0.200	0.000
8	000561	*ST长岭	烽火电子	3.449	3.048	2.344	1.498	2.663	2.296	0.786	1.514	2.183	0.362	0.556	0.516
9	600094	*ST华源	大名城	12.373	6.152	5.624	8.709	4.493	3.969	2.594	0.952	0.659	0.927	0.391	0.298
10	600180	*ST九发	瑞茂通	3.669	2.165	0.702	3.103	2.654	1.555	2.218	1.205	0.324	0.458	0.272	0.077
11	200160	*ST帝贤B	东洋B退	2.369	1.995	0.703	1.037	1.281	1.575	0.294	0.212	0.076	0.101	0.088	0.032
12	000719	S*ST鑫安	中原传媒	2.199	0.215	0.002	5.546	1.205	0.010	1.051	0.181	0.004	0.249	0.026	0.000
13	600556	*ST北生	天下秀	1.897	0.583	0.279	4.562	1.109	0.677	0.388	0.146	0.060	0.221	0.073	0.026
14	600705	S*ST北亚	中航产融	6.041	2.409	2.499	0.824	0.240	2.425	—	—	0	0.195	0.048	0.075
15	000498	*ST丹化	山东路桥	8.019	1.458	2.510	6.970	3.461	3.498	0.905	0.147	0.081	0.365	0.076	0.052
16	600217	*ST秦岭	中再资环	4.530	5.002	5.231	6.190	5.255	6.093	0.867	0.647	0.642	0.403	0.375	0.385
17	000030	*ST盛润A	富奥股份	—	—	—	0.000	0.000	—	0.138	0.210	0.228	0.037	0.063	0.075
18	200030	*ST盛润B	富奥B	—	—	—	0.000	0.000	—	0.138	0.210	0.228	0.037	0.063	0.075

续表

序号	证券代码	公司名称（重整前）	公司名称（重整后）	应收账款周转率（次）			存货周转率（次）			固定资产周转率（次）			总资产周转率（次）		
				前3年	前2年	前1年	前3年	前2年	前1年	前3年	前2年	前1年	前3年	前2年	前1年
19	000034	*ST深泰	神州数码	2.503	3.888	6.543	3.079	5.077	5.019	4.084	6.776	6.489	0.518	0.780	1.127
20	000697	*ST偏转	炼石航空	3.945	3.895	4.729	7.014	6.464	7.554	4.046	3.635	3.655	1.051	0.967	1.088
21	600057	*ST夏新	厦门象屿	4.375	3.383	3.921	2.868	2.376	1.883	8.311	6.168	3.729	1.268	0.943	0.727
22	000587	S*ST光明	*ST金洲	1.589	1.070	1.398	1.379	0.775	0.950	1.403	0.814	1.459	0.279	0.195	0.278
23	000818	ST锦化	航锦科技	37.454	8.941	3.487	17.202	12.320	14.670	1.699	1.353	1.253	0.824	0.588	0.481
24	600728	S*ST新太	佳都科技	2.303	3.342	3.596	3.048	4.268	2.314	1.200	1.223	0.815	0.432	0.461	0.365
25	000787	*ST创智	*ST创智	2.425	2.535	—	10.059	—	—	6.026	4.954	—	0.167	0.056	—
26	600699	*ST得亨	均胜电子	6.957	4.647	5.496	2.166	2.249	3.193	0.418	0.371	0.372	0.201	0.195	0.237
27	600678	*ST金顶	四川金顶	2.622	3.519	5.857	3.754	3.386	5.266	0.950	0.824	0.662	0.355	0.314	0.342
28	600757	*ST源发	长江传媒	14.241	11.497	7.787	4.384	4.627	3.752	2.276	1.721	1.389	0.744	0.555	0.417
29	000757	*ST方向	浩物股份	2.595	1.906	3.180	3.041	1.981	2.774	1.810	1.260	1.896	0.491	0.389	0.632
30	000557	ST银广夏	西部创业	1.757	3.026	2.184	0.623	0.417	0.090	0.406	0.423	0.112	0.080	0.087	0.015
31	600462	*ST石岘	ST九有	9.338	9.181	11.787	4.544	4.172	3.235	0.537	0.367	0.415	0.419	0.296	0.328
32	600817	*ST宏盛	宇通重工	0.008	8.273	14.991	4.953	156.277	2 196.017	0.203	0.134	0.190	0.008	0.116	0.161
33	000820	*ST金城	神雾节能	1.076	2.531	3.022	2.468	4.806	6.108	0.763	1.149	0.968	0.133	0.247	0.242
34	002145	*ST钛白	中核钛白	2.642	1.865	5.957	2.337	0.997	3.559	0.505	0.277	0.826	0.284	0.172	0.532
35	000035	*ST科健	中国天楹	0.411	0.391	0.409	—	—	—	4.473	4.388	4.833	0.010	0.009	0.009
36	000017	*ST深中华A/B	深中华A	43.457	56.600	69.622	7.234	10.326	16.524	6.527	13.150	17.443	1.447	1.943	2.344

续表

序号	证券代码	公司名称（重整前）	公司名称（重整后）	应收账款周转率（次）			存货周转率（次）			固定资产周转率（次）			总资产周转率（次）		
				前3年	前2年	前1年	前3年	前2年	前1年	前3年	前2年	前1年	前3年	前2年	前1年
37	000972	*ST中基	*ST中基	1.759	2.359	3.366	1.196	1.196	1.054	0.837	0.700	0.696	0.291	0.269	0.285
38	000677	*ST海龙	恒天海龙	14.555	15.465	10.363	4.863	5.840	5.350	1.056	1.313	1.078	0.563	0.663	0.566
39	600074	*ST中达	退市保千	10.995	12.041	14.018	11.210	10.659	10.159	1.264	1.437	1.381	0.660	0.666	0.682
40	000520	*ST凤凰	长航凤凰	4.620	5.826	6.332	22.058	22.742	21.547	0.721	0.580	0.465	0.322	0.309	0.300
41	600381	*ST贤成	青海春天	9.028	9.142	6.963	17.025	1.976	3.549	2.395	3.087	1.236	0.105	0.100	0.129
42	000751	*ST锌业	锌业股份	55.294	55.233	55.426	3.019	3.115	3.635	2.984	2.693	2.564	0.889	0.820	0.836
43	002506	*ST超日	协鑫集成	2.330	0.751	0.305	5.116	3.875	3.035	4.486	0.886	0.202	0.598	0.230	0.080
44	002015	*ST霞客	协鑫能科	16.169	13.687	17.199	2.796	2.114	3.180	3.556	2.396	2.468	0.896	0.669	0.764
45	000033	*ST新都	新都退	5.508	7.870	8.616	25.042	26.731	32.212	0.235	0.289	0.235	0.136	0.155	0.129
46	002608	*ST舜船	江苏国信	13.682	12.592	12.568	1.152	1.428	1.381	2.614	2.810	1.614	0.466	0.468	0.357
47	600725	*ST云维	云维股份	11.382	9.116	4.028	6.447	6.809	5.905	1.314	1.090	0.583	0.582	0.505	0.272
48	000155	*ST川化	川能动力	12.116	10.154	6.763	6.830	4.457	5.228	1.324	0.928	0.995	0.595	0.393	0.309
49	000912	*ST天化	泸天化	21.151	27.685	101.513	4.719	3.882	7.041	0.855	0.576	0.524	0.308	0.289	0.384
50	600423	*ST柳化	柳化股份	11.955	9.196	9.477	5.281	5.572	6.789	1.092	0.867	0.732	0.643	0.520	0.489
51	601005	*ST重钢	重庆钢铁	15.596	13.439	10.706	1.510	1.952	3.288	0.451	0.278	0.148	0.257	0.193	0.117
52	600399	*ST抚钢	抚顺特钢	2.829	2.351	2.808	2.003	2.114	2.88	1.650	1.490	1.556	0.396	0.394	0.455
53	000982	*ST中绒	中银绒业	3.164	2.646	1.966	0.884	1.230	1.301	1.150	0.688	0.519	0.242	0.263	0.235
54	300116	坚瑞沃能	保力新	1.861	1.286	1.044	1.855	1.740	1.424	4.211	4.253	3.967	0.401	0.400	0.383

续表

序号	证券代码	公司名称（重整前）	公司名称（重整后）	应收账款周转率（次）			存货周转率（次）			固定资产周转率（次）			总资产周转率（次）		
				前 3 年	前 2 年	前 1 年	前 3 年	前 2 年	前 1 年	前 3 年	前 2 年	前 1 年	前 3 年	前 2 年	前 1 年
55	300008	天海防务	天海防务	5. 630	4. 415	1. 696	1. 717	0. 954	1. 152	6. 323	4. 217	2. 530	0. 584	0. 360	0. 303
56	600815	*ST 厦工	厦工股份	0. 937	1. 746	1. 339	1. 862	3. 076	1. 920	2. 835	5. 357	4. 346	0. 377	0. 632	0. 493
57	601258	*ST 庞大	庞大集团	47. 496	41. 701	34. 107	5. 416	6. 357	7. 174	7. 982	8. 449	5. 234	0. 984	1. 049	0. 872
58	600186	*ST 莲花	莲花健康	8. 145	9. 561	9. 704	11. 587	13. 859	14. 320	4. 115	4. 913	5. 865	0. 818	0. 935	0. 961
59	000410	*ST 沈机	ST 沈机	0. 738	0. 631	1. 030	0. 617	0. 441	0. 640	2. 684	1. 438	1. 561	0. 265	0. 181	0. 240
60	002260	*ST 德奥	德奥退	8. 494	8. 449	8. 018	3. 889	4. 096	5. 537	6. 035	7. 770	9. 080	0. 774	0. 930	1. 427
61	000792	*ST 盐湖	盐湖股份	5. 959	4. 826	9. 544	1. 898	2. 324	4. 169	0. 323	0. 262	0. 342	0. 127	0. 142	0. 227
62	002210	*ST 飞马	飞马国际	17. 097	21. 978	19. 322	251. 873	63. 206	49. 572	296. 485	258. 637	351. 431	2. 591	2. 982	2. 152
63	002501	*ST 利源	利源精制	26. 477	21. 004	3. 463	7. 948	9. 031	3. 888	0. 723	0. 517	0. 051	0. 245	0. 222	0. 035
64	000981	*ST 银亿	银亿股份	30. 823	8. 499	4. 235	0. 324	0. 621	0. 546	6. 726	5. 998	2. 633	0. 323	0. 368	0. 222
65	002716	*ST 金贵	金贵银业	5 147. 701	5 542. 360	80. 383	2. 121	2. 811	2. 340	8. 543	9. 632	7. 967	1. 123	1. 301	1. 001
66	600179	*ST 安通	安通控股	9. 728	8. 065	4. 343	142. 681	125. 769	76. 597	1. 589	2. 119	1. 047	0. 883	1. 028	0. 539
67	000595	*ST 宝实	宝塔实业	1. 080	0. 939	0. 922	1. 587	1. 252	1. 099	1. 059	0. 913	0. 694	0. 283	0. 233	0. 186
68	002354	*ST 天娱	天娱数科	5. 893	4. 035	2. 881	22. 075	22. 909	18. 694	154. 405	42. 387	14. 643	0. 285	0. 226	0. 179
69	002445	*ST 中南	中南文化	1. 326	1. 037	1. 005	1. 119	1. 032	0. 806	2. 550	1. 810	1. 365	0. 218	0. 151	0. 149
70	002323	*ST 雅博	雅博股份	1. 699	0. 233	0. 096	0. 839	0. 421	0. 643	62. 235	11. 219	5. 848	0. 586	0. 107	0. 066
71	601777	*ST 力帆	力帆科技	3. 216	3. 187	2. 986	4. 035	4. 372	5. 703	2. 002	1. 634	1. 308	0. 424	0. 380	0. 315
72	600157	*ST 永泰	永泰能源	4. 166	5. 279	7. 457	33. 234	27. 647	20. 751	0. 985	0. 841	0. 792	0. 218	0. 209	0. 199

续表

序号	证券代码	公司名称（重整前）	公司名称（重整后）	应收账款周转率（次）			存货周转率（次）			固定资产周转率（次）			总资产周转率（次）		
				前3年	前2年	前1年	前3年	前2年	前1年	前3年	前2年	前1年	前3年	前2年	前1年
73	603555	ST贵人	贵人鸟	1.594	1.592	1.198	4.409	4.033	2.421	4.336	4.210	3.093	0.420	0.456	0.368
74	600595	*ST中孚	中孚实业	19.695	21.800	11.870	6.617	8.628	4.779	0.826	0.776	0.407	0.444	0.485	0.244
75	002766	*ST索菱	索菱股份	2.260	1.567	1.445	1.677	2.560	2.321	2.701	2.444	2.463	0.418	0.273	0.203
76	002219	*ST恒康	新里程	2.334	2.481	3.598	3.373	5.221	11.708	1.878	1.872	1.993	0.419	0.404	0.539
77	000980	*ST众泰	众泰汽车	4.535	1.986	0.515	8.335	4.706	1.655	11.262	4.135	0.802	1.116	0.450	0.113
78	002072	*ST凯瑞	凯瑞德	1.526	0.448	0.321	—	—	—	24.414	11.881	12.577	0.113	0.045	0.030
79	002356	*ST赫美	赫美集团	3.841	3.295	2.093	1.244	1.383	1.433	11.040	10.451	5.428	0.410	0.338	0.255
80	000564	*ST大集	*ST大集	16.391	9.602	5.768	2.009	0.690	0.235	3.404	1.389	0.571	0.293	0.108	0.045
81	600221	*ST海航	海航控股	25.920	18.475	8.113	292.711	112.805	38.497	0.936	1.119	0.536	0.337	0.361	0.163
82	600515	*ST基础	海南机场	3.636	3.317	2.306	0.186	0.273	0.237	1.723	1.636	0.905	0.125	0.131	0.091
83	600734	*ST实达	*ST实达	1.878	0.756	1.775	10.148	2.491	3.086	28.073	6.078	5.802	0.869	0.313	0.487
84	300071	*ST嘉信	福石股份	2.026	1.798	1.290	—	—	—	101.639	117.671	220.385	1.054	0.963	0.626
85	600225	*ST松江	卓朗科技	4.490	1.236	1.265	0.400	0.131	0.163	9.287	2.325	1.401	0.222	0.088	0.096
86	600518	*ST康美	*ST康美	3.140	2.301	1.772	0.469	0.305	0.257	2.330	1.410	0.797	0.241	0.166	0.107
87	002321	*ST华英	*ST华英	10.375	9.486	5.836	4.372	4.715	4.865	2.684	2.835	1.618	0.625	0.634	0.403
88	000523	*ST浪奇	广州浪奇	4.104	3.734	1.747	14.366	8.942	3.575	28.081	24.732	5.823	2.016	1.554	0.551
89	300278	*ST华昌	华昌达	2.229	1.661	2.691	2.330	1.728	2.878	5.263	3.219	3.822	0.597	0.418	0.561
90	002175	*ST东网	东方智造	2.196	3.021	4.331	1.675	1.617	1.891	0.674	0.645	0.630	0.151	0.255	0.331

附表 2－5　　重整前 3 年的发展能力指标

序号	证券代码	公司名称（重整前）	公司名称（重整后）	净利润同比增长率			净资产同比增长率			总资产同比增长率			营业收入同比增长率		
				前 3 年	前 2 年	前 1 年	前 3 年	前 2 年	前 1 年	前 3 年	前 2 年	前 1 年	前 3 年	前 2 年	前 1 年
1	600722	＊ST 沧化	金牛化工	155. 776	－944. 336	－261. 421	5. 895	－37. 997	－304. 158	13. 01	6. 132	3. 045	37. 843	－35. 573	－50. 832
2	600242	S＊ST 华龙	ST 中昌	－1368. 7	－303. 427	67. 576	－26. 792	－171. 629	－51. 861	－7. 501	－66. 731	－44. 637	－40. 877	－80. 905	－12. 722
3	000688	S＊ST 朝华	国城矿业	－2 783. 08	－448. 873	70. 804	－27. 953	－217. 536	－50. 228	－10. 343	－68. 219	－59. 986	21. 06	－64. 076	－96. 562
4	000892	S＊ST 星美	欢瑞世纪	－88. 09	－4 382. 19	－143. 771	0. 455	－66. 757	－582. 057	5. 155	－17. 743	－80. 037	－31. 583	－90. 14	－48. 75
5	600155	＊ST 宝硕	华创阳安	23. 236	－653. 654	－466. 349	2. 980	－98. 694	－13 933. 51	14. 367	55. 704	－41. 507	30. 556	－9. 377	－16. 533
6	000925	S＊ST 海纳	众合科技	－214. 556	－3 067. 51	102. 027	－7. 198	－175. 106	4. 281	－0. 514	－70. 335	28. 943	29. 362	－36. 089	14. 777
7	000631	S＊ST 兰宝	顺发恒业	－302. 662	65. 075	103. 490	－87. 052	－236. 769	3. 997	－20. 312	－38. 536	－52. 109	9. 872	－49. 758	—
8	000561	＊ST 长岭	烽火电子	－35. 543	－353. 690	－868. 61	－4. 756	－9. 925	－21. 951	－0. 614	1. 642	－41. 537	－24. 637	54. 19	－25. 83
9	600094	＊ST 华源	大名城	－1 366. 55	－164. 697	24. 311	－41. 407	－66. 808	－529. 833	－11. 445	－34. 118	－35. 411	19. 657	－67. 10	－50. 164
10	600180	＊ST 九发	瑞茂通	－63. 448	－791. 834	－186. 286	－6. 812	－9. 146	－67. 572	15. 209	1. 562	－3. 591	－21. 282	－35. 803	－72. 482
11	200160	＊ST 帝贤 B	东沣 B 退	－80. 598	－1 987. 65	－314. 795	1. 672	－25. 998	－142. 362	－7. 708	－6. 576	－56. 022	－44. 884	－19. 297	－74. 352
12	000719	S＊ST 鑫安	中原传媒	－13 536. 04	－88. 977	39. 775	－40. 824	－132. 387	－242. 43	－15. 541	－29. 616	－16. 321	－20. 44	－91. 879	－99. 32
13	600556	＊ST 北生	天下秀	0. 579	－366. 998	－53. 278	6. 868	－22. 711	－42. 122	8. 584	－3. 308	－18. 891	0. 293	－66. 234	－67. 916
14	600705	S＊ST 北亚	中航产融	－11. 764	－322. 310	124. 603	－17. 603	－109. 332	257. 494	－7. 484	－53. 31	－41. 979	－58. 497	－82. 569	－21. 997
15	000498	＊ST 丹化	山东路桥	－107. 177	－64. 589	101. 490	－85. 351	－1 238. 95	1. 35	－26. 688	－47. 075	－9. 502	2. 181	－86. 475	－55. 379
16	600217	＊ST 秦岭	中再资环	－102. 615	105. 570	－2 813. 17	－44. 746	4. 278	－84. 213	－6. 356	－3. 559	－8. 624	46. 603	－11. 487	－3. 544
17	000030	＊ST 盛润 A	富奥股份	135. 020	－218. 301	－285. 721	1. 992	－1. 366	－5. 197	－23. 903	－8. 958	－33. 856	－98. 459	42. 89	－5. 727
18	200030	＊ST 盛润 B	富奥 B	135. 02	－218. 301	－285. 721	1. 992	－1. 366	－5. 197	－23. 903	－8. 958	－33. 856	－98. 459	42. 89	－5. 727

续表

序号	证券代码	公司名称（重整前）	公司名称（重整后）	净利润同比增长率			净资产同比增长率			总资产同比增长率			营业收入同比增长率		
				前 3 年	前 2 年	前 1 年	前 3 年	前 2 年	前 1 年	前 3 年	前 2 年	前 1 年	前 3 年	前 2 年	前 1 年
19	000034	*ST 深泰	神州数码	39.595	-79.186	-28.121	-27.705	-46.139	-28.916	-13.571	-53.078	-40.859	-13.669	2.466	-26.501
20	000697	*ST 偏转	炼石航空	120.410	-272.475	1.825	-12.172	-10.24	-13.671	-2.959	-12.134	-21.217	19.604	-14.906	-5.889
21	600057	*ST 夏新	厦门象屿	87.304	-947.518	11.729	-18.236	-175.874	-183.646	0.622	-29.541	-47.495	12.844	-36.421	-51.369
22	000587	S*ST 光明	*ST 金洲	26.244	115.557	-1 018.25	-591.269	16.621	-194.932	-0.671	-37.18	-25.789	-7.046	-43.42	-4.107
23	000818	ST 锦化	航锦科技	120.133	-50.553	-1 300.58	0.063	1.72	-19.697	1.827	15.348	-6.135	-6.224	-22.516	-15.09
24	600728	S*ST 新太	佳都科技	103.137	-588.018	130.517	12.021	-46.337	9.692	-2.807	-14.816	-23.483	-20.331	-2.725	-35.762
25	000787	*ST 创智	*ST 创智	114.820	-94.015	-93.382	108.122	6 726.21	1.726	-35.154	-23.502	-17.217	-58.249	-76.663	—
26	600699	*ST 得亨	均胜电子	115.457	-1 023.16	-176.815	5.580	-41.075	-195.115	1.342	-9.571	-39.801	37.122	-6.853	-7.5
27	600678	*ST 金顶	四川金顶	33.533	102.547	-1 165.46	3.020	4.692	-132.103	38.6	55.999	-17.632	5.06	31.392	21.145
28	600757	*ST 源发	长江传媒	104.100	-2 727.19	31.279	128.957	-4 987.490	-66.648	-37.058	-22.787	-31.397	-44.302	-48.991	-44.773
29	000757	*ST 方向	浩物股份	102.034	-893.805	109.094	1.586	-19.915	1.082	-16.725	-25.826	6.163	-16.447	-37.24	42.566
30	000557	ST 银广夏	西部创业	134.568	-1 626.36	168.555	3.8	-60.131	72.024	2.524	-10.885	-39.132	64.06	3.012	-87.137
31	600462	*ST 石岘	ST 九有	-286.582	-91.371	102.186	-39.67	-128.431	9.879	-9.079	-13.685	-1.164	6.136	-37.387	2.111
32	600817	*ST 宏盛	宇通重工	-816.702	86.738	139.460	-3 042.76	-14.155	4.029	-97.937	-18.394	-9.044	-99.486	-44.05	19.542
33	000820	*ST 金城	神雾节能	-386.773	23.603	-396.452	-56.533	-96.477	-14 002.260	-0.998	-2.936	-20.687	-70.474	82.821	-13.595
34	002145	*ST 钛白	中核钛白	-1 627.88	44.297	107.361	-38.993	-35.601	4.019	-18.101	-23.713	-12.183	-38.311	-51.945	151.576
35	000035	*ST 科健	中国天楹	-80.262	360.539	-146.639	-1.459	3.752	-1.818	2.460	8.323	6.936	-32.075	-6.427	4.629
36	000017	*ST 深中华 A/B	深中华 A	-138.618	160.736	-38.396	-3.214	5.633	4.176	-11.106	-18.585	-1.745	-4.849	14.61	7.363

续表

序号	证券代码	公司名称（重整前）	公司名称（重整后）	净利润同比增长率			净资产同比增长率			总资产同比增长率			营业收入同比增长率		
				前3年	前2年	前1年	前3年	前2年	前1年	前3年	前2年	前1年	前3年	前2年	前1年
37	000972	*ST中基	*ST中基	112.710	-12 812.630	-196.86	6.238	16.929	-84.82	0.435	-3.229	-19.678	-18.751	-8.919	-5.766
38	000677	*ST海龙	恒天海龙	159.159	-523.452	-155.417	21.591	-72.085	-641.354	14.205	13.853	-22.193	25.804	34.313	-19.213
39	600074	*ST中达	退市保千	-11.392	104.942	-4 011.72	-40.433	0.349	-140.716	-9.609	-1.269	-25.224	11.323	-4.742	-11.09
40	000520	*ST凤凰	长航凤凰	102.944	-7 468.81	-114.720	0.416	-87.395	-602.130	22.814	13.457	-40.546	32.137	12.635	-17.662
41	600381	*ST贤成	青海春天	6.792	-6.024	-285.093	28.890	550.649	-6.755	136.692	170.401	2.938	15.728	8.846	115.349
42	000751	*ST锌业	锌业股份	-1 022.320	-86.079	-212.638	-32.51	-89.915	-2 824.780	16.204	-22.643	-55.554	61.201	-11.867	-35.609
43	002506	*ST超日	协鑫集成	-125.288	-1 464.14	14.095	-5.223	-60.856	-129.642	49.692	5.077	-19.944	24.042	-31.392	-66.304
44	002015	*ST霞客	协鑫能科	12.599	-59.483	-3 280	44.674	0.934	-47.029	29.237	20.329	-6.464	19.934	-7.204	20.657
45	000033	*ST新都	新都退	-1 004.71	113.685	-12 994.61	-8.669	1.299	-165.345	-8.960	20.276	-23.548	-7.547	19.809	-19.809
46	002608	*ST舜船	江苏国信	-55.505	50.187	-2 008.655	2.996	4.986	-89.573	36.148	15.164	27.534	0.819	24.64	1.586
47	600725	*ST云维	云维股份	100.076	-124 256.012	-187.104	-0.536	-76.888	-683.772	-16.965	-7.931	-37.448	-9.867	-21.838	-57.863
48	000155	*ST川化	川能动力	-45 915.289	-132.642	56.929	-46.141	-215.325	-70.95	-8.526	-54.617	-46.874	-14.572	-53.496	-62.046
49	000912	*ST天化	泸天化	-235.991	97.804	-2 054.06	-62.02	-1.461	-84.471	-8.385	-34.46	-7.504	-1.699	-24.372	1.036
50	600423	*ST柳化	柳化股份	102.067	-11 693.413	21.738	0.571	-60.007	-105.026	-1.86	-16.806	-7.111	-30.281	-31.809	-47.127
51	601005	*ST重钢	重庆钢铁	106.555	-5 740.412	-68.105	-17.427	-39.575	-103.114	1.940	-10.25	-22.747	-2.283	-15.185	-21.03
52	600399	*ST抚钢	抚顺特钢	10.342	114.674	-2 932.934	9.4	560.64	-634.324	-2.372	8.56	-9.551	-16.412	2.63	6.558
53	000982	*ST中绒	中银绒业	-1 079.461	-21.105	104.427	-20.309	-35.872	1.947	4.708	-11.481	4.72	2.371	4.26	-15.574
54	300116	坚瑞沃能	保力新	274.977	1 056.843	-969.72	3.166	718.793	-47.198	0.460	1 337.384	41.266	65.59	668.445	152.896

续表

序号	证券代码	公司名称（重整前）	公司名称（重整后）	净利润同比增长率			净资产同比增长率			总资产同比增长率			营业收入同比增长率		
				前3年	前2年	前1年	前3年	前2年	前1年	前3年	前2年	前1年	前3年	前2年	前1年
55	300008	天海防务	天海防务	178.588	0.951	-1 161.062	209.323	-14.719	-71.574	123.254	-2.586	-46.852	34.162	-2.245	-30.682
56	600815	*ST 厦工	厦工股份	-172.574	108.222	-410.711	-87.482	41.913	-133.934	-19.488	-16.257	-20.493	5.642	37.257	-36.207
57	601258	*ST 庞大	庞大集团	61.374	-47.252	-3 277.091	4.836	2.132	-51.725	11.728	-10.311	-48.26	17.09	6.781	-40.365
58	600186	*ST 莲花	莲花健康	103.261	-888.711	-173.196	50.595	-75.183	-973.953	-7.572	-8.975	-9.564	-0.535	4.876	-6.697
59	000410	*ST 沈机	ST 沈机	-124.645	107.538	-897.478	-68.028	31.333	-92.217	11.255	-13.661	-4.756	-2.195	-32.906	19.709
60	002260	*ST 德奥	德奥退	124.378	-9 920.57	66.539	3.703	-148.862	-109.002	15.246	-35.276	-43.274	9.594	6.061	-5.534
61	000792	*ST 盐湖	盐湖股份	-61.489	-2 146.08	16.040	7.043	-17.485	-17.393	2.766	-0.636	-9.004	-4.761	12.884	52.912
62	002210	*ST 飞马	飞马国际	597.137	-79.976	-864.904	22.642	4.817	-51.814	-8.293	9.162	-22.501	9.152	17.678	-33.128
63	002501	*ST 利源	利源精制	15.100	-4.931	-872.184	18.975	75.097	-50.333	37.073	25.94	-19.260	11.374	18.504	-84.236
64	000981	*ST 银亿	银亿股份	64.1871	88.4735	-128.4807	9.9615	39.3881	-18.5272	1.9089	19.8755	-16.2923	-4.7526	29.1038	-29.3872
65	002716	*ST 金贵	金贵银业	21.165	80.469	-48.522	6.777	68.425	4.554	26.134	22.768	22.386	35.648	43.929	-5.709
66	600179	*ST 安通	安通控股	37.647	-11.017	-989.850	22.577	12.851	-129.006	30.705	25.522	-27.891	77.999	48.766	-49.792
67	000595	*ST 宝实	宝塔实业	132.971	-448.907	-233.607	5.129	-10.194	-49.579	56.540	-2.701	-16.628	22.509	-0.790	-28.008
68	002354	*ST 天娱	天娱数科	127.341	-664.08	83.787	61.613	-78.033	-61.513	94.857	-41.336	-25.815	85.172	-16.205	-48.634
69	002445	*ST 中南	中南文化	37.859	-816.289	13.889	18.169	-49.541	-91.717	22.156	-33.698	-44.036	13.863	-36.396	-38.408
70	002323	*ST 雅博	雅博股份	10.643	-274.026	30.843	38.322	-56.813	-79.03	29.921	-38.099	-6.69	7.156	-83.347	-54.369
71	601777	*ST 力帆	力帆科技	69.18	58.673	-2 000.493	6.806	3.627	-63.173	2.179	-7.047	-30.453	14.066	-12.598	-32.355
72	600157	*ST 永泰	永泰能源	13.296	-81.637	75.13	2.864	-0.960	-1.306	9.235	-0.601	-0.041	63.428	-0.272	-5.107

续表

序号	证券代码	公司名称（重整前）	公司名称（重整后）	净利润同比增长率			净资产同比增长率			总资产同比增长率			营业收入同比增长率		
				前 3 年	前 2 年	前 1 年	前 3 年	前 2 年	前 1 年	前 3 年	前 2 年	前 1 年	前 3 年	前 2 年	前 1 年
73	603555	ST 贵人	贵人鸟	-42. 405	-469. 396	-58. 061	-16. 525	-34. 269	-73. 098	-4. 063	-37. 316	-18. 944	42. 696	-13. 518	-43. 769
74	600595	*ST 中孚	中孚实业	-389. 334	-795. 184	100. 861	-4. 440	-28. 383	3. 171	-2. 999	-10. 418	-2. 317	-17. 201	1. 984	-53. 032
75	002766	*ST 索菱	索菱股份	188. 453	-3 166. 812	100. 613	60. 16	-64. 474	0. 352	96. 144	10. 213	49. 311	118. 591	-10. 217	-6. 759
76	002219	*ST 恒康	新里程	-43. 785	-723. 102	-79. 977	2. 536	-35. 273	-92. 815	71. 324	-14. 574	-43. 945	56. 275	12. 917	-4. 01
77	000980	*ST 众泰	众泰汽车	1 204. 268	-36. 286	-1 497. 579	679. 675	3. 838	-63. 694	706. 484	-2. 442	-37. 078	1 128. 48	-29. 032	-79. 777
78	002072	*ST 凯瑞	凯瑞德	-345. 103	-615. 573	103. 392	-36. 626	-411. 892	112. 447	-2. 777	-36. 192	38. 779	131. 973	-67. 912	-38. 78
79	002356	*ST 赫美	赫美集团	35. 737	-983. 542	-19. 644	7. 791	-91. 472	-1 614. 390	47. 605	-38. 057	-49. 579	13. 339	-20. 445	-55. 772
80	000564	*ST 大集	*ST 大集	-48. 507	-272. 308	-254. 845	2. 594	-4. 893	-15. 307	-0. 611	-6. 057	-10. 450	-41. 657	-64. 418	-61. 645
81	600221	*ST 海航	海航控股	-193. 98	120. 705	-9 477. 071	-7. 093	-2. 532	-155. 092	3. 743	-4. 005	-21. 607	13. 121	6. 826	-59. 385
82	600515	*ST 基础	海南机场	-20. 381	-187. 873	-439. 898	-3. 279	-31. 77	-69. 873	-2. 404	-18. 68	-30. 581	-1. 355	-7. 295	-45. 229
83	600734	*ST 实达	*ST 实达	-242. 912	-1 040. 577	81. 147	-9. 204	-117. 94	-107. 857	-10. 803	-64. 314	-16. 579	4. 404	-76. 966	-26. 045
84	300071	*ST 嘉信	福石股份	-176. 813	101. 707	-4 505. 34	-86. 719	-3. 102	-539. 566	-24. 095	-32. 935	-34. 824	-2. 503	-34. 115	-56. 887
85	600225	*ST 松江	卓朗科技	-367. 018	-155. 252	-335. 528	-23. 864	-74. 435	-1 239. 205	-6. 058	-7. 090	-26. 205	116. 37	-62. 937	-8. 541
86	600518	*ST 康美	*ST 康美	-82. 737	-1 358. 024	-496. 041	-8. 545	-21. 051	-135. 027	12. 025	-11. 701	-43. 931	-2. 921	-32. 93	-52. 715
87	002321	*ST 华英	*ST 华英	84. 516	-117. 914	-2 860. 905	3. 740	-2. 772	-37. 851	12. 420	-7. 936	-14. 024	29. 765	3. 157	-43. 354
88	000523	*ST 浪奇	广州浪奇	-2. 114	-9. 814	-9 022. 666	2. 866	-14. 961	-235. 455	46. 803	15. 208	-63. 242	1. 382	-6. 428	-72. 991
89	300278	*ST 华昌	华昌达	-62. 743	-6 442. 752	62. 034	4. 652	-82. 709	-206. 597	-0. 618	-33. 394	-11. 874	-8. 110	-41. 908	1. 056
90	002175	*ST 东网	东方智造	-275. 221	114. 046	-837. 470	-98. 30	869. 456	-629. 755	-45. 79	-42. 401	-7. 21	-39. 867	-6. 699	-8. 394

第三章　预重整程序的引入

第一节 预重整程序的概念及特点

一、预重整程序的概念

“预重整”程序最早来源于美国，根据联合国国际贸易法委员会制定的《破产法立法指南》，“预重整”程序是指“使受到影响的债权人在程序启动之前自愿重组谈判中谈判商定的计划发生效力而启动的程序”①。目前在美国，预重整与传统的破产重整程序、法庭外债务重组、预协商的重整并列构成了现代美国企业复兴的备选方案。

不过，截至目前，还没有对预重整形成统一、明确的概念。我国现行的《企业破产法》对预重整程序还未作出明确的规定，但在各级人民法院印发的相关文件中，都对预重整进行了规定。2018 年 3 月 4 日最高人民法院发布的《全国法院破产审判工作会议纪要》指出：“在企业进入重整程序之前，可以先由债权人与债务人、出资人等利害关系人通过庭外商业谈判，拟订重整方案。”结合各方对预重整程序的理解，本书采用学者胡利玲的观点：“在申请重整之前，债务人与债权人通过法庭外协商制订重整计划，并获得债权人多数同意后，借助重整程序使重整计划发生约束全体债权人的效力，以早日实现债务人复兴的一种拯救机制。”②

① 联合国国际贸易法委员会：《破产法立法指南》（中文版），2006 年，第 212 页。

② 胡利玲：《困境企业拯救的法律机制研究——制度改进的视角》，中国政法大学出版社 2009 年版，第 188 页。

二、预重整程序的特点

预重整程序具有以下几个特点：

（1）在预重整阶段，债务人需要与债权人协商制订重整计划，并由债权人对该重整计划进行表决。

（2）重整计划已经获得多数债权人表决通过。

（3）在预重整阶段表决通过的重整计划，具有与破产重整计划同等效力且在进入正式重整程序后能够产生约束所有债权人的效力。

（4）提起重整申请的同时即可提交重整计划。

（5）预重整程序可以有双轨制和单轨制。双轨制指债务人与债权人的谈判最终有两种结果：如果双方达成重组协议，将不提起破产申请；如果法庭外债务重组失败，则可转向重整程序。而单轨制则是以直接进入重整程序为目的①。

三、预重整与庭外重组的区别

庭外重组是债务人与债权人在契约自由、意思自治的前提下协商进行的债务重组救助机制。其性质是一种协议性的，通过债务人与债权人协议的方式进行债务重组，是非司法性的，没有任何司法的直接干预，也不受破产法条例的约束。通过庭外重组所制订的重整计划类似民事合同效力的君子协议，协商谈判过程中债务人与债权人是平等主体，并且重组计划需要全体债权人一致同意，若有债权人提出反对意见，重整计划便无法对其进行

① Timothy R. Pohl and Rena M. Samole. “Out of Court Restructurings and Prepackaged Plans”, 867 PLI/Comm. 295, 2004。

约束。

而债务人企业如果选择进行预重整，则该过程是有严格法律规定的，不同于由双方当事人之间进行自由协商的庭外重组。通过预重整制订的重整计划由多数债权人表决通过即可，无须获得所有债权人的投票表决。法院对预重整活动中制订的重整计划草案进行严格的事后审查并决定是否批准，可以迫使各方当事人在预重整的协商谈判、信息共享、拟订重整计划、债权人投票表决等活动中自觉地遵守规则。

因此，预重整和庭外重组在挽救债务人企业方面都具有重要的意义，针对不同情况应适用不同的方法。

第二节 预重整程序的运行

预重整程序可以说是将法庭外债务重组延伸至重整程序，是非司法拯救机制与司法拯救机制的结合。预重整程序在肯定法庭外重组过程中制订的重整计划的同时，又可以通过后续司法的介入为债权人提供破产法上的保护。

一、预重整程序的基本步骤

预重整程序的基本步骤如下：（1）提出重整计划；（2）信息披露说明；（3）债权人（和股东）对重整计划进行表决；（4）提起重整申请；（5）法院批准重整计划前的听证；（6）法院裁定批准或驳回重整计划。

在预重整程序中，将提出重整计划、信息披露说明和债权人（和股东）对重整计划进行表决这三个步骤移出了破产重整程序之外，可以大大减少重整程序的时间和费用。但需要指出的是，因为预重整程序首先需要债务人与大部分债权人在提出重整申请之前达成协议，如果债权人众多且债务比较分散，那么运用预重整程序将比较困难。因此，该程序通常适用于公司财务结构比较简单，或者在企业的债务结构中仅有较低比例的债务对完成重组形成障碍的情况①。

二、预重整程序的启动

预重整的启动应当符合启动重整程序的条件。联合国《破产法立法指南》中建议，债务人尚不符合条件根据破产法重整规定启动程序但已有可能基本无力偿还其未来到期债务的，以及债务人已经符合条件启动重整程序的，均可提出申请启动预重整程序。

我国深圳市中级人民法院《审理企业重整案件的工作指引（试行）》第 28 条规定，债务人符合下列情形之一的，可进行预重整：（1）需要安置的职工超过五百人的；（2）债权人两百人以上的；（3）涉及超过一百家上下游产业链企业的；（4）直接受理重整申请可能对债务人生产经营产生负面影响或者产生重大社会不稳定因素的。

由此可见，不同国家及地区对于预重整程序启动的条件有不同的侧重，我国各法院有关预重整启动条件的规定也略有差异。为此，我们选择北京、上海、广州、深圳、郑州、济南、大连、厦门、重庆、成都 10 个城市预重整的相关规定，具体见本章附录。

---

① 张婷，胡利玲：《预重整制度理论与实践》，法律出版社 2020 年版，第 16 页。

三、预重整程序的申请人

我国《企业破产法》中规定重整程序的申请人主要为债务人和债权人，符合条件的股东在一定情况下也可作为申请人。在预重整中，债务人和在自愿重组谈判中已经接受重整计划的债权人对于启动程序具有优先的积极性，理应作为申请人[①]。

四、预重整方案

制订预重整方案（重整计划草案）是制订重整计划的基础，对后续重整中法院裁定受理公司重整以及批准重整计划具有重要影响，也是预重整程序中的核心工作。预重整中，债务人需要与债权人进行沟通谈判，就有关债权调整与清偿、出资人权益调整等重要内容进行协商，逐步形成预重整方案。待启动正式重整程序后，在不违背原则性规定的情况下进行细化，形成最终的重整计划。

因此，有学者根据是否形成重整计划草案，将我国预重整分为两类：一类是已形成重整计划草案情况下的预重整。这类预重整是指在向法院提出正式重整申请前，债务人与主要债权人已经形成了重整计划草案，且该草案已经主要债权人表决通过，正式重整程序中会在该重整计划草案的基础上制订程序内的重整计划，但已表决债权人无须另外投票。另一类是仅就未来重整形成原则性意见或合意的预重整。这类预重整是指在向法院提出正式

---

① 张婷，胡利玲：《预重整制度理论与实践》，法律出版社2020年版，第115页。

重整申请前，债务人与主要债权人尚未形成完整的重整计划草案，仅就未来债务重组的基本原则和方向与主要债权人达成了共识或仅签署了较为原则性的文件，在正式重整程序中再在此基础上逐步形成重整计划。

预重整方案是预重整程序中所形成的重要成果，这将有利于推动法院加快受理过程，并对后续的审理制度造成积极影响。

五、预重整对于债务企业的适用情形

第一，债务人公司具有一定的重整价值，例如高新科技公司、拥有某种稀有生产资质的公司、对当地经济影响较大的公司等。对这些类型的企业，目前法院更加倾向于先批准进行预重整。

第二，债务人企业股权结构复杂，债权债务问题严重。这类企业涉及的债务问题往往较多，债台高筑且经营停滞，还有可能涉及许多法律诉讼问题。对于这样的企业，法院一是很难判断其重整的成功率；二是有可能在正式重整后难以寻价到意向投资人；三是如果直接进入重整程序，需要准备的工作太多。所以法院往往会同意先进行预重整，在预重整中完成一些准备工作，同时也可以看看预重整的效果。

第三，与债权人及其他利益相关者能够积极沟通。很多破产重整企业都是债权人向法院提起的申请，由于债务公司已经资不抵债，债权人的损失难以得到补偿，所以债权人希望通过重整的方式使公司重新焕发生机。但是如果直接进入重整后由于企业的重整难度太大导致失败的话，企业就会强制进行破产清算。预重整与重整相比就具有可逆性，法院指派的临时管理人可以在预重整阶段调解债权人与债务人之间的矛盾，即双方可以在重整正式开始前，也就是预重整时期对企业的一些重整问题进行磋商，最终能提出一个合理的重整计划草案，这会大大增加重整的成功率。

第四，能够尽早挽救困境企业。正式的重整在程序上以及重整条件上的要求十分苛刻，所以很多企业在经营状况出现危机后不能迅速得到救治，有可能走向破产清算；换句话说，这些上市企业可能没有在第一时间达到破产重整的条件，所以预重整的存在可以让法院提前介入，法院通过指派临时管理人、召开债权人会议来预先解决企业困境，帮助其更好地申请重整。

六、退市新规对预重整的影响

退市新规缩短了退市流程、压缩了退市缓冲期，留给上市公司退市整理期的时间越来越少，债务企业为了避免退市更加需要通过预重整，以期望更早进入重整程序，并加快重整速度，尽早达到重整成功的目的。

七、预重整程序向正式重整程序的转换

预重整以法院受理重整为目标导向，重整程序是预重整程序的延伸，这就涉及两个程序的衔接问题。主要表现在以下几方面：

第一，即使预重整阶段未招募到重整投资人，未形成预重整方案，如果债务人具备重整价值和重整可能性，法院仍有权决定受理重整。

第二，关于管理人和专业机构。一般情况下，预重整阶

段的临时管理人将被指定为重整管理人，为预重整提供专业服务的会计师事务所、资产评估机构等继续为重整提供专业服务。

第三，关于债权申报。即使预重整阶段已经公告申报债权，重整阶段仍然需要公告申报债权。但是，已经申报债权的债权人在重整阶段不需要重复申报，管理人仅对补充申报的债权进行审查、确认，对预重整阶段已经审查确认的债权，管理人仅需将债权利息计算至受理重整日的前一日。

第四，如无特殊理由，预重整阶段的债权人委员会及债权人会议主席在重整阶段保持不变。

第五，如果预重整阶段招募到重整投资人且形成预重整方案，并征集了债权人对预重整方案的意见，进入重整阶段，应以预重整方案为蓝本制订重整计划草案。重整计划草案对预重整方案内容没有实质变更、没有对债权人权益产生实质性影响的，债权人对预重整方案的表决意见视为对重整计划草案的表决意见。

启动正式重整程序需要按照《企业破产法》的规定，由债务人或者债权人提出申请，经法院审查后予以裁定受理。即便债务人与债权人在预重整阶段已经形成了重整计划草案，也不得径直向法院申请裁定批准重整方案，仍需严格履行重整程序后才能实现重整计划的裁定。

如预重整程序转化失败，包括重整方案未能获得主要债权人表决通过、主要债权人或债务人放弃实施预重整程序等，则原则上不会像破产重整失败后直接进入破产清算，而可继续选择实施正式重整程序或维持现状。

第三节　引入预重整程序的决策分析

一、债务人选择预重整的决策分析

（一）预重整具有成本优势与效率优势

在预重整阶段，困境企业可以在法院的调解下就债权债务关系与债权人进行谈判。同时，企业可以拟订重整计划草案，商讨引进战略投资者，召开债权人会议等一系列工作；可以降低在重整正式开始后的工作量，同时由于债务双方在私下就一些债务问题已达成统一观点，所以预重整也有效缩短了企业进入破产重整程序后的审理时长。

（二）预重整有助于解决债务人与债权人之间一些难以处理的纠纷

如果企业进入了正式重整阶段，企业在召开债权人会议时难免会遇到不配合的债权人，此时其就会以利益受损为由向法院提出申诉，以获得比其他债权人更高的利益。但在预重整阶段，债务双方仅在重整计划草案中提出赔偿的一些解决思路，双方是在法院作为中间人的情况下进行庭外谈判，这样不仅可以提高谈判的效率，也避免了债务双方在重整正式开始后再出现一些复杂的矛盾。

（三）预重整维护了债务人企业的经营

预重整是由债务人企业自行主导，并在法院的支持下与债权人进行磋商。在整个预重整过程中，虽然有临时管理人的存在，但临时管理人的职责更多是起法院与企业之间的沟通桥梁作用，企业的运营权不受法院或管理人的支配，债务人在谈判中也拥有主导地位，可以根据自身企业的经营状况和债务情况，自行寻找战略投资人并与债权人就债务问题进行谈判。同时，如果正式进入重整后，企业的声誉必将受损，且干预了正常的经营，导致业绩下滑，而预重整在一定程度上减小了这种风险。

（四）预重整缺乏债务人保护机制

因为预重整并非是具备法律效应的重整，只是完成正式重整前的一些准备工作，法院在这一阶段作为中间人，通过临时管理人模式对债务人的债务事宜以及“寻价”投资人等情况进行了解。

因此，对于债务人来说，因预重整前期并未实际进入重整司法程序，《企业破产法》及相关司法解释规定的保护债务人、维持其经济稳定性的有力措施均不能实施。即债务人在破产重整司法程序中，能够享有债务利息停止计算、对外清偿债务停止进行、执行程序终止、管理人对未履行完毕的合同有限责任继续履行的权利等利好因素均不能在预重整阶段享有。当债务人面临债务压力、债权人讨债压力时，只能自己通过沟通解决，且如果企业面临着诉讼案件及其他民事执行案件，这些事件难以在预重整阶段解决，不仅给债务人带来极大的经济方面的压力，对于以后的重整来说也埋下了隐患。

（五）缺乏预重整进入司法程序的衔接机制

预重整是庭外重组与传统重整相妥协的产物，即让债务人与债权人等各利害关系人在法院的调解下尽量就重整达成统一意见，并且完成许多正式重整前的准备工作。在预重整完成后，法院批准裁定债务企业进入重整程序，但如果在进入重整程序前债权人出现反悔行为，或是各利害关系方就之前达成的重整计划草案又有了不同意见，此时由于之前的预重整不具备司法保护机制，所以正式重整就不得不延期，有可能再度开启新一轮的磋商，这对债务人来说浪费了宝贵的重整时间，增加了时间成本和经济成本。

二、法院批准预重整的决策分析

（一）预重整减轻法院审理压力

从法院角度来看，预重整能够减轻法院审理难度。法院对一些复杂的重整案件往往有畏难情绪，因为审理起来过于复杂，需要耗费大量人力物力，尤其是一些涉及利益冲突的重整案件。因此，进行预重整，债务人可以在正式重整之前与债权人进行协商，达成一致意见，有助于缓解法院后期的审理压力，同时为之后的重整做好准备，大大减轻了法院的工作量，不易造成法律资源的浪费，也能让法院更有积极性支持后期的重整。

（二）帮助法院识别重整价值

法院批准进行预重整的目的是为了识别债务人的重整价值和可能性，提高重整成功率。虽然《企业破产法》中规定债务人符合受理重整条件的，法院应当受理其重整申请，但对于很多企业来说，法院对其经营情况、债务情况很难全面认识，同时也难以判定其重整价值，因此法院对破产重整企业的重整成功率很难进行判断。而一旦进行重整后，企业的重整时间，包括提出重整计划的时间都有刚性限制，一些企业可能难以在规定时间内完成该阶段的重整步骤，只能不断申请延期，甚至会重整失败。

所以综合上述情况，法院通过预重整的模式，通过临时管理人，将重整中的一些步骤，包括制订重整计划草案、债权审核等工作纳入预重整程序中，同时尤为重要的一点是，重整企业可以在正式重整之前寻找投资人，因此法院就能通过预重整来识别该企业的重整价值，同时也能大概率预见到其重整成功的概率，并依此来判定是否受理重整，提高了重整的成功率。

三、部分预重整企业决策影响事项分析

破产重整企业的决策人通常有两种：法院、债务人。债务人提出预重整的企业，一般是由于企业处于退市边缘，迫于退市压力需要加快重整进度从而提出预重整申请，或者是企业深陷诉讼或仲裁案件；而法院提出预重整的企业，一般是法院基于企业重整的复杂程度以及对其重整成功率的考虑。表 3 – 1 整理了我国 12 家企业影响预重整决策的事项。

表 3 – 1　　　　预重整企业决策分析表

代码	公司简称	预重整时间	预重整决策人	影响预重整决策事项
600179	* ST 安通	2020 年 8 月 3 日	债务人决策。具体情况如下：公司债权人中航信托股份有限公司在 2020 年 3 月 18 日申请对公司进行重整，公司向法院申请进行预重整	（一）安通控股发布公告称，由于 2018 年资本市场表现低迷超预期，公司股票价格出现非理性下跌，导致实控人、原董事长、原法定代表人郭东泽在紧急情况下出现了非经营性资金占用事项 （二）安通控股公司通过自查发现公司存在未履行审议程序的对外担保事项，且该等担保导致公司被债权人起诉，进而导致公司存在银行账户被冻结等情况

续表

代码	公司简称	预重整时间	预重整决策人	影响预重整决策事项
002210	*ST 飞马	2020 年 1 月 22 日	法院决策。具体情况如下：深圳市飞马国际供应链股份有限公司债权人深圳宝安桂银村镇银行股份有限公司在 2019 年 9 月 3 日申请对公司进行重整。2020 年 1 月 22 日，根据公司公告披露，深圳中院决定对公司启动预重整	（一）2019 年 3 月 29 日，飞马国际因涉嫌信息披露违法违规收到中国证监会“调查通知书”。报告显示，因公司涉嫌信息披露违法违规，根据相关规定，中国证监会对其进行立案调查 （二）据飞马国际 2018 年业绩预告披露，公司预计 2018 年亏损 19.41 亿元。而公司在 2018 年与 2019 年也深陷诉讼或仲裁事项，需要对债权债务问题进行谈判
002501	*ST 利源	2019 年 9 月 9 日	法院决策。具体情况如下：2019 年 9 月 6 日，辽源中院收到申请人刘明英、李春霖向辽源中院提交“破产重整申请书”，申请对本公司进行破产重整。辽源中院决定自 2019 年 9 月 9 日启动对本公司的预重整程序	*ST 利源 2018 年度亏损，2019 年度仍将亏损，如 2020 年继续亏损，*ST 利源将因为连续 3 年亏损而被暂停上市 *ST 利源需要加快重整速度才能避免退市

续表

代码	公司简称	预重整时间	预重整决策人	影响预重整决策事项
002445	*ST 中南	2020 年 5 月 25 日	债务人决策。具体情况如下：公司于 2020 年 5 月 25 日向无锡中院申请对公司进行预重整。本次预重整，是指在无锡中院正式受理重整申请前，由预重整引导人先行进入企业清理债权、债务，协助展开谈判，辅助企业完成庭外重组。倘若庭外重组成功，本次重整申请生效，无锡中院将立即受理审查公司的重整申请；倘若庭外重组不成功，本次重整申请失效，无锡中院将不再对本次重整申请进行审查	（一）2018 年，中南文化触发严重的债务危机，公司内部违规担保、债务逾期等导致银行账户冻结，各方面生产经营陷于停滞 （二）法院在正式立案前进行了审查，为完成上市公司重整可行性报告，启动了旨在衔接庭内重整的庭外重组（后被称为预重整），并由中南文化聘请的法律顾问担任预重整引导人，开展债权申报、资产审计评估、招募投资人等工作
603555	ST 贵人	2020 年 9 月 4 日	法院决策。具体情况如下：2020 年 8 月 12 日，贵人鸟股份有限公司收到债权人泉州市奇皇星五金制品有限公司的通知书，奇皇星公司向法院提出对公司进行重整的申请。经奇皇星公司申请，泉州中院决定对公司启动预重整程序	（一）公告显示，贵人鸟应于 2020 年 4 月 24 日前向奇皇星公司支付总金额为 325.73 万元的货款，但贵人鸟通过指定第三方仅支付了货款中的 75 万元，剩余货款 250.73 万元尚未支付 （二）此前，贵人鸟披露，由于流动性紧张，公司未能按期偿还各家银行贷款本息，公司在各家银行的贷款本金合计 14.10 亿元已经全部逾期 （三）贵人鸟公司在 2018 年经历了第一次重整，由于和债权人没有达成一致的重整方案，最终在 2019 年，贵人鸟的重整方案被否决

续表

代码	公司简称	预重整时间	预重整决策人	影响预重整决策事项
300370	ST 安控	2021 年 8 月 5 日	法院决策。具体情况如下：公司于 2021 年 5 月 31 日披露了公司债权人沧州华云运通电子设备有限公司因公司不能清偿到期债务，且明显缺乏清偿能力，已向宜宾中院提出对公司进行重整的申请。宜宾中院决定对公司进行预重整	安控科技于 2021 年 8 月 5 日收到法院裁决，首先进行预重整，且预重整期限为 3 个月，公司于 2021 年 11 月 3 日收到预重整管理人向宜宾中院递交的《关于延长预重整期限的报告》 由此可见，在正式重整之前，安控科技需要的衔接准备工作较为烦琐，因此需要在预重整期间完成债权申报、“寻价”重整投资人等工作
300256	* ST 星星	2021 年 8 月 23 日	法院决策。具体情况如下：2021 年 8 月 16 日，债权人汇丰投资向萍乡中院申请公司重整 萍乡中院认为，公司系上市公司，涉及面广，社会影响较大。为有效识别公司重整价值和重整可行性，提高重整效率和效果，本着挽救企业、维护债权人合法权益的原则，萍乡中院决定对公司启动预重整	2021 年晚间，* ST 星星对外披露了对 2019 年、2020 年、2021 年第一季度的会计差错更正，均由盈利变成巨亏。公司面临巨大的保壳压力 财务造假一方面面临着投资者的巨额索赔；另一方面也可能因重大违法而退市

续表

代码	公司简称	预重整时间	预重整决策人	影响预重整决策事项
002147	＊ST 新光	2021 年 9 月 16 日	法院决策。具体情况如下：2021 年 7 月 30 日，新光圆成股份有限公司收到浙江省金华市中级人民法院的“预重整申请书”，申请人自然人张某以公司不能清偿到期债务且明显缺乏清偿能力为由，向金华中院申请对新光圆成进行预重整。2021 年 9 月 16 日，金华中院同意债权人对公司的预重整申请	（一）新光圆成虽然仍在持续经营，但公司迫切需要解决违规担保、资金占用、未完成业绩承诺等历史遗留问题，并通过重整优化资产负债结构，推动新光圆成回归可持续发展的健康轨道 （二）新光圆成的重整价值有待识别。如果直接申请重整，不仅法院有可能不批准，且即便批准后，也难以判断重整的成功概率
002427	ST 尤夫	2021 年 6 月 18 日	法院决策。具体情况如下：2021 年 6 月 18 日，浙江尤夫高新纤维股份有限公司收到湖州市南浔区人民政府的通知，湖州市南浔区人民政府向湖州市中级人民法院递交了“湖州市南浔区人民政府关于恳请支持尤夫股份进入预重整程序的函”，湖州市中级人民法院已受理对公司进行预重整的申请，并同意公司进入预重整程序	（一）提前启动公司债权债务清理及经营等相关工作，包括但不限于债权申报登记与审查、资产调查、审计评估工作等 （二）与广大债权人、意向重整投资人等提前进行沟通和征询意见，全面掌握各方主体对重整事项的反馈意见和认可程度，并结合公司实际情况尽快制订可行的重整方案，提高后续重整工作推进效率及重整可行性

续表

代码	公司简称	预重整时间	预重整决策人	影响预重整决策事项
002464	＊ST 众应	2021 年 7 月 19 日	债务人决策。具体情况如下：公司于 2021 年 5 月 26 日向龙泉市人民政府申请预重整。龙泉市人民政府组织预重整管理人评审组，并经公司 2/3 以上已知债权金额的债权人同意，确定北京金杜（杭州）律师事务所为预重整管理人。根据龙泉市人民政府 2021 年 7 月 13 日同意启动预重整的意见，法院已于 2021 年 7 月 19 日对公司的预重整进行登记	2020 年公司深陷诉讼案，因融资事项对外提供反担保，后其他公司要求＊ST 众应支付代偿款本金及利息，合计 25 391 780.82元；2020 年 8 月 30 日，＊ST 众应董事长李化亮以公司法定代表人身份签订两份“保证合同”，金额共计约 7 000 万元本金。公司未对上述担保履行相应的审议程序，也未按相关规定进行信息披露
600734	＊ST 实达	2021 年 3 月 31 日	法院决策。具体情况如下：2021 年 2 月 9 日，公司债权人北京空港富视国际房地产投资有限公司已向福州中院提出对公司进行重整的申请。2021 年 3 月 31 日，公司收到福州中院通知书，福州中院同意公司先行启动为期 3 个月的预重整工作	实达集团的预重整得到法院通过。郑州国资委旗下的兴港集团通过子公司兴创电子先后向实达集团借款 12 亿元，帮助实达缓解偿债压力。实达集团的最大股东也受让了大部分的投票权给兴创电子，使兴港集团成为实达的实际控制人。有了郑州国资委的支持，重整有很大概率能够顺利进行

续表

代码	公司简称	预重整时间	预重整决策人	影响预重整决策事项
000687	*ST 华讯	2021 年 7 月 23 日	法院决策。具体情况如下：2020 年 3 月 26 日，华讯方舟股份有限公司收到广州市沐阳产权经纪有限公司送达的告知函，向深圳市中级人民法院提出对公司进行重整的申请。2021 年 7 月 28 日深圳中院决定对公司启动预重整	（一）深圳中院决定对公司启动预重整，有利于提前启动公司债权债务清理及经营工作梳理等相关工作，包括但不限于债权申报登记与审查、资产调查、审计评估工作等 （二）与广大债权人、意向重组方等提前进行沟通和征询意见，全面掌握各方主体对重整事项的反馈意见和认可程度，并结合公司实际情况尽快制订可行的重整方案，提高后续重整工作推进效率及重整可行性

资料来源：上市公司公告。

第四节　典型案例分析

结合本章对预重整程序的分析，从实务角度看，预重整程序已经在许多上市公司破产重整过程中得到运用。例如，中南文化（002445）于 2020 年 5 月 25 日启动预重整，并聘请引导人江苏方德律师事务所制订了重整预案；利源精制（002501）于 2020 年 10 月 28 日发布关于法院发出预重整债权申报通知的公告；华讯方舟（000687）于2021年7月28日发布公告称深圳中院决定对其启动预重整等。本节将选择我国首家启动预重整并披露重整计划预案的德奥通用航空股份有限公司（以下简称“德奥通航”）作为典型案例，深度剖析其选择预重整的原因以及重整过程。

一、公司概况

德奥通航成立于1993年6月28日，原名广东伊立浦电器股份有限公司。公司股票于2008年7月16日在深圳证券交易所上市，证券代码002260，证券简称“伊立浦”，后变更为“德奥通航”。公司主营电饭煲、多用锅、电烤炉、餐饮服务智能装备及商用电磁烹饪设备，是一家专业的智能厨房设备制造商和出口商，面向全球客户提供产品策划、研发、生产、销售及售后服务。从2013年起，公司提出“通用航空五年战略规划”，开启了战略转型的进程，由只从事小家电经营逐渐形成通用航空与小家电“一体两翼”式的发展格局。

二、重整过程

2017年公司财务报表对通航业务按照不可持续经营处理，相关资产计提了大额减值，造成公司巨额亏损，导致资不抵债的情况发生。2018年初，公司通航业务部分债务违约，陷入债务危机，资金链断裂导致通航业务生产运营全面停滞。

2019年5月15日，由于连续两个会计年度净资产为负值，公司股票被深交所实施“暂停上市”。

2019年7月22日，债权人张小东以德奥通航不能清偿到期债务且明显缺乏清偿能力为由，向法院申请德奥通航重整。

2019 年 8 月 27 日，法院预选北京市中伦（深圳）律师事务所联合广东源浩律师事务所担任德奥通航管理人，介入公司预重整程序。

2020 年 4 月 8 日，公司发布“重整计划预案”。

2020 年 4 月 23 日，佛山中院裁定受理债权人张小东对公司的重整申请。

2020 年 5 月 28 日，佛山中院批准公司重整计划。

2020 年 6 月 28 日，德奥通航重整计划执行完毕。

因此，可以将德奥通航重整大致分为三个阶段。第一个阶段为预重整阶段。自债权人申请对债务人企业进行破产重整起至法院裁定受理重整申请前。在此期间，法院通过听证程序初步判断德奥通航具有重整价值和希望，并且鉴于德奥通航若不能在 2020 年 6 月 30 日前完成重组程序将面临被强制退市，法院同意德奥通航启动预重整程序并指定预选管理人。随后管理人协助债务人企业预先与债权人沟通、引入重整投资人并制订重整计划预案。第二个阶段为重整期间阶段，自法院裁定受理重整申请起至法院裁定批准重整计划止。此阶段重点是将预重整阶段的重要成果“重整计划预案”转化为破产重整草案。第三个阶段为重整计划执行阶段。法院裁定德奥通航重整计划执行完毕，破产重整程序终结。

三、选择预重整原因分析

（一）受时间因素所限

如果 2020 年 6 月 30 日前不能执行完毕重整计划，德奥通航将会被深圳证券交易所强制退市。时间有限，德奥通航为保住上市资格，避免退市，需尽快完成破产重整程序。在重整审查难度加大的背景下，预重整能够利用法院受理重整申请前的时间，预先与各方利害关系人进行谈判，研究重整方案，相比传统破产重整能节省大量的时间成本。事实证明，德奥通航在后续进入司法程序的重整过程仅持续了 36 天，而 2020 年我国被法院裁定批准重整计划的 13 家上市公司，从法院受理到批准重整计划平均时长约为 92 天，耗时最长的甚至花费了 209 天。德奥通航案例充分证明预重整制度可有效缩短企业进入重整程序后的审判时间，提高重整效率，降低企业时间成本。

（二）提高后续重整成功率

预重整对于上市公司来说，可以召集债权人讨论重整方案，公开寻找重整投资人。如果预重整成功，那么上市公司就可以顺利进入正式的破产重整司法程序。德奥通航是上市公司中首例经由预重整程序成功转入重整程序的案例。在法院收到债权人重整申请、正式受理重整申请前，法院主导德奥通航进入预重整，预选重整管理人协助德奥通航先行开展了债务清算、资产评估和重整方案协商等工作，在重整计划预案中规定了重整计划预案与重整计划草案的衔接，承诺将根据重整预案的主要内容制订重整计划草案，重整计划草案对债权人和出资人权益的调整不超过重整预案的限度。待中国证监会和最高人民法院核准后，法院受理重整申请，德奥通航正式进入破产重整，在管理人监督下自行管理财产和营业事务并制订重整计划草案。此前预重整工作已为法院受理重整申请后快速转化生成重整草案及重整草案的快速表决打下了坚实的基础。管理人能够在前期预重整工作的基础上开展后续工作，有效增加了重整成功率。

（三）地方法院支持

该案是广东省佛山市中级人民法院受理的首例上市公司重整

案，且德奥通航是当地较为知名的地方企业。德奥通航与佛山中院积极沟通和协商，佛山中院同意公司进行预重整。佛山中院提前介入预重整阶段的法律指导与监督工作，加强与公司各部门、机构的协调工作，就预重整与重整程序衔接、战略投资人引进方式、重整计划预案等重大事项进行深入探讨，提前预判研究，提出专业意见和建议，力推德奥通航的预重整工作。在此期间，预重整管理人负责组织审计工作，制作债务人财务报告，组织主要债权人会议，招募战略投资人，起草重整计划预案等，并向政府、法院、主要债权人会议汇报工作。佛山中院的支持在德奥通航后续预重整过程中起到了关键的推动作用。从案件受理阶段的形式审查、实质审查，到指定管理人后的各个工作环节，佛山中院均严格把关和监督，并在重大事项上给予了直接指导。

（四）债权结构相对简单，方便与债权人进行庭外沟通

德奥通航破产原因明确且较为简单，是其进军通航产业并进行一系列大举收购的错误决策导致。德奥通航 2018 年年报显示，重整前主要参控股公司仅有 7 家，相对较少的参控股公司也意味着重整难度较低。德奥通航债权分类方案中显示：涉及有财产担保债权中已确认的债权为 2 家，待确认的债权为 2 家；普通债权中已确认的债权为 48 家，待确认的债权为 6 家。债权结构比较简单，有利于德奥通航通过预重整与债权人先行进行沟通。在预重整中，公司虽没有现实的清算压力，但有着未来破产的风险，各方有足够的动力开展多轮协商并进行多方博弈，能够形成“谈判—妥协—再谈判—再妥协”的良性互动格局，最终发掘出最优的重整方案。实际上，很多企业尤其是大、中型企业都具有商业银行等金融机构债权人，企业最大的困境往往也是无力支付金融债务。预重整有利于发挥金融债权人的积极作用，通过金融债权人等主要债权人的积极参与，一体解决企业是否继续经营、债务危机如何化解、新融资如何取得等关键问题[①]。

四、重整计划预案主要内容

预重整过程中生成的重整计划预案是重整计划的基础。德奥通航预重整的重整计划预案包含了重整计划中应有的出资人权益调整方案、债权调整与分类方案、经营方案等重整的具体方案，基本包含了重整计划中的重要核心内容。

（一）出资人权益调整方案

以德奥通航现有总股本26 520万股为基数，按每10股转增11股的比例实施资本公积金转增股本，共计转增29 172万股股份（最终转增的股份数量以中国结算深圳分公司实际登记确认的数量为准）。转增后，德奥通航总股本将由26 520万股增加至55 692万股。此转增股份不向现股东分配，由重整投资人有条件受让以及在必要时用于向债权人分配。

（二）债权调整与分类方案

有财产担保债权的受偿方式包括以现金全额受偿或者按照停牌价3.15元/股以转增股份抵债，执行重整计划采取的实际受偿方式以重整投资人通知为准。职工债权以现金方式受偿。普通债权以债权人为单位，每家债权人50万元以下的债权部分以现金全额受偿；超过50万元的部分以现金受偿不低于80%，或者按照停牌价上浮20%计3.78元/股以转增股份抵偿债权数额的

---

① 杜军，全先银：《公司预重整制度的实践意义》，载《人民法院报》2017年9月13日。

100%，执行重整计划采取的实际受偿方式以重整投资人通知为准。

（三）经营方案

在重整预案获得法院批准之后，德奥通航将以重整化解历史债务和包袱为契机，借助重整投资人的优势，在化解公司危机、彻底消除公司债务负担后，对小家电业务进行技术改造，恢复和增强小家电业务的持续经营和盈利能力。同时，德奥通航将适时、分阶段调整业务结构，实现业务转型升级，继续推动公司改革脱困和转型升级工作，巩固强化重整成果。昆明迅图控制的主体除应当协助德奥通航改善经营管理状况，合理开拓新的业务领域，恢复和增强德奥通航持续经营和盈利能力外，承诺在成为德奥通航主要股东以及公司所在行业相关法律法规、政策、经济环境均未发生重大不利变化的前提下，通过包括但不限于改善生产经营、注入其他经营资产等各类方式，自 2020 年 1 月 1 日至 2022 年 12 月 31 日期间德奥通航实现扣除非经常性损益后的净利润合计不低于 3 亿元。若因甲方原因导致上述承诺未实现的，昆明迅图控制的主体应当在公司 2022 年度报告披露后 3 个月内以现金方式向公司补足。

德奥通航在重整计划预案中指出，经过有担保债权组和普通债权组符合法律规定的债权人数和债权数额表决通过且经股东大会表决通过后，公司应当根据重整预案的主要内容制作重整计划草案，重整计划草案对债权人和出资人权益的调整不应当超过重整预案的限度。对比之后公司披露的重整计划，与上述内容无实质性差异，均是在重整计划预案的基础上进行了必要的补充，充分运用了预重整过程中的重要成果，顺利将其转化为正式的重整计划，实现了预重整程序向正式重整的有效衔接。

五、预重整成功因素分析

（一）公司具备较高的重整价值

德奥通航在小家电行业的研发能力、获利能力均属行业上游。公司一直坚持技术路线，具备家用电器及商用设备的系统开发能力和大规模集中开发能力，掌握了电器设备领域核心技术，产品的技术含量位居行业前列。随着我国经济的不断发展，物质生活水平的提高，小家电市场迅速成长，消费升级正在成为小家电行业增长的内驱动力。党的十九大报告也指出中国社会的主要矛盾已转化为“人民日益增长的美好生活需要和不平衡不充分的发展之间的矛盾”，由过去满足单一的基本生活需求逐渐转变为改善型、功能型需求的小家电，更注重品质、个性及多元化。因此，随着国内人们收入水平的提升，预期未来小家电行业还将持续向好，且发展提升空间仍然较大。

（二）重整计划切实可行

德奥通航在预重整阶段与出资人、债权人等多次进行协商谈判，最终形成了经由多数人表决通过的重整计划，对出资人权益调整、债权调整与分类、经营方案等重要事项制订出了较为合理的解决方案，并且成功引入合适的企业重整投资人——迅图教育。借助迅图教育，德奥通航将开拓新的业务领域，生产儿童智能玩具、机器人产品和电子信息化产品等幼教类产品，进一步提升公司营业收入和利润水平。目前，德奥通航已与迅图教育的主要股东中幼微观签订了重组框架协议，重整计划执行完毕后，公司拟分步实施资产注入方案，以发行股份、支付现金等方式收购中幼国际不低于90%的股权。如获证券监督管理机构许可，未来德奥通航将成功转型为“小家电、信息化产品”生产基地和运营平台。合适的重整投资人既保证了公司重整的顺利完成，也有助于公司未来的长期发展。

（三）预重整过程中信息披露及时且充分

债权人对债务人预重整计划的表决和通过，应基于债权人对公司有充分的了解，而其了解的途径在于债务人的信息披露义务。债务人如果未披露或未充分披露相应的信息，即视为债权人未了解债务人信息，此时预重整计划即便通过，法院在审查时，也应该裁定预重整计划无效。德奥通航在开始进行预重整到重整计划预案披露的过程中，“关于重整及恢复上市进展情况的公告”共计披露7次，“关于第五届董事会会议决议公告”披露7次，“关于第五届监事会会议决议公告”披露3次，使债权人和重整投资人都能对公司重整的进展有比较全面的了解，确保相关利益方能够获得充分的信息，并引起行业的共同关注和监督，从而作出科学合理的决策。

六、案例启示

（一）对债权人进行分组有利于计划的协商与表决

预重整中，债务人需要与债权人进行协商并最终确定预重整方案。对债权人进行分组尤其适用于规模大、债权种类繁多的企业。债权人会议可以根据法律规定先对债权人的债权进行分类，形成不同的债权表决组，再将预重整计划草案交由各债权表决组进行分类表决。在德奥通航预重整过程中，设有财产担保债权组、职工债权组和普通债权组。因重整计划预案不对职工债权进行调整，因此，职工债权组不参加重整计划草案的表决。德奥通航重整案债权会议由有财产担保债权组和普通债权组对重整计划草案进行分组表决。债权人分组问题往往是法院在审查批准预重整方案中的重点。其原因主要有四点：一是避免将具有不同利益诉求的债权人混于同一小组，侵害具有不同利益诉求债权人的利益。被分在同一小组的债权人应当具有共同的利益，确保各债权人利益群体均能参与并获得相应的表决权利。二是避免仅出于商业考量对债权人进行分组，而忽略了对债权人实体权利的保护。三是避免对破产财产不享有实质利益的债权人通过分组获得表决权并以此获得不当利益。四是避免债务人通过操纵分组以寻求获得不当通过[①]。

（二）完善预重整程序实施条件与制度

德奥通航通过预重整提升了重整效率，降低了时间成本，取得了良好的经济效果，为上市公司建立预重整制度提供了参考借鉴。预重整程序是正式重整前的准备，需要各参与方积极有效地参与，因此，首先，需要规范听证程序。通过听证会，使债权人、法院深入了解和判断债务人企业的财务状况和经营状况，以此来识别债务人的重整价值和可能性。其次，预重整相关的信息应得到充分的披露。在预重整中，债权人和债务人之间存在着信息不对称，会直接影响表决的公正性和合理性，甚至可能产生欺骗和不公。因此，预重整阶段债务人的信息披露对债权人的利益和预重整的公正性至关重要，有必要在这一阶段强化和完善债务人企业的信息披露义务，并对债务人信息披露内容、程序、方式等作出特殊要求。再次，优化重整计划预案内容。针对债务人企业的业务性质、债权债务关系、资产质量、债务结构、战略目标、管理能力等，优化重整计划预案债权调整、经营方案等内

① 张婷，胡利玲：《预重整制度理论与实践》，法律出版社2020年版，第101页。

容，形成切实可行、促进债权人利益最大化的重整计划预案。

（三）加强府院联动机制

府院联动，是指政府和企业联合行动，协同推进破产重整。通过政府和法院加强沟通协调、通力合作、信息共享，可以达到共同维护社会稳定、提高企业重整的成功概率。在预重整阶段，政府可以在司法程序之外发挥更加积极有效的作用，不会因在正式重整程序中，由于法律制度的刚性使灵活性大打折扣，从而影响府院联动的实际效果。法院则可以通过指定临时管理人，介入预重整程序中，在程序性事务上提供帮助。德奥通航就是在预重整期间，以管理人为桥梁，积极与法院沟通，得到法院的监督和指导，为后续重整程序打下良好的基础。虽然德奥通航在前期预重整过程中得到了法院的指导，但还是以债务人和债权人自行协商、谈判为主，政府干涉程度较低。因此，对于有重整价值的企业，政府可以给予政策上的支持，帮助企业与重整投资人和银行搭建沟通桥梁。在预重整制度缺位的情况下，可由政府协调法院参与引导预重整程序的进行。

（四）注重预重整程序与正式重整程序的有效衔接

在本案例中，德奥通航自行在重整计划预案中规定了重整预案与重整计划草案的衔接，承诺重整计划草案对债权人和出资人权益的调整不超过重整预案的限度。从法律制度的角度看，预重整制度的核心在于预重整程序中的谈判结果可以通过重整程序得到固化①。李连祺建议，为使预重整制度更具操作性，有必要通过司法解释在破产制度中增设预重整制度的条款，具体规定为：

---

① 潘光林，方飞潮：《预重整制度的价值分析及温州实践》，载《法律适用》2019年第12期。

在重整程序开始前已接受或反对重整计划，将被视为已按照《企业破产法》的规定接受或反对重整计划，该表决结果约束所有的债权人、债务人企业和股东①。从而法院将不允许债权人反悔在预重整程序中所作出的承诺，以确保预重整程序的公平和严肃性。

附录

各地预重整工作指引

鉴于不同地方预重整案例办理规范略有不同，通过查阅北京、上海、广州等地关于预重整的相关规定，本部分着重从预重整启动条件、预重整期间、预重整管理人的聘选、预重整期间债务人义务、债务人信息披露、预重整管理人报酬、预重整期间费用、预重整方案表决效力的延续八个方面进行对比分析。

附表 3－1　各地预重整案件的办理规范、工作指引或操作指引等

序号	地区	文件名称
1	北京	北京破产法庭破产重整案件办理规范（试行）
2	上海	上海破产法庭预重整案件办理规程（试行）
3	广州	广州市中级人民法院关于破产重整案件审理指引（试行）
4	深圳	深圳市中级人民法院审理企业重整案件的工作指引（试行）
5	郑州	郑州市中级人民法院审理预重整案件工作规程（试行）
6	济南	济南破产法庭关于破产案件预重整操作指引
7	大连	大连市中级人民法院关于审理企业预重整案件的工作指引（试行）
8	厦门	厦门市中级人民法院企业破产案件预重整工作指引
9	重庆	重庆市第五中级人民法院预重整工作指引（试行）
10	成都	成都市中级人民法院破产案件预重整操作指引（试行）

① 李连祺：《破产重整中债权协商制度存在的问题及解决》，载《学术交流》2012 年第 7 期。

附表 3-2　　　　预重整启动条件

地区	具体规定
北京	申请审查期间，债务人书面承诺接受预重整程序中临时管理人的调查和监督、履行预重整相关义务的，人民法院可以决定对债务人进行预重整
上海	符合《企业破产法》第二条规定的债务人，在进入重整程序前具有下列情形的，债权人或债务人可以申请预重整：（一）企业及所在行业发展前景良好，具有挽救价值；（二）企业治理结构完备、运作正常；（三）具有基本自主谈判能力；（四）债务人、主要债权人均有重整意愿；（五）重整可行性尚需进一步明确
广州	符合下列情形之一的债务人，可以适用预重整程序：（一）上市公司及对上市公司影响较大的关联公司；（二）产业规模庞大，占据行业龙头或重要地位，对地区经济发展和金融秩序稳定有重大影响的大型企业；（三）债权人较多，债权债务关系复杂，职工安置数量较大，影响社会稳定的大型企业或企业集团；（四）其他直接受理重整申请可能对债务人生产经营产生负面影响或者产生重大社会不稳定因素的企业；（五）人民法院认为可以适用预重整程序的其他债务人
深圳	债务人符合下列情形之一的，可以进行预重整：（一）需要安置的职工超过五百人的；（二）债权人两百人以上的；（三）涉及超过一百家上下游产业链企业的；（四）直接受理重整申请可能对债务人生产经营产生负面影响或者产生重大社会不稳定因素的
郑州	申请人提出重整申请，人民法院裁定受理前，债务人具有下列情形之一的，可以采用预重整：（一）债权人人数众多、债权债务关系复杂，或需要安置职工数量较多、可能影响社会稳定的；（二）债务人企业规模较大或在该行业或对本区域经济有重大影响的；（三）直接受理重整申请可能对债务人生产经营产生重大不利影响或者引发重大社会不稳定情形的
济南	申请人提出重整申请，人民法院裁定受理前，债务人具有下列情形之一的，可以启动预重整：（一）债权人人数众多、债权债务关系复杂，或需要安置职工数量较多，可能影响社会稳定的；（二）债务人企业规模较大或在该行业或对该区域经济具有重大影响的；（三）上市公司或者对上市公司影响较大的关联企业；（四）直接受理重整申请可能对债务人生产经营产生负面影响或者引发重大社会不稳定因素的

续表

地区	具体规定
大连	破产重整申请审查期间，申请人、债务人同意预重整，并且债务人书面承诺接受预重整程序中临时管理人的调查与监督、履行包括信息披露等预重整相关义务的，人民法院可以决定对债务人进行预重整
厦门	无
重庆	具有挽救可能，有能力与主要债权人开展自主谈判的企业法人，可以进行预重整
成都	申请人提出重整申请，本院裁定受理前，债务人具有下列情形之一的，可以采用预重整：（一）债权人人数众多、债权债务关系复杂，或需要安置职工数量较多，可能影响社会稳定的；（二）债务人企业规模较大或在该行业或对该区域经济具有重大影响的；（三）直接受理重整申请可能对债务人生产经营产生负面影响或者引发重大社会不稳定因素的

附表 3－3　　预重整期间

地区	具体规定
北京	自人民法院决定预重整之日起至临时管理人提交预重整工作报告之日止，为预重整期间。预重整期间不计入重整申请审查期限
上海	预重整期限按照《上海高院指引》的相关指导意见计算。因不可抗力等正当理由影响预重整工作开展的，法院可依申请，参照有关规定将受影响时间不予计入预重整期限
广州	自人民法院发出预重整通知书之日起至临时管理人提交预重整工作报告之日止，为预重整期间，预重整期间为 3 个月，有正当理由的，经临时管理人申请，可以延长 1 个月。预重整期间不计入重整申请审查期限
深圳	预重整期间为 3 个月，自合议庭作出预重整决定之日起计算。有正当理由的，经管理人申请，可以延长 1 个月
郑州	自人民法院作出预重整决定之日起至作出是否受理重整申请裁定之日止，为预重整期间。预重整期间为 3 个月。前款规定的期限届满，经预重整管理人提出书面申请，有正当理由的，人民法院可决定适当延长，但延期最长不超过 3 个月

续表

地区	具体规定
济南	自人民法院作出预重整决定之日起至临时管理人提交预重整工作报告之日止，为预重整期间。预重整期间不计入重整申请审查期限。预重整期间一般为3个月。前款规定的期限届满，经临时管理人提出书面申请，有正当理由的，人民法院可决定适当延长，但延期最长不超过1个月
大连	自人民法院决定预重整之日起，至临时管理人提交预重整工作报告之日或人民法院决定终结预重整程序之日止，为预重整期间。预重整期间不计入重整申请审查期限。预重整期间为6个月，有正当理由的，经临时管理人申请，人民法院可以决定延长1个月
厦门	无
重庆	破产申请受理前，庭外商业谈判的期间称为预重整期间
成都	自作出预重整决定之日起至作出是否受理重整申请裁定之日止，为预重整期间。预重整期间为3个月。前款规定的期限届满，经预重整管理人提出书面申请，有正当理由的，本院可决定适当延长，但延期最长不超过2个月

附表3-4　　预重整管理人的聘选

地区	具体规定
北京	管理人一般通过随机方式在管理人名册中指定。在本市完成管理人分级管理后，一般应当在一级管理人中随机指定；简单重整案件，也可以在二级管理人中随机指定 对于影响重大、法律关系复杂、涉及利害关系人人数众多的重整案件，可以通过公开竞争方式指定管理人 除重整申请受理前，根据有关法律规定已经成立金融机构的行政清理组，或公司强制清算程序中人民法院已经指定成立社会中介机构清算组的案件以外，人民法院应当在管理人名册中指定管理人 在人民法院通过随机方式或竞争方式指定临时管理人前，债务人、主要债权人和重整投资人协商一致，推荐北京市企业破产案件管理人名册中的中介机构担任临时管理人，不违反《企业破产法》第二十四条规定的，人民法院可以指定被推荐的中介机构担任临时管理人。《企业破产法》第一百三十四条第一款规定的金融机构重整案件中，国务院金融监督管理机构推荐临时管理人的，可以参照前款规定处理

续表

地区	具体规定
上海	债务人或债权额合计占已知总债权额1/2以上的主要债权人，可以向法院书面提名临时管理人人选。被提名人选已编入管理人名册，且不存在不宜担任临时管理人情形的，法院确定其为临时管理人
广州	临时管理人可以由债务人与主要债权人协商一致推荐产生，也可以由有关监管部门、机构推荐产生。推荐人选应当优先从《广东省破产管理人名册》中产生，也可以从广东省外在册管理人中产生。推荐人选不得违反《企业破产法》第二十四条的规定 上述主体对临时管理人人选意见不一致或无推荐意见，由人民法院依法指定管理人。有关法律、司法解释对管理人选任有特别规定的，依照特别规定处理
深圳	管理人一般通过摇号方式在一级管理人中选定，也可以在债务人及其出资人、主要债权人共同推荐或者有关监管部门、机构推荐的已编入管理人名册的机构中指定
郑州	预重整管理人的指定工作应符合《最高人民法院关于审理企业破产案件指定管理人的规定》的相关要求，并按照受案法院的有关规定进行选任
济南	人民法院决定对债务人进行预重整的，应当同时指定临时管理人并制作决定书，向临时管理人、债务人、重整申请人送达。临时管理人的指定参照《济南破产法庭关于破产案件指定管理人工作规程（试行）》执行
大连	在人民法院通过公开摇号或竞争方式指定临时管理人前，债务人、债务人的主要债权人和重整投资人共同推荐已编入大连市中级人民法院破产管理人名册的机构担任临时管理人，不违反《企业破产法》第二十四条规定的，人民法院可以指定被推荐的中介机构担任临时管理人 《企业破产法》第一百三十四条第一款规定的金融机构重整案件中，国务院金融监督管理机构推荐临时管理人的，可以参照前款规定处理
厦门	债务人、债权份额占债务人已知债权1/3以上的债权人可以申请人民法院依照《企业破产法》的规定指定临时管理人

续表

地区	具体规定
重庆	债务人经与主要债权人协商，一般应从本市管理人名册中聘任预重整辅助机构协助债务人准备重组协议；案情特别复杂、在本市或者全国范围内有重大影响的，也可以在外省、市管理人名册中协商聘任。债务人应当将聘任的预重整辅助机构报人民法院备案。债务人与主要债权人协商不成的，可以请求人民法院在本市管理人名册中随机选任预重整辅助机构
成都	指定预重整管理人可以采用以下方式：（一）编入成都市中级人民法院管理人名册的一、二级管理人和会计师事务所自愿报名并随机摇号产生；（二）债务人、初步审查享有普通债权总额 1/2 以上的债权人和政府有关监管部门或主管机关可在本院管理人名册的一、二级管理人和会计师事务所中共同推荐产生；（三）特别重大的案件可以采取竞争选任方式产生。预重整管理人的指定工作应符合《成都市中级人民法院机构管理人、管理人负责人履职办法（试行）》的相关要求

附表 3－5　　预重整期间债务人义务

地区	具体规定
北京	（一）妥善保管财产、印章和账簿、文书等资料，配合人民法院依照《北京破产法庭破产重整案件办理规范（试行）》第三十九条第一款的规定采取财产保全措施；（二）继续经营的，妥善决定经营事务和内部管理事务；（三）配合临时管理人的调查，及时向临时管理人报告对财产可能产生重大影响的行为和事项，接受临时管理人的监督；（四）如实披露可能影响利害关系人就预重整方案作出决策的信息，就预重整方案作出说明并回答有关询问；（五）停止清偿债务，但清偿行为使债务人财产受益的，或经诉讼、仲裁、执行程序清偿的除外；（六）与出资人、债权人、（意向）重整投资人等利害关系人协商拟订预重整方案；（七）其他依法应当履行的义务

续表

地区	具体规定
上海	（一）维持经营管理，维护企业重整价值；（二）协助临时管理人调查，接受临时管理人的引导和辅助；（三）及时向各相关利益主体通报预重整期间工作；（四）积极与出资人、债权人、意向投资人协商并制作重整计划草案；（五）其他应完成的相关事务
广州	（一）继续经营的，妥善决定经营事务和管理事务，维持企业资产价值；（二）妥善保管印章、账册、文书、财产证明文件等重要资料，必要时配合人民法院采取财产保全措施；（三）配合临时管理人调查，配合审计评估，如实回答询问并提交材料；（四）对超出日常经营、管理范围外的财产处置（包括不限于出租、出售及新设担保等）、对债务人财产价值可能造成重大影响的经营决策，在作出处置或实施决策前 15 日内按《广州市中级人民法院关于破产重整案件审理指引（试行）》第五十三条、第五十四条第二款的要求履行信息披露义务，向临时债权人委员会、临时管理人报告，接受监督；（五）与出资人、债权人、（意向）重整投资人等利害关系人协商拟订预重整方案；（六）就预重整方案作出说明并回答有关询问，如实披露可能影响利害关系人就预重整方案作出决定的信息；（七）停止清偿债务，但清偿行为使债务人财产受益，或为企业继续营业、维持其营运价值所必要的支出除外，清偿债务前 15 日，应当向临时管理人、临时债委会进行报告，接受监督；（八）其他依法应当履行的义务
深圳	（一）配合管理人调查，根据询问如实回答并提交材料；（二）勤勉经营管理，妥善维护资产价值；（三）及时向管理人报告经营中的重大事项；（四）不得对外清偿债务，但维系基本生产必要的开支除外；（五）未经允许，不得对外提供担保；（六）积极与出资人、债权人、意向投资人协商，制作重整方案；（七）完成与预重整相关的其他工作

续表

地区	具体规定
郑州	(一)妥善保管债务人财产、印章和账簿、文书等资料;(二)配合预重整管理人调查,配合审计评估,如实回答有关询问并提交相关材料;(三)勤勉经营管理,妥善维护企业资产价值,不得作出使债务人财产和经营价值发生贬损的行为;(四)及时向预重整管理人报告对财产有重大影响的行为和事项,接受预重整管理人的监督;(五)全面如实向出资人、债权人、意向投资人等利益相关方披露与重整有关的信息,包括经营状况、财务状况、履约能力、可分配财产、负债明细、模拟清算状态下的清偿率、重整中的重大风险、其他重大事项等内容,并需就预重整方案作出说明,回答有关询问;(六)不得对外清偿债务,但经预重整管理人同意为企业继续营业以维持其营运价值所必要的支出除外;(七)未经预重整管理人允许,不得对外提供担保;(八)积极与出资人、债权人、意向投资人等利益相关方协商,制作预重整方案;(九)人民法院认为债务人及相关人员应当履行的其他义务
济南	(一)妥善保管财产、印章和账簿、文书等资料;(二)妥善决定经营事务和内部管理事务;(三)接受临时管理人的监督和调查,及时向临时管理人报告对财产可能产生重大影响的行为和事项;(四)全面如实向出资人、债权人、意向投资人等利害关系人披露与重整有关的信息,包括经营状况、财务状况、履约能力、可分配财产、负债明细、模拟清算状态下的清偿率、重组中的重大风险、其他重大事项等内容,并需就预重整方案作出说明,回答有关询问;(五)不得对外清偿债务,但经临时管理人同意为企业继续营业以维持其营运价值所必要的支出除外;(六)未经允许,不得对外提供担保;(七)积极与出资人、债权人、意向投资人等利害关系人协商,拟订预重整方案;(八)依照《济南市中级人民法院关于破产案件预重整操作指引》第十八条及第二十条的规定,支付预重整期间的费用及临时管理人报酬;(九)人民法院认为债务人应当履行的其他义务

续表

地区	具体规定
大连	（一）妥善保管其占有和管理的财产、印章和账簿、文书等资料；（二）配合临时管理人调查，如实回答有关询问并提交相关材料；（三）勤勉经营管理，妥善维护企业资产价值和安全；（四）及时向临时管理人报告对经营、财产有重大影响的行为和事项，接受临时管理人的监督；（五）按照《大连市中级人民法院关于审理企业预重整案件的工作指引（试行）》第十二条的规定，履行如实披露信息的义务，并就预重整方案作出说明并回答有关询问；（六）不得对外清偿债务，但维系正常生产经营开支或使债务人财产受益的除外；（七）未经临时管理人允许，不得对外提供担保、借款和非经营需要处置资产；（八）积极与出资人、债权人、意向投资人等利害关系人进行协商，制作预重整方案；（九）完成临时管理人要求的与预重整相关的其他工作
厦门	债务人信息披露义务。债务人在协商、拟订重整计划草案中，应当如实、全面、准确地向债权人披露企业的资产、负债和经营、财务等情况
重庆	（一）与债权人、出资人、投资人等利害关系人进行协商，制作重组协议；（二）清理债务人财产，制作财产状况报告；（三）向利害关系人进行信息披露并配合查阅披露内容；（四）充分清查债权，通知债权人申报债权，申报标准和方式参照《企业破产法》的规定；（五）进行债权核对；（六）根据需要进行审计、评估；（七）妥善保管其占有和管理的财产、印章、账簿、文书等资料；（八）勤勉经营管理，妥善维护资产价值；（九）完成预重整相关的其他工作

续表

地区	具体规定
成都	（一）妥善保管债务人财产、印章和账簿、文书等资料；（二）配合预重整管理人调查，如实回答有关询问并提交相关材料；（三）勤勉经营管理，妥善维护企业资产价值，不得作出使债务人财产和经营价值发生贬损的行为；（四）及时向预重整管理人报告对财产有重大影响的行为和事项，接受预重整管理人的监督；（五）全面如实向出资人、债权人、意向投资人等利害关系人披露与重组有关的信息，包括经营状况、财务状况、履约能力、可分配财产、负债明细、模拟清算状态下的清偿率、重组中的重大风险、其他重大事项等内容，并需就预重整方案作出说明，回答有关询问；（六）不得对外清偿债务，但经预重整管理人同意为企业继续营业以维持其营运价值所必要的支出除外；（七）未经预重整管理人允许，不得对外提供担保；（八）积极与出资人、债权人、意向投资人等利害关系人协商，制作预重整方案；（九）本院认为债务人应当履行的其他义务

附表 3-6　　债务人信息披露

地区	具体规定
北京	无
上海	债务人应当依法依规、准确、及时地向相关利益主体进行信息披露。各相关利益主体应当依照法律规定或约定，对商业秘密等信息予以保密
广州	预重整期间，负有信息披露义务的义务人应当履行信息披露义务。信息披露的原则和内容参照《广州市中级人民法院关于破产重整案件审理指引（试行）》第五十三条、第五十四条第二款规定处理 信息披露义务人在预重整程序中披露的信息，其他参与人或临时管理人违反法律规定或当事人约定保密义务对外泄露，造成他人损失的，依法承担赔偿责任

续表

地区	具体规定
深圳	债务人应当按照下列标准进行信息披露：（一）全面披露。披露内容应当包括表决所必要的全部信息，如导致破产申请的事件、经营状况、相关财务状况、履约能力、可分配财产状况、负债明细、重大不确定诉讼、模拟破产清算状态下的清偿能力、重整计划草案重大风险等。（二）准确披露。信息披露应当措辞明确，以突出方式引起注意，不得避重就轻、缩小字体或者故意诱导作出同意的意思表示。（三）合法披露。披露程序应当符合法律规定的要求
郑州	债务人及相关人员、预重整管理人应当将与预重整有关的所有信息全面、准确、合法地向债权人和其他利益相关方披露。债务人及相关人员应当披露的信息包括导致破产重整的事由、生产经营状况、财务状况、资产状况、债务明细（包括对外担保等或有债务情形）、涉诉涉执情况、重大不确定性诉讼、模拟破产清算状态下的清偿率、意向投资人的投资计划、预重整草案重大风险等
济南	在预重整期间，债务人应当按照《济南市中级人民法院关于破产案件预重整操作指引》第八条第（四）项将与重整有关的所有信息向债权人、出资人、意向投资人等利害关系人充分、完整、真实、准确、合法地披露。预重整方案涉及出资人权益调整事项的，出资人有义务如实披露其出资权益的涉诉情况，以及出资权益上设定的质押、被保全等权利负担情况及股权代持等情况。意向投资人应当如实披露其自身的财务状况、投资能力、未来发展战略等可能影响债权人、出资人等利害关系人就预重整方案作出决策的信息
大连	预重整期间，债务人应当通过合法、有效的方式，及时向债权人及相关利害关系人全面披露可能影响对预重整方案作出决策的全部信息，如导致破产的原因、经营状况、财务状况、资产权属及价值、负债明细、重大诉讼、仲裁、预重整方案重大风险等
厦门	债务人在协商、拟订重整计划草案中，应当如实、全面、准确地向债权人披露企业的资产、负债和经营、财务等情况

续表

地区	具体规定
重庆	债务人应当向债权人、出资人、投资人等利害关系人披露对公司预重整可能产生影响的信息。披露内容包括债务人经营状况、相关财务状况、履约能力、可分配财产状况、负债明细、未决诉讼及仲裁事项、模拟破产清算状态下的清偿能力、重组协议与重整计划草案的关系、预重整的潜在风险及相关建议等 债务人应当按照下列要求进行信息披露：（一）及时披露。债务人应当及时披露对公司预重整可能产生影响的信息。（二）全面披露。债务人应当披露可能对债权人表决产生影响的全部信息。（三）准确披露。信息披露应当措辞明确，不得避重就轻或者故意诱导作出同意的意思表示。（四）合法披露。披露程序应当符合《企业破产法》《公司法》《证券法》等法律法规及相关规定要求
成都	无

附表 3－7　　预重整管理人报酬

地区	具体规定
北京	预重整期间，临时管理人执行职务的必要费用，由临时管理人与预重整参与人协商负担；协商不成的，由债务人随时支付。债务人未及时支付或债务人财产不足以支付，临时管理人或其他人在重整申请受理前垫付的，重整申请受理后经相应权利人主张，可以列入破产费用，由债权人会议审查。预重整期间，临时管理人不提取预重整报酬 预重整程序终结后，人民法院裁定受理重整申请的，管理人报酬经债权人会议审查后，人民法院在确定或者调整管理人报酬方案时，应当参照《最高人民法院关于审理企业破产案件确定管理人报酬的规定》第九条的规定，根据临时管理人在预重整期间的实际履职情况和效果等因素综合确定。管理人报酬方案内容应列入重整计划草案 人民法院裁定受理重整申请时重新指定管理人的，预重整报酬由人民法院确定。预重整报酬属于《企业破产法》第四十一条规定的破产费用。预重整程序终结后，人民法院裁定不予受理重整申请的，或者预重整程序中人民法院裁定准许申请人撤回重整申请的，临时管理人工作酬劳依其与预重整参与人事先或事后的协商确定

续表

地区	具体规定
上海	无
广州	预重整期间，临时管理人不提取预重整报酬。预重整程序终结后，人民法院裁定受理重整申请的，管理人报酬经债权人会议审查后，人民法院在确定或者调整管理人报酬方案时，应当参照《最高人民法院关于审理企业破产案件确定管理人报酬的规定》第九条的规定，根据临时管理人在预重整期间的实际履职情况和效果等因素综合确定。管理人报酬方案内容应列入重整计划草案 人民法院裁定受理重整申请时重新指定管理人的，预重整报酬由人民法院确定。预重整报酬属于《企业破产法》第四十一条规定的破产费用 预重整程序终结后，人民法院裁定不予受理重整申请的，或者预重整程序中人民法院裁定准许申请人撤回重整申请的，临时管理人工作酬劳依其与预重整参与人事先或事后的协商确定。协商不成的，由人民法院根据临时管理人实际工作情况确定，原则上不超过 50 万元
深圳	管理人在预重整期间付出合理劳动的，可以在完成预重整工作报告后向债务人收取适当报酬。报酬数额由管理人和债务人协商确定，原则上不超过 50 万元。协商不成的，由合议庭根据实际工作情况确定。但受理重整申请的，预重整期间付出的劳动可作为管理人报酬上浮的参考因素，管理人不另行收取预重整报酬
郑州	人民法院裁定不予受理重整申请或裁定受理重整申请后另行指定重整案件管理人的，预重整管理人报酬根据其工作进度、完成效果等因素，先行由预重整管理人与债务人协商，初步商定后报人民法院审查决定；协商不成的由人民法院决定。人民法院裁定受理重整申请且预重整管理人被指定为重整案件管理人的，预重整期间报酬不再单独计收。报酬计取的其他事项按照《最高人民法院关于审理企业破产案件确定管理人报酬的规定》执行

续表

地区	具体规定
济南	预重整程序结束后，人民法院裁定受理重整申请，临时管理人继续担任案件管理人的，不另行收取预重整报酬。人民法院裁定受理重整申请时重新指定管理人的，预重整报酬由临时管理人与重新指定的管理人协商确定，可以参照《企业破产法》第四十一条的规定列入破产费用。临时管理人的报酬与重新指定的管理人的报酬总额不得超过《最高人民法院关于审理企业破产案件确定管理人报酬的规定》确定的管理人报酬标准。预重整程序结束后，人民法院裁定不予受理重整申请的，或者预重整程序中人民法院裁定准许申请人撤回重整申请的，预重整报酬由临时管理人与债务人协商确定
大连	人民法院裁定受理重整申请后重新指定管理人的，临时管理人预重整期间的报酬，由临时管理人与预重整参与人协商确定报酬数额。协商不成的，由人民法院根据临时管理人对投资人的引入、预重整方案的协商、制作及意见征集等相关工作付出的劳动，合理确定。上述临时管理人报酬由债务人财产随时支付。债务人未及时支付的，可以参照《企业破产法》的规定列入破产费用。预重整程序终结后，人民法院裁定不予受理重整申请的，或者预重整程序中人民法院裁定准许申请人撤回重整申请的，临时管理人报酬依据《大连市中级人民法院关于审理企业预重整案件的工作指引（试行）》第二十三条第一款规定确定
厦门	临时管理人的报酬由其与申请人协商确定。协商不成的，由人民法院依法酌情决定
重庆	人民法院裁定受理重整申请时直接指定预重整辅助机构为管理人的，预重整期间预重整辅助机构履职表现可以作为确定或者调整管理人报酬的考虑因素，管理人不另行收取预重整报酬。人民法院裁定受理重整申请后，重新指定其他社会中介机构担任管理人的，人民法院根据预重整期间预重整辅助机构的履职表现，参照《企业破产法》关于管理人报酬的规定适当确定预重整辅助机构的报酬，该报酬以债务人财产支付。预重整辅助机构的报酬与管理人的报酬总额不得超过《最高人民法院关于审理企业破产案件确定管理人报酬的规定》确定的管理人报酬标准

续表

地区	具体规定
成都	中级人民法院裁定不予受理重整申请或裁定受理重整申请后未继续担任重整案件管理人的，预重整管理人报酬根据其工作进度、完成效果等因素，先行由预重整管理人与债务人协商，初步商定后报中级人民法院审查决定；协商不成的由中级人民法院决定。报酬总额不超过 50 万元

附表 3－8　　预重整期间费用

地区	具体规定
北京	预重整期间，临时管理人可以委托《北京破产法庭破产重整案件办理规范（试行）》第十五条规定的第三方专业机构或人员，辅助分析判断债务人的重整价值和重整可能、预重整方案的可行性，上述人员可以参与预重整方案协商。需要支付费用的，由临时管理人与预重整参与人协商负担；协商不成的，由临时管理人自行负担。临时管理人可以委托符合规定的第三方引进重整投资人，需要支付费用的，由重整投资人负担
上海	无
广州	预重整期间，为预重整方案的拟订、表决所花费的费用以及临时管理人执行职务必要费用，由临时管理人与预重整参与人协商负担；协商不成的，由债务人随时支付。债务人未及时支付或其财产不足以支付，临时管理人或其他人在重整申请受理前垫付的，重整申请受理后经垫付权利人主张，可以列入破产费用，由债权人会议审查
深圳	在预重整期间，管理人支出的差旅费、调查费等执行职务费用由债务人财产随时支付。债务人未及时支付的，受理重整申请后，列入破产费用
郑州	预重整期间债务人的相关费用支出应遵循控制成本、必要性及有利于债务人财产价值保值、增值原则，在人民法院裁定受理重整申请后可列入破产费用。费用支出范围不得涉及债务人债务的履行
济南	预重整期间，临时管理人支出的差旅费、调查费等执行职务费用，以及聘用审计评估机构的费用，由债务人随时支付

续表

地区	具体规定
大连	预重整期间，临时管理人支出的差旅费、调查费等执行职务的费用及聘请审计、评估机构的费用由债务人资产随时清偿。债务人未及时清偿的，临时管理人或第三方垫付的，受理破产重整申请后，可以参照《企业破产法》的规定列入破产费用
厦门	无
重庆	预重整期间，预重整辅助机构支出的差旅费、调查费等执行职务费用由债务人财产随时支付。债务人未及时支付的，受理重整申请后，参照《企业破产法》关于破产费用的规定处理
成都	预重整期间债务人的相关费用支出应遵循控制成本、必要性及有利于债务人财产价值保值、增值原则，在本院裁定受理重整申请后可列入破产费用。费用支出范围不得涉及债务人债务的履行

附表 3－9　　预重整方案表决效力的延续

地区	具体规定
北京	预重整方案与重整程序中制作的重整计划草案内容一致的，有关出资人、债权人对预重整方案的同意视为对该重整计划草案表决同意，但下列情形除外：（一）重整计划草案对预重整方案的内容进行了修改并对有关权利人有不利影响的，受到影响的权利人有权对重整计划草案重新表决；（二）预重整方案表决前债务人隐瞒重要信息、披露虚假信息，或者预重整方案表决后出现重大变化，有可能影响权利人表决的，相应权利人有权对重整计划草案重新表决
上海	预重整期间已经表决通过的重整计划草案，与重整程序中的重整计划草案一致的，已同意的债权人和出资人表决意见为重整程序中重整计划草案的同意意见。重整程序中重整计划草案进行了修改且对相关债权人利益有影响的，受到影响的债权人有依法重新表决权；对出资人权益调整事项进行了修改且对出资人利益有影响的，受到影响的出资人有依法重新表决权

续表

地区	具体规定
广州	进入重整程序后，出现以下情形的，权利受到影响的债权人、出资人有权对重整计划草案进行重新表决：（一）重整计划草案对预重整方案内容进行了实质性修改，对已经表决的债权人、出资人权益产生实质性不利影响的；（二）预重整方案表决前债务人隐瞒重要信息、披露虚假信息，或者预重整方案表决后出现重大变化，有可能影响权利人表决的。出资人、债权人对预重整方案作出是否同意的意思表示前，临时管理人应当告知其规定的内容
深圳	符合下列情形之一的，债权人、出资人与债务人达成的协议，以及债权人、出资人作出的同意意见，在重整申请受理后继续有效：（一）债权人、出资人承诺或者同意的内容与重整计划草案的基本内容一致；（二）重整计划草案对债权人、出资人承诺或者同意内容的修改未实质影响到债权人、出资人利益，且相关债权人、出资人同意不再对重整计划草案进行表决
郑州	预重整程序中依法作出的通知、债权申报审查、职工债权调查、财务审计、资产评估、债权人会议决议等在转入重整程序后视同有效 重整计划草案的内容与预重整方案内容一致或有关权利人权益内容更趋优化的，有关出资人、债权人对预重整方案的同意视为对该重整计划草案表决的同意，但下列情形除外：（一）重整计划草案对协议内容进行了修改并对有关权利人有不利影响，或者与有关权利人重大利益相关的，受到实质性影响的权利人有权按照《企业破产法》的规定对重整计划草案重新进行表决；（二）预重整草案表决前债务人隐瞒重要信息、披露虚假信息，或者预重整草案表决后出现重大变化的，受到实质性影响的权利人有权按照《企业破产法》的规定对重整计划草案重新进行表决。出资人、债权人对预重整草案作出是否同意的意思表示前，预重整管理人应当告知规定的内容

续表

地区	具体规定
济南	裁定受理重整申请前，预重整程序中已经拟订的预重整方案与重整程序中制作的重整计划草案内容一致的，有关债权人、出资人对该方案的同意视为对该重整计划草案表决的同意。但下列情形除外：（一）重整计划草案对方案内容进行了修改并对有关权利人产生不利影响，或者与有关权利人重大利益相关的，受到实质性影响的权利人有权按照《企业破产法》的规定对重整计划草案重新进行表决；（二）方案表决前债务人隐瞒重要信息、披露虚假信息，以及方案表决后出现重大变化的，受到实质性影响的权利人有权按照《企业破产法》的规定对重整计划草案重新进行表决。债权人、出资人对预重整方案作出是否同意的意思表示前，临时管理人应当告知其前款规定的内容
大连	预重整期间形成的预重整方案与重整程序中制作的重整计划草案内容一致的，有关债权人对预重整方案的同意视为对该重整计划草案表决同意。但是下列情形除外：（一）重整计划草案对预重整方案内容进行了修改并对有关债权人有不利影响，或者与有关债权人重大利益相关的，受到影响的债权人有权对重整计划草案重新进行表决；（二）预重整方案表决前债务人隐瞒重要信息、披露虚假信息，以及预重整方案表决后客观情况出现重大变化的，受到实质性影响的权利人有权对重整计划草案重新进行表决。出资人、债权人对预重整方案作出是否同意的意思表示前，临时管理人应当告知前款规定的内容

续表

地区	具体规定
厦门	债权人、出资人在预表决中的表决意见、对重整计划草案出具的书面意见和纳入重整计划草案的协议，在人民法院依法受理债务人的重整申请后，对其具有拘束力 预重整计划草案经审查，存在下列情形的，应当召开债权人会议，依据《企业破产法》第八十二条的规定，对重整计划草案进行表决：（一）重整计划草案未包括《企业破产法》第八十一条规定的主要内容；（二）重整计划草案的内容发生了变更；（三）经人民法院裁定确认债权后，同意重整计划草案的比例未能达到《企业破产法》第八十四条第二款规定的标准；（四）债务人在协商、拟订重整计划草案时披露的信息存在严重虚假、隐瞒等情形，误导债权人和出资人；（五）预表决中的分组不符合《企业破产法》规定，或者债务人、债权人通过恶意收购、分拆债权等方式促成预表决达到通过标准；（六）人民法院认为应当进行表决的其他情形 前款第（二）（三）项情形下，经人民法院批准，可以仅召集权利义务因重整计划草案变更受到影响的债权人或出资人，预表决、书面意见中不同意重整计划草案的债权人或出资人进行表决
重庆	申请重整前，通过自主谈判已经达成重组协议并表决通过的，债务人可以在申请重整的同时，请求人民法院裁定批准根据该重组协议形成的重整计划草案。存在下列情形的，人民法院应当召集债权人会议，权益受到调整或者影响的债权人、出资人对重整计划草案重新进行表决：（一）重整计划草案的内容发生实质变更；（二）债务人认定的债权额有误，同意重整计划草案的比例未能达到《企业破产法》第八十四条第二款规定的标准；（三）债务人在协商、拟订重整计划草案时披露的信息存在严重虚假、隐瞒情形，误导债权人或者出资人；（四）预先进行的表决分组不符合《企业破产法》规定，或者以不当方式促成表决达到通过标准。前款第二项、第三项情况下，可以仅召集权益因重整计划草案变更受到影响的债权人、出资人以及反对重整计划草案的债权人、出资人进行表决
成都	无

第四章 重整管理模式的选择

我国《企业破产法》要求法院受理重整后必须指定破产管理人。根据债务人情况，管理人可以由政府有关部门、机构人员组成的清算组担任，也可以由律师事务所、会计师事务所等中介机构担任。对于中介机构，人民法院以随机指定为主；对于清算组，人民法院以接收推荐为主。我国上市公司重整的管理模式可以分为两种：一种是管理人管理模式，即由破产管理人负责管理上市公司财产和营业事务的运作模式；另一种是债务人自行管理模式，即经法院裁定批准由公司在管理人的监督下自行管理财产和营业事务的运作模式。本章主要探讨我国上市公司关于重整模式的选择问题。

第一节　我国破产重整中管理人制度的基本内容

一、重整管理人职能

进入破产程序后，管理人首先接管财产和相关资料，然后对债务人的各个方面展开审查，将对债务人的财产价值和业务能力、企业前景全面评估，在综合考量下，对企业进行下一步规划。实践中，进入破产程序的债务人，未来收入不确定，债务关系复杂，隐瞒真实账目甚至造假的情况，都需要管理人在有限的时间内抽丝剥茧，明确真实情况。破产重整期间，即使由管理人直接进行企业经营，也仅止于自破产重整申请批准至破产重整计划通过；换言之，管理人在重整期间仅有过渡性的企业经营权，而进入破产后企业的管理制度、经营模式都存在问题，保证企业在管理人过渡控制期间正常经营管理，财产能够保值甚至增值，对破产管理人来说是严峻的考验。

二、重整管理人权利义务

（一）重整管理人的权利

根据《企业破产法》第七十三条、第七十四条、第七十八条、第八十条，在破产重整期间，重整管理人的权利有：第一，管理人有权监督债务人管理财产以及经营事务。破产重整期间的债务人已经失去了独立自主的经营权，其行为须在管理人的监督下进行。第二，管理人有权聘任企业原经营人员管理企业营业事务。对企业状况和各项细节最为熟悉的无疑是企业原经营人员，然而往往也正是由于原经营人员的失职和错误判断，才导致企业陷入困境。赋予管理人选任权，管理人具有很大的自由裁量余地，可因地制宜，选择最适合经营企业的人参与重整。第三，管理人有申请重整终止的权利。根据法条，重整期间的债务人若有状况恶化无法挽救、恶意欺诈损害财产、妨害管理人经营企业等恶劣行为，管理人可向人民法院申请重整程序终止，人民法院应当裁定终止重整程序。这一规定扩大了管理人对重整程序的影响，防止债务人因失去经营权而采取恶意行动。

（二）重整管理人的义务

根据《企业破产法》第二十三条、第二十七条、第九十条、第九十一条，重整管理人的义务有：第一，在重整期间，管理人负有向人民法院汇报重整计划实行情况的义务。在由债务人自行管理企业的模式中，管理人负有监督并向人民法院汇报债务管理情况的义务，此时管理人联结了人民法院与债务人，使人民法院更加了解重整情况，方便对债务人的下一步情况作出判断，同时防止债务人在重整期间转移隐匿财产或偏袒性清偿等行为。第二，管理人在重整期间负有忠实勤勉的义务。重整期间债务情况较为复杂，多方利益纠葛，管理人除需要理清债权债务管理，制作重整计划外，还需要保证企业的日常经营，工作量大且繁杂，因此需要管理人忠实、勤勉。

第二节 重整管理人管理模式

一、重整管理人管理模式的优点[①]

（一）地位上的独立性

破产管理人作为社会中介组织，由掌握法律、会计、财务等专业知识及具有专门资格的人员组成。其在破产重整程序中以自己的名义处理破产相关事宜，独立承担相应的责任。破产管理人虽然是由法院依法选任组建，但原则上采用名册制，即管理人一般由受理破产案件的法院从高级人民法院或者中级人民法院编制的本地管理人名册所列名单中，采取轮候、抽签、摇号等随机方式指定，因此其与法院并无上下级隶属关系，具有相对的独立性。《企业破产法》等又通过法律法规的形式赋予其处理破产事务的权利义务，对其报酬进行法律保障，使其即使作为社会中介机构也有自行管理企业破产事务的权利。

（二）处理破产事务的中立性

破产管理人制度产生的目的在于保护重整期间债务人及债权

---

① 李姝：《破产管理人制度与债务人自行管理制度比较研究》，载《法制与社会》2016 年第 29 期，第 38—39 页。

人的合法权益，维护破产重整期间债务人财产价值，平衡不同利益主体利益冲突，避免企业破产。《企业破产法》在管理人的消极资格[①]相关规定中明确“与本案有利害关系的社会中介机构和个人等不得担任管理人”。这里的“与本案有利害关系”的人具体指：（1）与债务人、债权人有债权债务关系；（2）破产程序受理之前3年内为债务人提供中介服务；（3）现在或破产程序受理之前3年担任债务人、债权人的财务顾问、法律顾问、董事等。这就要求破产管理人在处理破产事务时自觉保持中立，客观公正地行使法律赋予其的权利义务。管理人对困境企业进行及时接管，可有效防止债务人进行不当、欺诈甚至是犯罪行为，侵害其他利害关系人的利益，更能够客观、公正、中立地代理破产财产，在面对各方复杂的利益冲突时，保持中立态度并作出相对独立合理的决策。

（三）管理破产事务的法定性

2007年最高人民法院根据《企业破产法》的精神发布了《关于审理企业破产案件指定管理人的规定》《关于审理企业破产案件确定管理人报酬的规定》两个司法解释，以法律形式对破产管理人的任选，管理破产事务的权利、义务、职责、报酬等作了详细规定，为其管理破产事务提供了法律支持。《企业破产法》和上述两个司法解释形成了目前管理人制度的基本法治格局，各地法院按照管理人法律制度的要求制定了管理人名册，在个案中依法指定管理人，开展对管理人的指导，较好地处理了一批企业破产案件。

---

① 消极资格：是指因实施某种行为或存在法律规定的某种情况而不能担任的情形。

二、重整管理人管理模式的缺点

（一）增加管理成本和经营成本

管理人由公司外部人组成，他们对公司内部的经营状况、运行机制等信息并不了解，且管理人的决策很大程度上都和公司原经营有关，这就需要管理人与公司内部管理人员进行大量沟通以及翻阅查询资料，从而花费更多的时间对公司经营进行了解以便作出决定。同时，管理人通常情况下并不具备重整企业所属行业的经营技术和经营经验，由管理人接手公司的经营权，难以保证公司继续经营的连续性，这势必会加重破产申请给公司经营带来的负面影响，结果导致管理成本以及经营成本的增加。

（二）缺乏对企业商业利益的长远关注

管理人的本职工作是促使重整计划顺利通过、重整程序顺利终结，而接下来重整计划则由债务人独立执行，至于重整计划是否切实可行、是否符合企业长远发展的商业利益并不为其所关心。同时，《企业破产法》中规定管理人可以由有关部门、机构人员组成的清算组担任。由于清算组成员往往来自政府部门，这就会导致代表政府的管理人在破产实践中优先考虑财政、税收、职工安置等社会问题，在此情况下就会很难保证债权人的利益和企业的商业化运作。

（三）破产管理人任选及监督机制不完善

法院指定管理人多数是在管理人名册中采取摇号、抽签等方式随机指定。对于涉及商业银行等金融机构，或者在全国范围有重大影响、法律关系复杂、债务人财产分散的企业破产案件，法院也会采取公告的方式，邀请编入各地法院管理人名册中的上述机构参与竞争。采取随机方式是基于防止法官的肆意、进行公平选任而确保管理人中立性的制度考量，但这种方式并不能保证由最适合本案的人担任管理人，从而对破产管理工作的质量和效果造成较大的不利影响。另外，法院指定管理人，一般也是从本地管理人名册中指定，即我国管理人的任职是受地区限制的，这就无法实现管理人市场的充分竞争，亦不符合市场经济优胜劣汰的规律[①]。

《企业破产法》中规定破产管理人应当忠实勤勉地履行职务并接受法院、债权人会议或债权人委员会的监督。但是，在具体案例中，对管理人的监督难以落实。首先，法院对于管理人的监督没有据以执行的依据。根据规定，法院可以随时要求管理人报告工作，却并没有具体规定在破产程序的重要阶段设置必要的管理人必须报告的工作内容，也没有规定管理人报告工作的形式和具体要求。其次，由于债权人会议不是一个常设机构，无法对管理人进行长期监督，而且债权人会议涉及人员多、地域范围广，难以形成统一意见，无法对管理人进行及时有效的监督。

第三节　债务人自行管理模式

一、债务人自行管理模式的优点

重整制度的设立目的就在于挽救陷入困境的企业，通过对于企业资产进行优化重组，促进企业恢复生产经营，从而使企业走

① 夏正芳，李荐，张俊勇：《管理人任选机制实证研究》，载《法律适用》2017年第15期，第48页。

出破产困境。在破产重整程序中，在法院裁定破产重整之时便会指定管理人对企业进行管理，在已经有管理人的情况下为何还需要设置债务人自行管理制度？笔者认为可以从债务人自行管理相较于管理人进行管理所具有的优势方面进行讨论。

（一）债务人对其所在的行业领域更具专业优势

从实践来看，申请破产重整的企业往往都是大中型企业，这种企业有自身的合作资源和行业积累。进一步说，选择申请自行管理的债务人往往是具有较强专业性行业的大中型企业，债务人能够立足于该行业，往往得益于其较强的专业能力甚至一定的品牌效应，而且其管理团队有一套行之有效的成熟的管理方案及运营模式，在所处领域有较为丰富的经验，能够更快地洞悉市场动向，把握市场机遇，这是债务人自行管理的先天优势。而法院指定的管理人通常局限于律师事务所或者会计师事务所，虽然其在法律问题解决和财产处理及分配方面相较于债务人更专业，但是劣势也是显而易见的。同时，对于管理人来说，如何协调债务人管理层及员工并且进行接洽融合也是一个难点，而由债务人自行管理则能够巧妙地减少此部分时间成本，发挥其专业优势，更快地在管理人监督下更好地恢复经营，把握市场机遇，实现重整目的。

（二）债务人自行管理更能够调动债务人的重整积极性

相较于管理人管理，债务人自行管理模式下债务人的动机更为纯粹。从实践来看，债务人进行破产重整十有八九是自行申请，其申请重整目的即在于恢复自身经营，摆脱危机。而管理人作为法院指定的中立方，其目标虽然也是重整成功，但是管理人还需要考虑在重整程序中自身的执业风险、各方的利益平衡、管理的难易程度等因素。如果由债务人自行管理，那么作为企业的实际控制人，其仍然处于权利中心，能够更好地避免“临阵脱逃”。同时，在自行管理过程中赋予债务人更多的自治权利的同时，也给予了其更多的压力，在此模式下管理人更多的是监督职责。如果债务人不主动在债权人之间多方斡旋，不利用积累的资源获得商业机会，不利用自身市场号召力吸引投资人获得资金，其所面临的是法院宣告破产清算，企业彻底消亡。

（三）债务人自行管理能够提高重整效率

债务人所具有的对自身行业的市场洞察力及专业优势能够提高重整效率。不少债务人在进入破产重整程序前往往通过一系列举措进行了自救。例如，自行寻找投资人盘活现金流，或者积极开拓市场，获得更多的商业机会，或者替换原有存在问题的管理层，引入优秀人才进行经营管理。进入破产重整程序后，债务人前期的这些努力并不会白费，在此基础之上，相较于管理人从零开始接管债务人再到寻找投资人或者接替债务人接洽投资人，债务人自身在其行业内往往具有一定的知名度，在自行管理模式下，法院的司法公正性和管理人的有效监督对于投资人和债权人来说是一种保障，增加了债务人的可信度，从而使得债务人与投资人、债务人与债权人的协商能够更加深入并快速推进重整程序，从而促成重整成功。

二、债务人自行管理模式的缺点

（一）债务人自行管理时的法律地位不明确

除《企业破产法》第七十三条外，其他法条和司法解释均没有对债务人自行管理制度进行规定，债务人在自行管理期间所承担的角色缺少准确的定位，这使债务人的法律地位模糊不清。

债务人自行管理时的地位在英美法系和大陆法系中有多种不同的观点，结合我国国情和司法实践，适用债务人自行管理模式后的债务人是指进入破产重整程序的债务人，与进入破产重整前的债务人并不相同，是被削减了部分权利和赋予新的义务的债务人。

从另一种角度来看，《公司法》中主张的是股东中心主义，管理层是由股东会或者股东大会确定选任的，股东是公司的中心，在自行管理时，股东和管理层之间的关系将会更加错综复杂，公司股东在自行管理时与管理人对债务人的监督之间也会产生矛盾，因此，将债务人自行管理的定义和自行管理时的法律地位予以明确很有必要。而我国的《企业破产法》并没有相关规定解决这一问题。

（二）对债务人监督机制不健全

对债务人自行管理时的监督是重整程序顺利进行的重要保障，监督机制的完善有助于更好地实现破产重整程序的制度价值、平衡各方的合法利益、防范潜在的道德风险。

我国《企业破产法》仅规定在债务人自行管理时由管理人对其监督，未对法院监督、债权人委员会以及其他专门设置的监督机构是否有权对其进行监督作出明确的规定。在破产重整程序中，重整程序的进行在法院的主导之下，在债务人自行管理模式中，对债务人的监督也应当以法院为中心。债务人的财产和经营状况直接影响着各债权人的利益，应当对自行管理时债权人的监督权作出规定，赋予债权人监督债务人行为的权利。

（三）债务人自行管理与债权利益保护的冲突

债务人自行管理时的最大隐患和担忧在于债务人在自行管理过程中能否最大限度地保护债权人的利益。在自行管理过程中，最大的利益冲突便是债权人与债务人之间的冲突。在进入破产重整程序前，由于企业陷入困境后无法偿还债务，债权人与债务人的矛盾和冲突就会逐渐显现，而进入破产重整后，再由债务人进行自行管理显然会使原本就存在的冲突加剧。

债权人和债务人都是重整程序中的主角，债务人在自行管理期间作出的每一项决定都与债权人息息相关。当债务人自行管理时，企业的财产和经营业务均由其掌握和控制，一般情况下，债权人难以得知债务人的实际财务状况，如果这时债务人弄虚作假、隐瞒欺诈，不履行勤勉和忠实义务，债权人的利益就很有可能受损，还存在债务人在自行管理期间企图逃避债务的可能。另外，在破产重整程序中，债务人会面对各种类型的债权人，其债权的受保护程度也不尽相同。如职工债权人和无担保的普通债权人，这些债权人往往属于债权人中的“弱势群体”，其债权利益往往得不到有效保护。因此，如何在债务人自行管理和债权人利益保障之间寻求平衡点，需要法律给予明确回应。

（四）仍由债务人经营公司，不利于重整期间对外经营的开展

当企业进入破产程序，企业的信誉度和承担风险的能力必然降低，当其他企业与之交往、签订合同时，也必然将债务人的当前状况和未来前景作为重要因素加以衡量。在信誉度已经降低的情形下，仍由原管理层控制公司，其他企业将怀着对企业和管理层的双重疑虑，与之进行业务交往，不利于公司对外经营的开展，可能导致重整失败。

（五）重整期间由债务人控制公司，可能会加重公司危机

需要明确的是，正是由于债务人的经营不善，才导致公司陷入困境，实践中债务人也往往存在着侵占公司财产、违规交易等行为。当债务人本身就是陷入危机的原因时，难以奢望债务人纠正自己的行为，债务人更可能利用破产重整期间转移公司财产，制造虚假账目，待公司重整失败，进入清算程序，其已无可执行财产。即使管理人拥有监督甚至替代的权利，但由于对公司的经营介入较浅，对公司的了解程度也远不如债务人细致，因此，债务人中饱私囊的行为难以杜绝。

综上所述，债务人自行管理制度虽然在我国《企业破产法》现有框架下适用较少，但该制度在破产重整中的天然优势不容小觑。债务人自行管理制度下，存在债务人可能利用该制度进行逃废债务，或者债务人管理层发生道德风险导致企业管理失控的现象，这就需要设置强有力的监督机制以降低债务人的决策风险、防止债务人权利滥用。具备完善的监督机制是债务人自行管理模式的基础。在监督机制未完善时，债务人自行管理制度的推行仍需循序渐进，审慎对待，在明确的法律规定下才能最大限度地发挥该制度的优势，在兼顾效率和公平的基础上取得破产重整的成功。

第四节　上市公司管理模式的统计概况

从表4-1关于2007—2021年被批准重整计划的90家上市公司的管理人指定情况统计来看，选择管理人管理模式的共有62家，选择债务人自行管理模式的共有28家。可见，我国上市公司重整中的管理模式主要为管理人管理模式，但同时由债务人自行管理的案件数量也在逐渐增加，因此，对于上市公司重整管理模式的确定还处于探索阶段。

表 4-1　2007—2021 年被批准重整计划的 90 家上市公司的管理人指定情况

序号	公司代码	公司简称	管理人	管理人类型	管理模式
1	600722	*ST 沧化	沧化股份破产清算组	清算组	管理人管理
2	600242	S*ST 华龙	华龙股份清算组	清算组	管理人管理
3	000688	S*ST 朝华	朝华科技破产清算组	清算组	管理人管理
4	000892	S*ST 星美	星美联合破产清算组	清算组	管理人管理
5	600155	*ST 宝硕	河北宝硕破产清算组	清算组	管理人管理
6	000925	S*ST 海纳	浙江海纳重组清算组	清算组	管理人管理
7	000631	S*ST 兰宝	兰宝公司破产清算组	清算组	管理人管理
8	600705	S*ST 北亚	北亚实业重整清算组	清算组	管理人管理
9	000561	*ST 长岭	长岭股份清算组	清算组	管理人管理
10	600094	*ST 华源	华源股份清算组	清算组	债务人自行管理
11	600180	*ST 九发	烟台华信清算公司	破产清算事务所	管理人管理
12	200160	*ST 帝贤 B	帝贤针纺清算组	清算组	管理人管理
13	000719	S*ST 鑫安	鑫安科技清算组	清算组	管理人管理
14	600556	*ST 北生	北生药业清算组	清算组	管理人管理
15	600728	S*ST 新太	新太科技清算组	清算组	管理人管理
16	000498	*ST 丹化	丹东化纤清算组	清算组	管理人管理
17	600217	*ST 秦岭	秦岭水泥清算组	清算组	管理人管理
18	000030	*ST 盛润 A	深圳市理恪德清算事务有限公司	破产清算事务所	债务人自行管理
19	200030	*ST 盛润 B	深圳市理恪德清算事务有限公司	破产清算事务所	债务人自行管理
20	000034	*ST 深泰	北京市金杜律师事务所深圳分所	律师事务所	管理人管理
21	000697	*ST 偏转	咸阳偏转清算组	清算组	债务人自行管理
22	600057	*ST 夏新	夏新电子清算组	清算组	管理人管理

续表

序号	公司代码	公司简称	管理人	管理人类型	管理模式
23	000587	S＊ST 光明	光明家具清算组	清算组	管理人管理
24	000818	ST 锦化	锦化氯碱清算组	清算组	管理人管理
25	000557	ST 银广夏	广夏实业清算组	清算组	管理人管理
26	000787	＊ST 创智	北京中伦律师事务所深圳分所	律师事务所	债务人自行管理
27	600699	＊ST 得亨	得亨股份清算组	清算组	管理人管理
28	600678	＊ST 金顶	金顶股份清算组	清算组	管理人管理
29	600757	＊ST 源发	上海华源企业发展股份有限公司清算组	清算组	债务人自行管理
30	000757	＊ST 方向	方向光电清算组	清算组	管理人管理
31	002145	＊ST 钛白	中核钛白清算组	清算组	管理人管理
32	600462	＊ST 石岘	石岘纸业清算组	清算组	管理人管理
33	600817	＊ST 宏盛	陕西博硕律师事务所	律师事务所	管理人管理
34	000820	＊ST 金城	金城股份清算组	清算组	管理人管理
35	000677	＊ST 海龙	山东海龙清算组	清算组	管理人管理
36	000035	＊ST 科健	北京市金杜（深圳）律师事务所、深圳市正源清算事务有限公司	律师事务所、破产清算事务所	债务人自行管理
37	000017/200017	＊ST 深中华 A/B	北京市金杜（深圳）律师事务所、深圳市正源清算事务有限公司	律师事务所、破产清算事务所	债务人自行管理
38	000972	＊ST 中基	中基实业清算组	清算组	管理人管理
39	000751	＊ST 锌业	锌业股份清算组	清算组	管理人管理
40	600074	＊ST 中达	无锡融海投资咨询有限公司	其他社会中介机构	债务人自行管理
41	000520	＊ST 凤凰	长航凤凰清算组	清算组	管理人管理
42	600381	＊ST 贤成	青海贤成清算组	清算组	管理人管理

续表

序号	公司代码	公司简称	管理人	管理人类型	管理模式
43	002506	*ST 超日	北京市金杜律师事务所上海分所、毕马威华振会计师事务所（特殊普通合伙）上海分所	律师事务所、会计师事务所	管理人管理
44	002015	*ST 霞客	无锡融海投资咨询有限公司	其他社会中介机构	管理人管理
45	000033	*ST 新都	深圳市正源清算事务有限公司、深圳市理恪德清算事务有限公司	破产清算事务所	管理人管理
46	002608	*ST 舜船	北京市金杜律师事务所	律师事务所	管理人管理
47	000155	*ST 川化	北京大成律师事务所	律师事务所	管理人管理
48	600725	*ST 云维	云南云维股份有限公司清算组	清算组	管理人管理
49	601005	*ST 重钢	重庆钢铁清算组	清算组	管理人管理
50	000912	*ST 天化	北京金杜（成都）律师事务所	律师事务所	管理人管理
51	600423	*ST 柳化	柳化股份清算组	清算组	管理人管理
52	600399	*ST 抚钢	北京金杜律师事务所	律师事务所	债务人自行管理
53	000982	*ST 中绒	由银川市人民政府推荐的有关部门、机构人员组成清算组	清算组	管理人管理
54	300116	坚瑞沃能	北京市金杜（深圳）律师事务所	律师事务所	管理人管理
55	300008	天海防务	上海市方达律师事务	律师事务所	债务人自行管理
56	600815	*ST 厦工	厦门厦工机械股份有限公司清算组	清算组	管理人管理
57	601258	*ST 庞大	庞大汽贸集团股份有限公司清算组	清算组	管理人管理

续表

序号	公司代码	公司简称	管理人	管理人类型	管理模式
58	600186	*ST 莲花	北京市金杜律师事务所	律师事务所	管理人管理
59	000410	*ST 沈机	沈阳机床股份有限公司清算组	清算组	债务人自行管理
60	002260	*ST 德奥	北京市中伦（深圳）律师事务所、广东源浩律师事务所	律师事务所	债务人自行管理
61	000792	*ST 盐湖	青海盐湖工业股份有限公司清算组	清算组	管理人管理
62	002210	*ST 飞马	北京市中伦（深圳）律师事务所	律师事务所	管理人管理
63	002501	*ST 利源	利源精制清算组	清算组	管理人管理
64	000981	*ST 银亿	银亿系企业清算组	清算组	管理人管理
65	002716	*ST 金贵	北京市金杜律师事务所	律师事务所	管理人管理
66	600179	*ST 安通	安通控股股份有限公司清算组	清算组	管理人管理
67	000595	*ST 宝实	由宁夏回族自治区人民政府推荐的有关部门、机构人员组成清算组	清算组	债务人自行管理
68	002354	*ST 天娱	辽宁恒信律师事务所、辽宁法大律师事务所	律师事务所	债务人自行管理
69	002445	*ST 中南	江苏神阙律师事务所、江苏正卓恒新会计师事务所有限公司联合体	律师事务所、会计师事务所	债务人自行管理
70	002323	*ST 雅博	山东雅博科技股份有限公司清算组	清算组	管理人管理
71	601777	*ST 力帆	力帆系企业清算组	清算组	管理人管理
72	600157	*ST 永泰	永泰能源清算组	清算组	债务人自行管理

续表

序号	公司代码	公司简称	管理人	管理人类型	管理模式
73	603555	ST贵人	贵人鸟清算组	清算组	管理人管理
74	600595	*ST中孚	中孚实业清算组	清算组	管理人管理
75	002766	*ST索菱	北京市金杜（深圳）律师事务所	清算组	管理人管理
76	002219	*ST恒康	由陇南市人民政府推荐的有关部门人员、北京市君合律师事务所、甘肃阶州律师事务所组成清算组	清算组	管理人管理
77	000980	*ST众泰	浙江京衡律师事务所	律师事务所	债务人自行管理
78	002072	*ST凯瑞	凯瑞德清算组	清算组	债务人自行管理
79	002356	*ST赫美	深圳诚信会计师事务所（特殊普通合伙）、北京市君合（深圳）律师事务所	律师事务所	管理人管理
80	000564	*ST大集	海航集团清算组	清算组	债务人自行管理
81	600221	*ST海航	海航集团清算组	清算组	债务人自行管理
82	600515	*ST基础	海航集团清算组	清算组	债务人自行管理
83	600734	*ST实达	上海市方达律师事务	律师事务所	管理人管理
84	300071	*ST嘉信	北京大成律师事务所	律师事务所	债务人自行管理
85	600225	*ST松江	松江股份清算组	清算组	债务人自行管理
86	600518	*ST康美	北京市金杜（深圳）律师事务所	律师事务所	债务人自行管理
87	002321	*ST华英	北京市金杜（深圳）律师事务所、中勤万信会计师事务所（特殊普通合伙）河南分所	律师事务所	债务人自行管理

续表

序号	公司代码	公司简称	管理人	管理人类型	管理模式
88	000523	* ST 浪奇	广州市浪奇实业股份有限公司清算组	清算组	债务人自行管理
89	300278	* ST 华昌	北京市金杜（深圳）律师事务所	律师事务所	管理人管理
90	002175	* ST 东网	广西智迪尔破产清算有限公司	破产清算事务所	债务人自行管理

第五节　管理模式的决策分析

目前，我国上市公司破产重整案例大多是以管理人管理模式为主，但也不乏债务人企业向法院提出申请，即在管理人的监督下由债务人企业自行管理的情况。那么在何种情况下债务人会向法院提出申请，法院会在何种情况下同意批准由债务人自行管理，这就涉及本章需要探讨的问题，即管理模式的选择。

一、债务人自行管理的条件

2019 年 11 月出台的《全国法院民商事审判工作会议纪要》第 111 条："重整期间，债务人同时符合下列条件的，经申请，人民法院可以批准债务人在管理人的监督下自行管理财产和营业事务：（1）债务人的内部治理机制仍正常运转；（2）债务人自行管理有利于债务人继续经营；（3）债务人不存在隐匿、转移财产的行为；（4）债务人不存在其他严重损害债权人利益的行为。"

为了使债务人的财产和营业事务不需要与管理人之间来回移交，避免重复工作，提高重整效率，该条允许债务人提出重整申请时一并提出自行管理的申请。

二、管理模式的选择

当企业进入破产重整程序时，尤其是公司规模比较大的企业，他们仍然希望掌握企业的经营权与控制权，以便更好地与债权人沟通，作出更有利于公司的决策。因此，当债务人企业符合上述条件时，他们更倾向于向法院提出申请，以实现在管理人的监督下自行管理破产事宜。

从上文表 4 -1 中可看出，采用债务人自行管理模式的企业往往是特殊制造行业、国有控股企业等具有一定重整能力及条件的企业，而对于这类企业，法院更容易批准其自行管理的申请。*ST 沈机基于以下原因向法院提出自行管理的申请：（1）具有稳定健全的管理机构和机制，管理团队齐备，管理流程和目标清晰；（2）职工队伍稳定，能够保证企业的正常生产经营；（3）所处行业具有较强的开发设计能力和完整的系列产品，占用较大的市场需求空间；（4）自行管理是维系基本生产经营的需要，能够科学高效地维持企业运转、抢占市场、保质保量交货，增强投资者和员工信心，更有利于保护债权人的利益。

从法院角度出发，法院需要综合判断申请企业是否满足自行管理的条件以及自身是否具有重整能力，更重要的是，要考虑债务人自行管理是否会损害债务人财产价值以及债权人的合法权益。同时，主要债权人的构成也要纳入考虑范围，如果企业债权人都是银行等大型金融机构，识别风险的能力较强，即使在缺乏管理人监督的情形下，也能够及时发现债务人转移债务等情况，因此法院批准债务人企业自行管理，大型金融机构等债权人也有能力应对。综上所述，法院需要在司法控制和当事人自治之间进行权衡，以此来选择更适合企业的重整模式。只有在保护债权人利益的前提下，企业如通过自行管理可以发挥出重整价值最大化、加快推进重整进程、提高工作效率，法院就可对其申请予以批准。

第六节　典型案例分析

一、案例概况

（一）案例简述

众泰汽车股份有限公司是以汽车整车研发、制造及销售为核心业务的汽车整车制造企业，创立于2003年，公司实控人为应建仁、徐美儿夫妇。1996年12月，应建仁与其妻徐美儿共同出资成立了浙江铁牛实业有限公司。随着中国汽车制造的腾飞，企业获得快速发展，2003年，铁牛集团通过收购入主了上市公司金马股份。2017年上半年，金马股份以发行股份购买资产的方式收购了永康众泰100%股权，永康众泰成为公司全资子公司。2017年6月7日起，金马股份股票简称正式变更为“众泰汽车”。至此，众泰汽车成功上市。

进入2018年后，众泰汽车的销量大幅下滑，后由于铁牛集团的破产以及疫情的影响，众泰汽车陷入困境。2020年6月18日晚间，困境中的众泰汽车公司发布业绩预告修正公告称，此前预计2019年度净利润为亏损约60亿—90亿元；修正后，预计全年亏损约108亿—115亿元。受不利消息影响，6月19日众泰汽车收跌2.6%，总市值有37.11亿元，也就是说众泰汽车一年的亏损金额比目前公司市值2倍还多。

（二）重整过程

2021年6月9日，众泰汽车收到金华中院送达的（2020）浙07破申7号“民事裁定书”，金华中院裁定受理浙江永康农村商业银行股份有限公司对公司的重整申请。

2021年6月29日，众泰汽车收到金华中院送达的（2021）浙07破13号“决定书”，指定浙江京衡律师事务所担任管理人。公司第二次债权人会议于2021年11月9日上午9时00分采取网络会议方式召开，公司出资人组会议于2021年11月9日采取现场投票与网络投票相结合的方式召开。出资人组会议表决通过了《众泰汽车股份有限公司重整计划草案之出资人权益调整方案》，债权人会议表决通过了《众泰汽车股份有限公司重整计划草案》。

2021年11月30日，众泰汽车收到了金华中院送达的（2021）浙07破13号“民事裁定书”，裁定批准公司重整计划，并终止公司重整程序。公司进入重整计划执行阶段。

2021年12月22日，众泰汽车向金华中院提交《众泰汽车股份有限公司重整计划执行工作报告暨提请人民法院确认重整计划执行完毕的报告》，称众泰汽车已经完成重整计划的执行。同日，公司管理人向金华中院提交《关于众泰汽车股份有限公司重整计划执行情况的监督报告》，确认众泰汽车重整计划已执行完毕。

2021年12月28日，众泰汽车收到金华中院“民事裁定书”，确认公司重整计划已执行完毕。

二、债务人自行管理模式决策因素分析

2021年7月12日，众泰汽车向金华中院申请，请求许可其重整期间自行管理财产和营业事务；同日管理人向金华中院提交《关于提请人民法院支持众泰汽车自行管理和营业事务的报告》。法院依据《企业破产法》第七十三条之规定，准许众泰汽车股份有限公司在管理人的监督下自行管理财产和营业事务。

鉴于金华中院已经许可众泰汽车在管理人的监督下自行管理财产和营业事务，众泰汽车信息披露责任人仍为公司董事会。

（一）专业性

债务人能够立足于该行业，往往得益于其较强的专业能力甚至一定的品牌效应，而且其管理团队自身有一套行之有效的成熟的管理方案及运营模式，在所处领域有较为丰富的经验，能够更快地洞悉市场动向，把握市场机遇，这是债务人自行管理的先天优势。而法院指定的管理人通常局限于律师事务所或者会计师事务所，虽然其在法律问题解决和财产处理及分配方面相较于债务人更专业，但是劣势也是显而易见的，要求长期从事服务业的中介机构在短时间内获得管理能力与经营能力，从而替代原企业管理层维持企业经营困难很大，如此要求管理人过于苛刻。同时，对于管理人来说如何协调债务人管理层及员工并且进行接洽融合也是一个难点，而由债务人自行管理则能够巧妙地减少此部分时间成本，发挥其专业优势，更快地在管理人监督下更好地恢复经营，把握市场机遇，实现重整目的。

众泰汽车较早认识到新能源汽车的发展方向，成为国内较早进入新能源汽车领域的车企。经过多年发展，公司已经在新能源汽车领域构建了较强的综合实力和行业影响力。目前已具备新能

源汽车完整的整车设计、试制、试验和零部件开发能力，其中动力电池管理系统、电池成组、电机控制器、电机等核心部件已初步完成自主研发设计，并逐步转换至自主研发生产；已取得多项与新能源汽车相关的技术专利，并先后参与了新能源汽车行业多项标准的制定工作，直接促进了部分新能源汽车产业相关政策的出台。

众泰汽车不仅有着燃油车以及电动车的双重造车资质，而且在全国范围内有多个生产基地；2018 年与 2019 年，众泰汽车的销量大幅下滑，但在 2019 年仍有 11.66 万辆的销量，虽然有大量造车工厂闲置，但众泰汽车仍然存活在市场中，这也是法院批准众泰汽车自行管理的重要因素，目的是让众泰汽车能够继续经营，一方面是能够偿还部分债务，另一方面也是为潜在的投资者注入信心。

（二）投资人与管理人的沟通

2020 年 9 月 21 日，法院批准众泰汽车进行预重整。在预重整阶段，管理人审查了众泰汽车的债务信息，并向债权人发出了债权登记的公告，减轻了正式重整开始后债权登记的工作量；同时，管理人在预重整阶段发布了公开招募投资人的公告，得到了市场的积极反馈。

在法院登记批准众泰汽车的重整后，管理人向金华中院提交《关于提请人民法院支持众泰汽车自行管理和营业事务的报告》。由此可见，管理人在接管债务人后会对债务人自行管理进行评估，管理人的评估除了考虑债务人财产状况、管理层稳定性、债权人意见外，意向投资人的意见也是管理人的重点考虑因素，因为债务人是否能够在困境中重生取决于意向投资人最终是否参与重整，而由债务人自行管理需要意向投资人与债务人之间建立较高的信任度，所以为了保证破产重整顺利进行，征询意向投资人意见也是必不可少的。

众泰公司在预重整阶段就有两家意向投资者，分别是上海智阳投资公司和湖南致博股权投资基金管理有限公司，虽然两家投资者在后续重整过程中都终止了投资（湖南致博后成为财务投资人），但其原因是跟＊ST众泰股价不断走高有关。从2021年1月12日开始，＊ST众泰股价一路狂飙，到6月25日收盘，共收获涨停板59次，跌停板18次，股价也从1.2元/股涨至7.52元/股。而另一投资人致博投资则是直接终止了投资，或是和股价暴涨、偏离投资价值有关。任何投资人，在实施投资过程中，首先要看投资标的的价值，＊ST众泰股价从年初的1.2元到5月12日的5.81元，股价已涨了4倍多。股价涨幅过大，对于投资人而言，相对应的投资价值就越低，投资的风险则越高，这一点应是上海智阳"暂缓投资"的重要原因，众泰汽车在公告中也有描述。

由上可以看出，众泰汽车在预重整开始后，市场对其发展是比较看好的。众泰汽车是拥有燃油车和新能源双重生产资质的车企，而如今新能源造车资质的大门即将关闭，在众泰汽车重整的初期，市场上传出小米、特斯拉等企业有意接手，所以众泰汽车的股价不降反升。

另一方面，包括前期的意向投资人上海智阳、湖南致博与产业投资人江苏深商控股，其主业都并非造车企业，上海智阳和湖南致博是专业的投资公司，深商控股主业是房地产企业，且其前期收购了庞大集团，想要接手众泰汽车也是想进入近些年发展形势较好的新能源汽车领域。虽然众泰汽车一如当初的庞大集团一样负债累累，品牌形象和技术实力都差强人意，但拥有燃油车和新能源车双重生产资质，可生产、销售整车。从2007年收购江南汽车开始，众泰汽车持续推进产能扩张，在销量目标远未完成之际，众泰汽车及其大股东铁牛集团在全国建设多个生产基地，现在拥有包括浙江永康基地、金华基地、湖南长沙基地在内的多个生产基地，耗费了大量资金，却形成了巨大的产能闲置。若能将众泰汽车闲置产能得以充分盘活，产能优势可转化为增长优势。此外，众泰汽车还拥有自己的研究院，在燃油车、新能源车和氢能源方面都有一定的技术积累。江苏深商此番接盘，正是看中了这点。此前江苏深商接盘庞大集团是布局渠道，此次接盘众泰汽车，则是布局主机厂端，准备涉足汽车研发与生产工作，进而与庞大集团形成从整车生产研发到车辆销售一条龙的完整汽车产业链条。正因为产业投资人和财务投资人对众泰汽车的了解程度不够，所以需要其原有的专业团队在新的资金注入后尽快恢复生产，实现业绩回暖，这不仅是避免众多生产基地闲置，也是为投资者注入强心剂，使投资者相信众泰汽车未来的发展前景。

（三）法院对控股股东的信任

2016年3月，众泰汽车借壳金马股份上市时，其第一大股东铁牛集团签署了一份业绩对赌协议。2020年9月1日，众泰汽车发布公告称，母公司铁牛集团因不能清偿到期债务，且账面资产数额小于负债数额，铁牛集团申请破产重整。自此，市场就存在众泰汽车控制权易主的预期。虽然众泰汽车进入了破产重整阶段，但其内部治理机制完备，具备开展正常经营活动的能力，法院基于对众泰控股股东的信任，同意了重整期间，在管理人的监督下，债务人可自行管理公司业务，继续营业有利于保留公司品牌效应，维护公司对外股权投资价值，有利于维护债权人、职工等各方利益，保障重整工作顺利进行。

（四）债权人的意愿

申请众泰汽车重整的主体与此前申请众泰汽车预重整的主体都是浙江永康农商行，而从预重整到重整申请仅仅相距 1 个月。自 2020 年以来，众泰汽车危机一步步深化，从姗姗来迟、亏损百亿且被董事称无法保真的年报，到员工讨薪、经销商维权，甚至控股股东也陷入破产境地。曾经年销量过 30 万辆的国产车大厂，正在一步步走向深渊。而在众泰汽车轰然坍塌的同时，其经销商们也陷入了两难的境地，不仅欠款得不到偿还，还要面临车主投诉。

公告显示，众泰汽车与浙江永康农商行的债务源自一份 30 亿元的借款合同。2019 年 8 月，浙江永康农商行等 4 家银行作为初始贷款人，众泰汽车作为借款人，签署“人民币 30 亿元流动资金银团贷款合同”，合同约定贷款年利率为 4.35%，贷款期限为首笔贷款资金提款日 1 年的期间，借款人应该在贷款期限结束前清偿所欠的全部债务。截至目前，30 亿元流动资金贷款已全部逾期。合同签订后，浙江永康农商行于 2019 年 8 月 16 日向众泰汽车发放贷款本金 1.5 亿元。其后，众泰汽车支付利息至 2020 年 3 月 20 日，贷款于 2020 年 8 月 14 日到期，众泰汽车不能清偿到期的贷款本金 1.5 亿元及 2020 年 3 月 20 日之后的利息。

在预重整期间，众泰汽车就向外界发布招募投资人的公告，且市场反应良好，这给了债权人信心，即债权人相信众泰汽车拥有恢复经营的能力，因此在正式进入重整后，不排除债权人有向法院及管理人申请债务人自行管理的可能。另一方面，因为众泰汽车的众多债权人是金融机构，所以债权人的目的应该是帮助债务人恢复经营，这样才有可能收回贷款。债务人若有自行管理、恢复经营的能力，则对于公司未来偿债能力的提升有着很大帮助。

三、管理人的具体职能履行

（一）债权申报

众泰汽车在法院接收其重整申请并指定重整管理人后发布公告称：众泰汽车股份有限公司的债权人应当于2021年7月30日前向管理人申报债权；众泰汽车破产重整案第一次债权人会议定于2021年8月5日上午9时00分通过网络会议的形式召开。

同时，管理人提示性说明：债权人申报债权，应说明债权数额、有无财产担保及是否属于连带债权，并提供相关证据材料。未在上述期限内申报债权的，可以在重整计划草案提交债权人会议讨论前补充申报，但要承担为审查和确认补充申报债权所产生的费用。未申报债权的，在重整计划执行期间不得行使权利，在重整计划执行完毕后可以按照重整计划规定的同类债权的清偿条件行使权利。众泰汽车股份有限公司的债务人或者财产持有人应当向众泰汽车股份有限公司管理人清偿债务或交付财产。对众泰汽车股份有限公司的民事执行程序依法中止执行，申请执行人可凭生效的法律文书向管理人申报债权。有关众泰汽车股份有限公司的其他民事诉讼或者仲裁程序也应依法中止；在管理人接管债务人的财产后，该诉讼或者仲裁继续进行。

（二）公开招募重整投资人

在意向投资人向管理人报名之后，管理人需要对意向投资人进行初步筛选：管理人将对意向投资人提交的报名材料进行形式审查，形式审查通过的，即为通过初步筛选；提交的报名材料存在缺失、遗漏的，管理人将通知补正，并给予3天的补正期。尽职调查期间不因重整投资人对报名材料的补正而延长。合格的意向投资人应当缴纳报名保证金人民币 5 000 万元至管理人账户，未缴纳保证金的视为撤销报名。意向投资人应在提交报名资料的当天将报名保证金缴纳凭证提交至管理人处。

此外，意向投资人应当向管理人提交具有可操作性的《重整投资方案》，内容应当包括但不限于拟投入的资金或资源、经营方案等。《重整投资方案》提交期限届满后，管理人将通过商业谈判或竞争性遴选的方式，确定最终的重整投资人。

（三）确定重整投资人

2021 年 7 月 2 日，众泰汽车管理人正式开展重整期间的重整投资人招募工作，在管理人规定的报名期内，有上海钛启汽车科技合伙企业（有限合伙）、江苏深商控股集团有限公司、湖南致博智车股权投资合伙企业（有限合伙）3 家意向投资人向管理人提交了报名材料。2021 年 9 月 28 日，在金华中院和永康法院的监督和见证下，重整投资人评审委员会对意向重整投资人进行了现场评审。2021 年 9 月 30 日，根据评审投票结果最终确定由江苏深商控股集团有限公司作为公司重整投资人，上海钛启汽车科技合伙企业（有限合伙）、湖南致博智车股权投资合伙企业（有限合伙）作为公司的后顺位备选重整投资人。当日，众泰汽车及管理人与江苏深商签署了“众泰汽车股份有限公司重整投资协议”，重整投资款为 20 亿元，江苏深商同日向指定账户打款 5.5 亿元作为履行保证金（前期支付的 5 000 万元报名保证金自动转入）。剩余 14.5 亿元重整投资款根据协议应于 2021 年 10 月 25 日前支付。该 20 亿元的足额到账，将作为众泰汽车及管理人向法院和债权人会议提交以江苏深商为重整投资人的重整计划草案的前提。在重整投资人确定后，众泰汽车及管理人将结合重整工作进展，加快与重整投资人、债权人等各利益相关方的协商沟通，快速推进重整各项工作。

（四）协助执行重整计划

金华中院裁定批准重整计划后，众泰汽车进入重整计划执行阶段，由公司负责执行。众泰汽车将在管理人的监督下，依法、严格按照重整计划的规定推进执行工作，确保重整计划依法、高效在法定期限内执行完毕。

2021 年 12 月 22 日，众泰汽车向金华中院提交《众泰汽车股份有限公司重整计划执行工作报告暨提请人民法院确认重整计划执行完毕的报告》，称众泰汽车已经完成重整计划的执行。同日，众泰汽车管理人向金华中院提交《关于众泰汽车股份有限公司重整计划执行情况的监督报告》，确认众泰汽车重整计划已执行完毕。2021 年 12 月 28 日，众泰汽车收到金华中院民事裁定书，确认公司重整计划已执行完毕。金华中院认为，众泰汽车重整计划明确了重整计划执行完毕的标准，根据该标准，经管理人监督确认，众泰汽车重整计划已执行完毕，遗留事项应由众泰汽车管理人继续完成。

第五章　重整方案分析

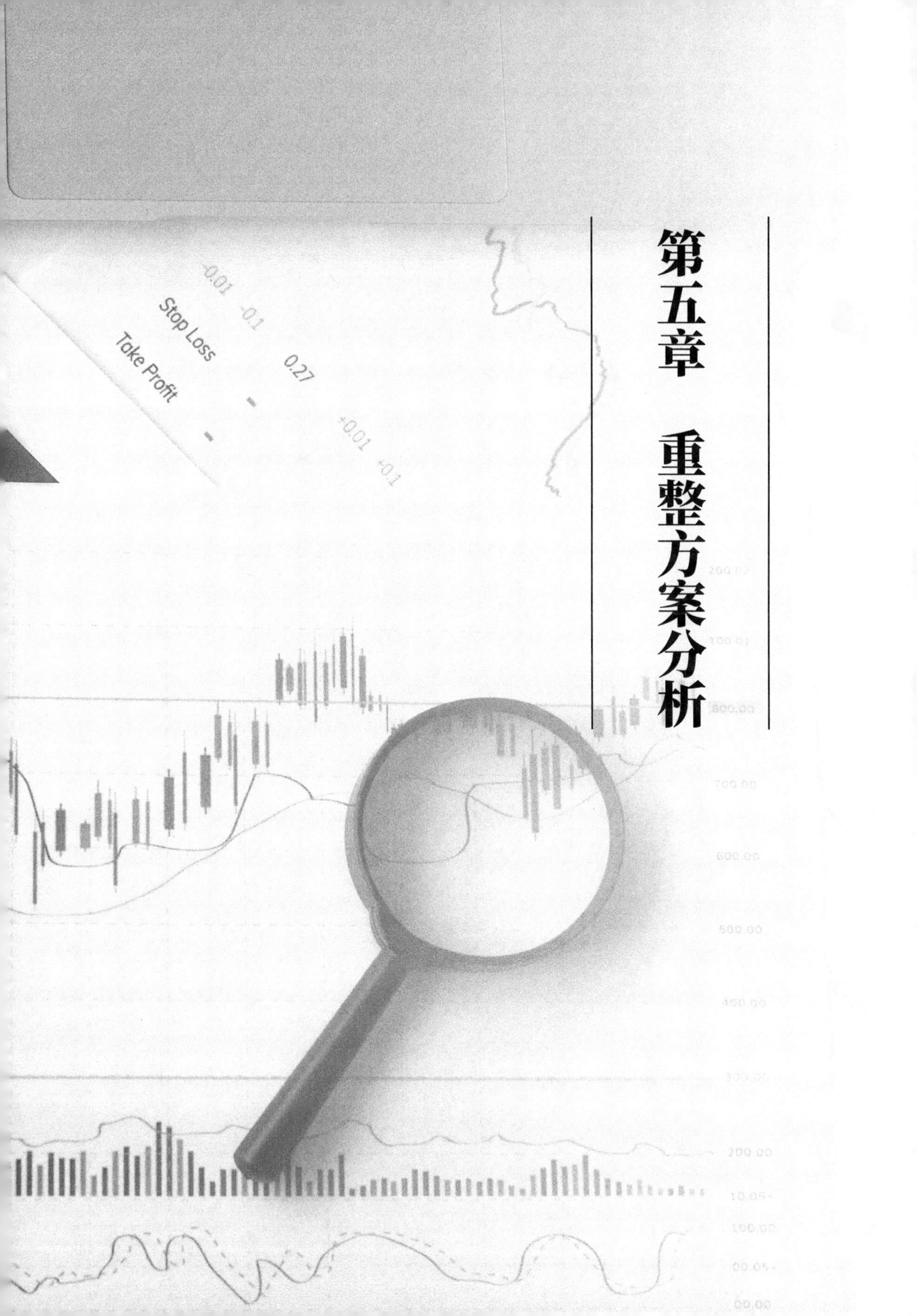

第一节　引入重整投资人

在法院受理公司的重整申请之后，根据具体情况，大部分进行破产重整的公司会由法院指定具体的破产重整管理人，由管理人管理公司的财产和营业事务，并制作公司的重整计划草案，少部分进行破产重整的公司会自行选择破产重整管理人。而公司在引入重整投资人方面，也与此类似。大部分公司的重整投资人由法院指定，而本部分讨论的重点则是管理人自行公开发布招募重整投资人的公告，通过引入重整投资人的方式为破产重整公司筹集偿债资金，推动重整的成功进行。对于重整投资人的确定方式，现行法律法规未进行规定，实践中可采取协商确定、公开招募等多种方式，但是根据实际情况而言，为保障重整投资人的遴选公开、公平、公正，并接受各方的监督，管理人一般采用公开招募的方式征集并确定重整投资人。

在进行破产重整的 90 家公司中，管理人一般从设定重整投资人条件以及对投资人的评审两方面出发，进行重整投资人的招募。根据统计，90 家公司中有 24 家公司的管理人选择自行招募重整投资人，通过对这 24 家公司有关重整投资人设定条件和评审方面的具体内容进行分析，有助于了解管理人对重整投资人的要求。

一、设定重整投资人条件

管理人在引入重整投资人时，保障重整工作的顺利进行是其首要目标，所以在重整投资人条件的设定方面，对于陷入财务困境并急切寻求解决之道的破产重整公司而言，重整投资人的财力是其首要看重点，之后才将重整投资人的经营实力纳入考虑范围。

2020 年 8 月 26 日，＊ST 力帆（601777）管理人在全国企业破产重整案件信息网发布了“力帆实业（集团）股份有限公司管理人关于招募重整投资人的公告”，其中设定了重整投资人的基本条件：

（1）重整投资人应当是依照中华人民共和国法律设立并有效存续的企业法人或非法人组织，具有较高的社会责任感和良好的商业信誉，同时未被人民法院列入失信被执行人名单。

（2）本次重整投资人的招募不限行业，但拥有汽车、摩托车行业生产管理经验者，或拥有汽车、摩托车企业并购整合经验者，在同等条件下将优先考虑。

（3）重整投资人应拥有足够的资金实力进行重整投资，并能出具相应的资信证明或其他履约能力证明，重整投资人资产总金额不低于 200 亿元。

（4）两个或两个以上的重整投资人联合参与投资，以一个参评人的身份参与遴选，其中至少有一个重整投资人应符合全部资格条件。

（5）重整投资人应利于上市公司现有汽车、摩托车产业的转型或发展。

（6）重整投资人应当符合监管机构要求的其他相关条件（含经认定的股东资格条件）。

如上面力帆实业股份有限公司管理人招募重整投资人的条件所示，针对重整投资人的要求除了一些基本的资格设定之外，大部分公司把有经营实力、资金力量雄厚作为招募重整投资人的首要要求，而重整投资人的招募虽然不限行业，但可以明显看出来，与重整企业行业相关的投资人更有优势。

二、对重整投资人的评审

为更好地推进公司重整工作，依法确保程序公开、公平、公正，切实维护债权人的利益最大化，维护企业运营价值，实现资源整合，公司及临时管理人一般会面向社会公开招募投资人，然后对有意向的重整投资人进行评审，最终选择合适的重整投资人。通常对重整投资人的评审主要分为初步筛选、调查、根据提交的方案遴选这三个步骤，公司一般会根据投资人的经营实力并结合自身情况择优选择最合适的重整投资人。意向投资人较少的公司，其选择空间相对较小；而意向投资人较多的公司则需要通过多人组成的遴选委员会，根据意向投资人的资金、技术等情况及意向投资人所提供方案的合法性、合理性和可行性来进行评选，分数最高者成为投资人。下面是＊ST 众泰（000980）管理人评审重整投资人的过程。

（一）初步筛选

管理人将对意向投资人提交的报名材料进行形式审查，形式审查通过的，即为通过初步筛选；提交的报名材料存在缺失、遗漏的，管理人将通知补正，并给予 3 天的补正期。尽职调查期间不因重整投资人对报名材料的补正而延长。合格的意向投资人应当缴纳报名保证金人民币 5 000 万元（大写：伍仟万元整）至管理人账户，未缴纳保证金的视为撤销报名。意向投资人应在提交报名资料的当天将报名保证金缴纳凭证提交至管理人处。

（二）尽职调查

意向投资人不需要安排尽职调查、相关信息皆以公司公告内容为准的，不安排签订保密协议，亦无须缴纳保密保证金。意向投资人需要安排尽职调查的，应提交保密协议，并支付保密保证金500万元。意向投资人签订保密协议且足额支付保密保证金后，可提出尽调申请和资料清单，开展尽职调查。管理人和公司将予以必要的配合并提供相关资料。意向投资人开展尽职调查或实地考察所需的费用由意向投资人自行承担。

（三）提交方案

意向投资人应当向管理人提交具有可操作性的重整投资方案，内容应当包括但不限于拟投入的资金或资源、经营方案等。

（四）遴选重整投资人

重整投资方案提交期限届满后，管理人将通过商业谈判或竞争性遴选的方式确定最终的重整投资人。同等条件下，优先确定预重整阶段签订意向协议书的投资人为重整投资人。

第二节　出资人权益调整

出资人权益调整是指在破产重整程序中，对公司的现有股权结构，如总股本、持股人、持股份额、持股比例进行相应调整，以清偿公司债务，优化公司治理结构，使公司获得重生，避免被破产清算。我国《企业破产法》对出资人权益调整的内容、方式都未明确，只是简单规定重整计划可以对出资人权益进行调整。法院裁定时审查的标准是“对出资人权益的调整公平、公正”。如果公司已经资不抵债，此时出资人权益为零，倘若进入清算程序，出资人将一无所获；但若进入重整程序并且重整成功的话，出资人还能分享重整利益。因此，对于重整成本，出资人理应进行分担，如果公司尚未资不抵债，但已经符合重整要件并依法进入重整程序，那么公司已处于财务困境，出资人权益将面临颗粒无收的风险。此时，重整成本由出资人和债权人等利害关系人共同负担具有逻辑自洽性。综上，无论公司已经资不抵债还是未达到资不抵债，公司重整时均应调整出资人权益①。

通过分析，90 家破产重整上市公司的出资人权益调整方案主要包括以下 5 项内容：

第一，调整出资人权益，以便于筹集偿还债务、恢复经营能力所需的资金。从出资人权益调整的必要性分析，无论公司是已经资不抵债还是未达到资不抵债的状态，公司均应调整出资人权益。从重整程序启动时间上分析，2009 年之后实施重整的上市公司均对出资人权益进行了调整，呈现出越来越规范的发展态势。

第二，出资人让渡股份（见本章附表 5 - 1）。调整出资人权益的上市公司多数采用了此常规方式，但在实务中，若让渡的股份已经被质押，则股权登记公司会以未取得质权人同意为由拒绝为被调整的质押股份办理过户登记手续。

第三，出资人让渡的股份在拍卖折现偿债过程中，涉及《证券法》有关要约收购的规定。依照《证券法》第 88 条的规定，要约收购适用于投资者持有一个上市公司已经发行的股份达到 30% 时还继续进行收购的情形。上市公司重整中一般都涉及股权的调整和转让，如果不能获得中国证监会的要约收购豁免待遇，一旦触发要约收购，将给重整工作带来很大的困难。

第四，缩股。作为出资人权益调整的主要方式之一，缩股又称为减资，主要是通过直接注销部分股权或者股份，运用会计手

---

① 申林平：《上市公司破产重整：原理与实务》，法律出版社 2020 年版，第 97 页。

段来调节公司净资产，抵消本应弥补的公司亏损。缩股是形式减资，不会损害债权人利益，更不会违背“资本三原则”。所谓“资本三原则”是指资本确定原则、资本维持原则和资本不变原则。实践中，上市公司往往将缩股与股份让渡结合使用，如＊ST华源。利用缩股和股份让渡的方式对出资人权益进行调整能有效解决重整程序中因公司股本过大导致重组方进入成本过高、持股比例较低的难题。

第五，资本公积金转增（见本章附表5－2）。＊ST北生首次引入资本公积金转增股份方案。转增股份的用途首先是用来偿债，其次是引进重组方，恢复经营生产。公司采取资本公积金转增股份实际上稀释了股份，有时甚至可以达到直接让渡的效果。但并不是每个公司都适合采取资本公积金转增股份的调整方式，这取决于本公司的具体财务情况，如总股本指标、资本公积金额。

如果公司本身的总股本已经很大，此时若采取资本公积金转增方式，就会导致总股本继续增大，面临后续重大资产重组时定向增发的困难。这使公司或者无法寻觅到合适的重组方，如＊ST北生；或者选定了重组方，但由于总股本庞大，债务沉重，导致重整进展不顺利，如＊ST宝硕。因此，对于总股本已经很大的公司采取资本公积金转增股份的方式实不可取。

如果公司的资本公积金不足，将难以转增足够的股本，需要通过其他途径补充。如＊ST抚钢（600399），其控股股东东北特钢集团向其赠予资金用于补充其资本公积金，支持其重整。2018年9月20日，东北特钢集团与＊ST抚钢签署了资金赠予协议，约定东北特钢集团向＊ST抚钢赠予资金不超过人民币9亿元。又如＊ST中绒（000982），相关关联公司豁免其对＊ST中绒债权中的5亿元部分，根据会计准则相关规定，＊ST中绒获得相应利得并计入资本公积金。前述新增资本公积金加上＊ST中绒账面原有资本公积金（资本溢价部分）1 956 833 774.03元，可用于转增股票的资本公积金不低于2 456 833 774.03元。

第三节 债权调整方案

在破产重整程序实施后，债权调整方案起到承上启下的作用，债权调整方案的制订决定着破产重整能否成功。企业破产重整的目的在于保护各方利害关系人的利益和社会的整体利益，破产重整的重要手段就是通过协调各方利害关系人之间的利益而得到大多数人认可，其中如何协调诸多债权人的利益则是其首先需要解决的问题。《企业破产法》第109条、第113条规定了我国破产债务的清偿顺序，通常为有财产担保的债权就特定财产优先受偿，再按照职工债权、税款债权、普通债权的顺序清偿。由于债权的清偿顺序、债权的性质不同，我国针对不同类型的债权分组各自进行债权调整，重点是对职工债权、税款债权、有财产担保债权、普通债权、其他债权的调整。债权调整方案在重整计划中甚至破产重整过程中具有至关重要的作用，本部分对被批准重整计划的90家上市公司的债权调整方案整理如下。

一、职工债权

如表5-1所示，职工债权的调整分为两类：有职工债权的公司和没有职工债权的公司。其中没有职工债权的公司有19家；而有职工债权的71家公司中，职工债权均采取全额清偿、不作调整的方案。

表 5－1　　职工债权调整

调整方案	公司
职工债权以货币形式全部清偿，不作调整	600722＊ST沧化、600242S＊ST华龙、000688S＊ST朝华、000892S＊ST星美、600155＊ST宝硕、000631S＊ST兰宝、600705S＊ST北亚、000561＊ST长岭、600094＊ST华源、600180＊ST九发、200160＊ST帝贤B、000719S＊ST鑫安、600556＊ST北生、000498＊ST丹化、600217＊ST秦岭、600057＊ST夏新、000587S＊ST光明、000818ST锦化、600678＊ST金顶、600757＊ST源发、000757＊ST方向、002145＊ST钛白、600462＊ST石岘、600817＊ST宏盛、000820＊ST金城、000677＊ST海龙、000972＊ST中基、600381＊ST贤成、002506＊ST超日、002015＊ST霞客、000155＊ST川化、600725＊ST云维、601005＊ST重钢、000912＊ST天化、600399＊ST抚钢、000982＊ST中绒、300116坚瑞沃能、300008天海防务、600815＊ST厦工、601258＊ST庞大、600186＊ST莲花、000410＊ST沈机、000792＊ST盐湖、002210＊ST飞马、002501＊ST利源、600179＊ST安通、000595＊ST宝实、002445＊ST中南、002323＊ST雅博、601777＊ST力帆、603555ST贵人、600595＊ST中孚、002219＊ST恒康、002356＊ST赫美、000564＊ST大集、600221＊ST海航、600515＊ST基础、600734＊ST实达、300071＊ST嘉信、600225＊ST松江、600518＊ST康美、002321＊ST华英、000523＊ST浪奇、000751＊ST锌业、600074＊ST中达、000520＊ST凤凰、000030＊ST盛润A、200030＊ST盛润B 002175＊ST东网、002716＊ST金贵、002766＊ST索菱 （除最后三家公司以外，其他公司均以现金形式清偿）
无	000925S＊ST海纳、600728S＊ST新太、000034＊ST深泰、000697＊ST偏转、000557ST银广夏、000787＊ST创智、600699＊ST得亨、000035＊ST科健、000033＊ST新都、002608＊ST舜船、600423＊ST柳化、002260＊ST德奥、000981＊ST银亿、002354＊ST天娱、600157＊ST永泰、000980＊ST众泰、002072＊ST凯瑞、300278＊ST华昌、000017/200017＊ST深中华A/B

二、税款债权

如表 5－2 所示，税款债权的调整分为两类：有税款债权的公司和没有税款债权的公司。其中，没有税款债权的公司有 32 家；而有税款债权的 58 公司中，税款债权均采取不作调整、按 100% 比例清偿的方案。

表 5－2　税款债权调整

调整方案	公司
不作调整，按 100% 比例清偿	600722＊ST 沧化、600242S＊ST 华龙、000688S＊ST 朝华、000892S＊ST星美、600155＊ST 宝硕、000631S＊ST 兰宝、600705S＊ST 北亚、000561＊ST 长岭、600094＊ST 华源、600180＊ST 九发、000719S＊ST 鑫安、600556＊ST 北生、000498＊ST 丹化、600217＊ST 秦岭、600057＊ST 夏新、000587S＊ST 光明、000818ST 锦化、600678＊ST 金顶、600757＊ST 源发、000757＊ST 方向、600462＊ST 石岘、600817＊ST 宏盛、000820 ＊ST 金城、000677＊ST 海龙、000035＊ST 科健、000751＊ST 锌业、000520＊ST 凤凰、600381＊ST 贤成、002506＊ST 超日、002608＊ST 舜船、000155＊ST 川化、600725＊ST 云维、000982＊ST 中绒、601258 ＊ST 庞大、600186＊ST 莲花、000410＊ST 沈机、000792＊ST 盐湖、002501＊ST 利源、002716＊ST 金贵、000595＊ST 宝实、601777＊ST 力帆、603555ST 贵人、600595＊ST 中孚、002072 ＊ST凯瑞、002356＊ST 赫美、000564＊ST 大集、600221＊ST 海航、600734＊ST 实达、300071 ＊ST 嘉信、600225＊ST 松江、600518＊ST 康美、002321＊ST 华英、000523＊ST 浪奇、300278＊ST 华昌、002175＊ST 东网、200160＊ST 帝贤 B、000017/200017＊ST 深中华 A/B、300008 天海防务

续表

调整方案	公司
无	000925S＊ST海纳、600728S＊ST新太、000034＊ST深泰、000697＊ST偏转、000557ST银广夏、000787＊ST创智、600699＊ST得亨、002145＊ST钛白、000972＊ST中基、600074＊ST中达、002015＊ST霞客、000033＊ST新都、601005＊ST重钢、000912＊ST天化、600423＊ST柳化、600399＊ST抚钢、300116坚瑞沃能、600815＊ST厦工、002260＊ST德奥、002210＊ST飞马、000981＊ST银亿、600179＊ST安通、002354＊ST天娱、002445＊ST中南、002323＊ST雅博、600157＊ST永泰、002766＊ST索菱、002219＊ST恒康、000980＊ST众泰、600515＊ST基础、000030＊ST盛润A、200030＊ST盛润B

三、有财产担保债权

如本章附表5－3所示，有财产担保债权中，90家公司中有16家公司没有有财产担保债权方面的披露，余下74家公司根据抵押物变现后是否有足够的价值偿还有财产担保债权可大致分为：全额清偿与抵押物不足部分计入普通债权两种方式。若抵押物变现后有足够的价值，就采取全额清偿方式；反之，则将抵押物不足部分计入普通债权，参与普通债权按比例清偿方式。

四、普通债权

如本章附表5－4所示，90家公司均披露了公司普通债权调整相关的内容，而这90家公司的普通债权调整方案均采取一定金额之下直接现金清偿，超过部分通过以股抵债予以清偿的方式。

五、其他债权

如表5－3所示，其他债权中，虽然有54家公司披露了公司共益债务的相关内容，但是只有 22 家公司对其他债权有关内容进行披露，其中有社保债权，如＊ST 秦岭和＊ST 中孚；融资租赁债权，如＊ST 庞大、＊ST 力帆和＊ST 中孚；小额债权，如＊ST 盛润 A 和＊ST 盛润 B；劣后债权的有 3 家公司，预计债权的有 12 家公司。

表 5－3　　其他债权调整

调整类型	公司
其他社保债权	600217＊ST 秦岭、600595＊ST 中孚
小额债权	000030＊ST 盛润 A、200030＊ST 盛润 B
暂缓确认债权	600381＊ST 贤成、600725＊ST 云维
预计债权	000564＊ST 大集、002321＊ST 华英、000033＊ST 新都（按照普通债权的标准调整）、000595＊ST 宝实、002506＊ST 超日、600225＊ST 松江、002354＊ST 天娱、601777＊ST 力帆、600595＊ST 中孚、000980＊ST 众泰、600221＊ST 海航、600515＊ST 基础
劣后债权	300008 天海防务（不予清偿）、600734＊ST 实达（不予清偿）、300071＊ST 嘉信
融资租赁类债权	601258＊ST 庞大、601777＊ST 力帆、600595＊ST 中孚
无	600722＊ST 沧化、600242S＊ST 华龙、000688S＊ST 朝华、000892S＊ST 星美、600155＊ST 宝硕、000925S＊ST 海纳、000631S＊ST 兰宝、600705S＊ST 北亚、000561＊ST 长岭、600094＊ST 华源、600180＊ST 九发、200160＊ST 帝贤 B、000719S＊ST 鑫安、600556＊ST 北生、600728S＊ST 新太、000498＊ST 丹化、000034＊ST 深泰、000697＊ST 偏转、600057＊ST 夏新、000587S＊ST 光明、000818ST 锦化、000557ST 银广夏、000787＊ST 创智、600699＊ST 得亨、600678＊ST 金顶、600757＊ST 源发、000757＊ST 方向、002145＊ST 钛白、600462＊ST 石岘、600817＊ST 宏盛、000820＊ST 金城、000677＊ST 海龙、000035＊ST 科健、000972＊ST 中基、000751＊ST 锌业、600074＊ST 中达、

续表

调整类型	公司
无	000520 * ST 凤凰、002015 * ST 霞客、002608 * ST 舜船、000155 * ST 川化、601005 * ST 重钢、000912 * ST 天化、600423 * ST 柳化、600399 * ST 抚钢、000982 * ST 中绒、300116 坚瑞沃能、600815 * ST 厦工、600186 * ST 莲花、000410 * ST 沈机、002260 * ST 德奥、000792 * ST 盐湖、002210 * ST 飞马、002501 * ST 利源、000981 * ST 银亿、002716 * ST 金贵、600179 * ST 安通、002445 * ST 中南、002323 * ST 雅博、600157 * ST 永泰、603555ST 贵人、002766 * ST 索菱、002219 * ST 恒康、002072 * ST 凯瑞、002356 * ST 赫美、600518 * ST 康美、000523 * ST 浪奇、300278 * ST 华昌、002175 * ST 东网、000017/200017 * ST 深中华 A/B

第四节　债权清偿方案

我国《企业破产法》第 81 条规定，重整计划草案应当包括债权分类、债权调整方案、债权受偿方案。债权受偿（清偿）方案实际上是对债权调整方案的实际清偿方式，详细到债权清偿的期限、方式、金额等。重整计划的最终目的是落实，债权的受偿方案越明确，越有助于债权人、债务人、管理人以及法院均能明确债权的清偿方式。债权受偿方案以债权调整方案为基础，因此债权受偿方案也针对不同类型的债权分组清偿，重点分为职工债权、税款债权、有财产担保债权、普通债权、预计债权。《企业破产法》第 109 条、第 113 条规定了我国破产债务的清偿顺序，通常为有财产担保的债权就特定财产优先受偿，再按照职工债权、税款债权、普通债权的顺序清偿。本部分对被批准重整计划的90家上市公司的债权受偿方案进行分析。

一、职工债权

我国《企业破产法》第6条规定："人民法院审理破产案件，应当依法保障企业职工的合法权益，依法追究破产企业经营管理人员的法律责任。"《企业破产法》第48条规定："债务人所欠职工的工资和医疗、伤残补助、抚恤费用，所欠的应当划入职工个人账户的基本养老保险、基本医疗保险费用，以及法律、行政法规规定应当支付给职工的补偿金，不必申报，由管理人调查后列出清单并予以公示。职工对清单记载有异议的，可以要求管理人更正；管理人不予更正的，职工可以向人民法院提起诉讼。"这是一种特殊保护，避免了职工因为不知道、不懂得申报或者逾期申报带来的不利后果①。

如表5-4所示，90家公司中有18家没有对职工债权的清偿进行披露，余下72家公司中，11家公司未标明是否全额清偿，61家公司均标明在一定期限内全额清偿。

表5-4　　职工债权清偿

类型	清偿方案	公司
全额清偿	未标明清偿方式	600722 * ST 沧化、600242S * ST 华龙、600155 * ST 宝硕、000631S * ST 兰宝、600705S * ST 北亚、600180 * ST 九发、600817 * ST 宏盛、000677 * ST 海龙

① 陈政：《破产债权清偿顺序问题研究——以权利冲突及其解决为视角》，西南政法大学，2014年3月。

续表

类型	清偿方案	公司
全额清偿	以货币方式清偿	000498＊ST丹化、600057＊ST夏新、000757＊ST方向、600074＊ST中达、600381＊ST贤成、000410 ＊ST沈机、002219＊ST恒康、000719S＊ST鑫安、600217＊ST秦岭、002145＊ST钛白、600725＊ST云维、000912＊ST天化、600399＊ST抚钢、000982 ＊ST中绒、300116坚瑞沃能、300008天海防务、600815＊ST厦工、601258＊ST庞大、600186＊ST莲花、002260＊ST德奥、601005＊ST重钢、000792 ＊ST盐湖、002210＊ST飞马、002501＊ST利源、000688S＊ST朝华、600179＊ST安通、000595＊ST宝实、002445＊ST中南、002323＊ST雅博、601777＊ST力帆、603555ST贵人、600595＊ST中孚、002356＊ST赫美、000564＊ST大集、600221＊ST海航、600515＊ST基础、600734＊ST实达、600225 ＊ST松江、600518＊ST康美、002321＊ST华英、000561＊ST长岭、000030＊ST盛润A、200030＊ST盛润B、002015＊ST霞客、002716＊ST金贵、002766＊ST索菱、002175＊ST东网
	依据国家有关规定进行清偿	000820＊ST金城
	以资产处置收入或资产变现价款清偿	600556＊ST北生、600757＊ST源发、000155＊ST川化
	以现金或股份予以清偿	600678＊ST金顶、000520＊ST凤凰
未标明全额清偿	未标明清偿方式	000523＊ST浪奇、300071＊ST嘉信
	以现金方式清偿	000892S＊ST星美、600462＊ST石岘、000972＊ST中基
	依据国家有关规定进行清偿	200160＊ST帝贤B、000587S＊ST光明、000818ST锦化、000751＊ST锌业、002506＊ST超日
	以资产处置收入或资产变现价款清偿	600094＊ST华源

续表

类型	清偿方案	公司
无清偿方案	无	000925S＊ST海纳、600728S＊ST新太、000034＊ST深泰、000697＊ST偏转、000557ST银广夏、000787＊ST创智、600699＊ST得亨、000035＊ST科健、000033＊ST新都、002608＊ST舜船、600423＊ST柳化、000981＊ST银亿、002354＊ST天娱、600157＊ST永泰、000980＊ST众泰、002072＊ST凯瑞、300278＊ST华昌、000017/200017＊ST深中华A/B

二、税款债权

通常意义上，税收债权是涉及公共利益较多的破产债权。首先，从税收存在的必要性或者税收的根据看，税收体现着公益性。税收能够有效地提供公共物品，从而能够满足公共需求，缓解市场失灵，实现国家职能。

如表5－5所示，90家公司中有34家公司没有对税款债权的清偿进行披露，余下56家公司中，12家公司未标明全额清偿，剩下44家公司均标明在一定期限内全额清偿。

表5－5　　税款债权清偿表

类型	清偿方案	公司
全额清偿	未标明清偿方式	600722＊ST沧化、600242S＊ST华龙、600817＊ST宏盛、002506＊ST超日、600705S＊ST北亚
	以货币方式清偿	000688S＊ST朝华、000631S＊ST兰宝、000498＊ST丹化、600057＊ST夏新、000587S＊ST光明、000757＊ST方向、000820＊ST金城、600381＊ST贤成、000410＊ST沈机、002072＊ST凯瑞、600518＊ST康美、000719S＊ST鑫安、600217＊ST秦岭、000677＊ST海龙、000520＊ST凤凰、002608＊ST舜船、600725＊ST云维、000982＊ST中绒、

续表

类型	清偿方案	公司
全额清偿	以货币方式清偿	601258 * ST 庞大、600186 * ST 莲花、000792 * ST 盐湖、002501 * ST 利源、000595 * ST 宝实、601777 * ST 力帆、603555ST 贵人、002356 * ST 赫美、000564 * ST 大集、600221 * ST 海航、600515 * ST 基础、600734 * ST 实达、300071 * ST 嘉信、600225 * ST 松江、002321 * ST 华英、000017/200017 * ST 深中华 A/B、000561 * ST 长岭、002716 * ST 金贵、300278 * ST 华昌、002175 * ST 东网
未标明全额清偿	以现金方式清偿	000892S * ST 星美
	依据国家有关规定进行清偿	600155 * ST 宝硕、600180 * ST 九发、200160 * ST 帝贤 B、000818ST 锦化、600678 * ST 金顶、600462 * ST 石岘、000751 * ST 锌业
	以资产处置收入或资产变现价款清偿	600094 * ST 华源、600556 * ST 北生、600757 * ST 源发、000155 * ST 川化
无清偿方案	无	000925S * ST 海纳、600728S * ST 新太、000034 * ST 深泰、000697 * ST 偏转、000557ST 银广夏、000787 * ST 创智、600699 * ST 得亨、002145 * ST 钛白、000972 * ST 中基、600074 * ST 中达、002015 * ST 霞客、000033 * ST 新都、601005 * ST 重钢、000912 * ST 天化、600423 * ST 柳化、600399 * ST 抚钢、300116 坚瑞沃能、300008 天海防务、600815 * ST 厦工、002260 * ST 德奥、002210 * ST 飞马、000981 * ST 银亿、600179 * ST 安通、002354 * ST 天娱、002445 * ST 中南、002323 * ST 雅博、600157 * ST 永泰、600595 * ST 中孚、002766 * ST 索菱、002219 * ST 恒康、000980 * ST 众泰、000523 * ST 浪奇、000030 * ST 盛润 A、200030 * ST 盛润 B

三、有财产担保债权

对债务人之特定财产享有担保权的破产债权，无疑是破产债权中非常重要的一类。该类破产债权的意义核心即在于其“担保性”。有担保物权担保之破产债权，是债务人尤其是企业法人应当清偿的主要的破产债权类型之一。在现代社会中，企业融资对于一个企业的发展至关重要。在我国现有的法律框架内，企业融资所能采取的途径无外乎直接融资和间接融资。其中，直接融资采用发行企业债券或者股票的方式来实现，但其受到国家有关证券发行的法律法规和规章的严格限制，需要满足法定的条件和履行严格的程序，对于很多企业而言是不现实的。因此，间接融资就成为很多企业解决发展资金的重要途径。然而，银行出于金融风险的考虑，也会对企业申请贷款进行严格的审查，一般不会允许企业进行信用贷款，往往要求企业提供相应的担保。其中，企业以自有财产为贷款债务提供担保即成为获得贷款的重要方式。当企业破产时，这些贷款当然成为有担保物权担保之债权。目前，企业破产时，企业财产几乎全部用于担保，已经成为破产实践中一个重要的现实问题。

在重整程序中，重整中的债务人企业，要想实现涅槃重生，需要具备能够正常经营的各种条件。其中，尤为重要的是机器设备、土地厂房、办公设备等物质条件，而企业的这些财产往往早已发生了担保。如果破产重整程序中的担保权人能够像传统破产清算程序中的担保权人一样行使担保权，那么企业的再生将会因必要物质条件的缺失而成为无根之水、无本之木。因此，为了达到破产重整制度之立法目的的实现，在破产重整程序中对担保权的行使进行必要的限制不可避免。然而，为实现破产重整制度之立法目的而对担保权所进行的必要限制，在一定程度上背离了《企业破产法》尊敬和承认并尽量维持破产程序开始前相关权益的权利状态的基本原则，这必然构成对担保权人基于其他民商事法律而享有的担保权益的损害，将极大限制担保物权制度促进资金融通、增进社会整体福利之功能的发挥。为避免担保制度因破产重整制度的出现而丧失其制度设计的基本价值，在对担保权给予限制的同时，必须对其提供相应的救济，以寻求重整程序中担保权人与其他关系人之间的利益平衡①。

根据本书的整理，90 家公司中有 16 家公司未披露有财产担保债权的清偿方式；余下 74 家公司中有 20 家公司采用全额清偿的方式进行有财产担保债权的清偿，54 家公司将有财产担保债权分为两部分：一部分以抵押物的变现价值清偿，另一部分则划为普通债权，与普通债权一起清偿。

四、普通债权

普通债权，即在产生原因上、性质上没有特殊性的债权。因该类债权在产生原因上、性质上无有别于其他破产债权的特殊性，因而不具备优先保护的特权。在破产重整程序中，债权人程序权利的架构也仍然要以破产债权清偿顺序中各破产债权的清偿位次为基准。确保每一个债权人至少能够得到依《企业破产法》所规定的清偿顺序所能得到的清偿，将是重整计划草案得以通过的底线。

根据本书整理，90 家公司中有 14 家公司的普通债权在一定

---

① 陈政：《破产债权清偿顺序问题研究——以权利冲突及其解决为视角》，西南政法大学，2014 年 3 月。

期限内以现金形式清偿，余下 76 家公司普通债权的清偿方案大多是将小额普通债权全额现金清偿，大额普通债权以股抵债来实现全额清偿，即公司通过资本公积转增股份，再以一定的每股价格来计算需支付的股数。以股抵债的股票价格如表 5－6 所示。

表 5－6　　以股抵债的股票价格

公司代码	公司简称	以股抵债的股票价格	100 元债权获得股票数量	以股抵债方式下普通债权清偿比例	备注
000892	S＊ST 星美	5	20	1	
000561	＊ST 长岭	6.34	15.7729	1	
600094	＊ST 华源	4.37	3.3	0.1442	
000719	S＊ST 鑫安	8.3056 6.6489	12.04 15.04	1 1	
000030/200030	＊ST 盛润 A/＊ST 盛润 B	29.1095	3.4353	1	其中，每 100 元债权获得的 3.4353 股股票包括流通股 0.3824 股、已到限售期的限售股 0.7586 股、限售期到 2010 年 12 月 28 日的限售股 1.3342 股、限售期到 2011 年 12 月 28 日的限售股 0.9601 股
000034	＊ST 深泰	42.55	2.35	1	
600678	＊ST 金顶	38	2.6316	1	
000017/200017	＊ST 深中华 A/B	46.0829	2.17	1	每 100 元普通债权可以分得深中华 A 股 1.23 股、B 股 0.94 股

续表

公司代码	公司简称	以股抵债的股票价格	100元债权获得股票数量	以股抵债方式下普通债权清偿比例	备注
000972	*ST 中基	8.421	3.8	1	
000520	*ST 凤凰	2.53	46	1	
002608	*ST 舜船	13.72	7.288	1	
600725	*ST 云维	7.55	3.97	0.3	每家债权人30万元以上债权部分的清偿比例为30%，其中6%以现金方式清偿，在本重整计划执行期限内清偿完毕；另外24%以全体股东按照本重整计划出资人权益调整方案让渡的股份按照7.55元/股的价格抵偿
601005	*ST 重钢	3.68	15.990483	0.58844978	
000912	*ST 天化	8.89	11.2485	1	
600423	*ST 柳化	4.83	10.35	0.5	
600399	*ST 抚钢	7.92	12.626263	1	
000982	*ST 中绒	5.87	17.035775	1	
300008	天海防务	3	33.3333	1	
600815	*ST 厦工	3.6	27.777778	1	
601258	*ST 庞大	5.98	16.722408	1	
000410	*ST 沈机	34.3642	2.91	1	
002210	*ST 飞马	4	5	1	
002501	*ST 利源	9.74	10.27	1	
000981	*ST 银亿	3.96	25.25252525	1	

续表

公司代码	公司简称	以股抵债的股票价格	100 元债权获得股票数量	以股抵债方式下普通债权清偿比例	备注
600179	*ST 安通	9.5	10.5263158	1	
000595	*ST 宝实	8	12.5	1	
002354	*ST 天娱	—	—	1	以资本公积转增的股票抵偿，每股抵债价格=二债会召开日前 20 个交易日公司股票交易均价×2.20，用于清偿普通债权的股票数量=待清偿普通债权总额/转增股票抵债价格，每 100 元债权可分得股票数量=用于清偿普通债权的股票数量/待清偿普通债权总额×100，普通债权清偿率为 100%
002445	*ST 中南	3	10	0.3	以现金方式清偿 20%，以转增股票方式清偿 30%，即每 100 元普通债权分得 20 元现金和 10 股资本公积金转增股票
002323	*ST 雅博	5.8	17.24137931	1	
601777	*ST 力帆	15.97	6.26174076	1	
600157	*ST 永泰	1.94	51.546392	1	
603555	ST 贵人	6	16.666667	1	

续表

公司代码	公司简称	以股抵债的股票价格	100 元债权获得股票数量	以股抵债方式下普通债权清偿比例	备注
600595	*ST 中孚	12.86	7.77604977	1	
000980	*ST 众泰	12.98	7.70416025	1	
002356	*ST 赫美	10	10	1	
000564	*ST 大集	4	25	1	
600221	*ST 海航	3.18	11.2	0.3561	
600515	*ST 基础	15.56	6.43	1	
300071	*ST 嘉信	13.75	7.2727	1	
600225	*ST 松江	9.5	10.52631579	1	
600518	*ST 康美	10	8.829	1	
002321	*ST 华英	7.55	13.245	1	
000523	*ST 浪奇	6.61	15.1286	1	
300278	*ST 华昌	7.35	13.6	1	
002175	*ST 东网	5.2	19.230769	1	

以股抵债的方式主要有三种：一是原上市公司股东让渡部分或全部该上市公司股票，并用该让渡的股票偿还上市公司所欠的债务；二是上市公司通过将其所有者权益中的资本公积转增为该上市公司的股票，并用该转增的股票清偿其所欠的债务；三是以上两种方式的结合。从 2007—2021 年的案例看，2014 年以前第一种方式较为普遍，2014 年及以后，第二种和第三种方式被多次采用。

抵债股价是指法院裁定的破产重整计划中约定的用来抵偿其所欠债务的价格（而非真实市场交易价格）。在一定数量的抵债股票下，较高的抵债股价将在表面上实现较高的受偿率。在破产重整中以一定的受偿率为目标，则抵债股价也将影响债权人获得股票的数量。抵债股价越高，在一定受偿率下，债权人获得的股票数量越少①。

90 家公司中有 46 家（其中一家有 B 股）采用以股抵债的方式进行普通债权的清偿，每股抵债价格最高为每股 46.0829 元，最低为每股 1.94 元，每股价格在 2—5 元的公司有 10 家，每股价格在 5—10 元的公司有 25 家，每股价格在 10—15 元的公司有 5 家，每股价格在 20—45 元的有 4 家。总体而言，不同公司的实际股价存在差异，但对于大部分进行破产重整的公司而言，其股价基本在 1—3 元。因此，对于债权人而言，债权人通过该方式受偿的股票存在价格虚高，进而导致债权人债权受偿率虚高。如 * ST 沈机（000410）普通债权清偿方案显示，“对于未获留债的金融普通债权，由沈机股份资本公积金转增股票中的约 4.14 亿股股票进行清偿，每 100 元普通债权预计可分得约 2.91 股沈机股份的股票”，那么可以计算得出，* ST 沈机普通债权人获得的股票价格为 34.36 元/股，而 * ST 沈机股价在 2019—2021 年最高价格为 9.34 元，只有以股抵债股票价格的 27%，债权人损失较大。

五、预计债权

预计债权主要包括暂缓确认的债权以及未申报的债权，公司预留部分股份或者资金。根据本书整理，90 家公司中有 26 家公司没有对预计债权的清偿进行披露，余下的预计债权基本分为两类：

第一类：已向管理人申报但因涉诉未决、需进一步补充证据

---

① 沈建鑫：《上市公司破产重整抵债股价研究》，载《银行家》2021 年 8 月。

材料等原因导致管理人尚无法出具审查意见而暂缓确定的债权。重整中按照其申报金额预留相应抵债股票，待其债权经审查确定之后，可以按照重整计划规定的同类债权清偿条件受偿。

第二类：未在债权申报期限内申报但账面记载的债权、未依照《企业破产法》规定申报但仍受法律保护的债权，在重整计划执行期间不得行使权利；在重整计划执行完毕后，债权人可以按照重整计划规定的同类债权的清偿条件向公司主张权利。

第五节　经营方案

经营方案是为挽救债务人、改变债务人的亏损状态、恢复其营业能力而对债务人采取的营业调整措施，如转让部分营业财产、调整业务范围、重新制订生产经营计划、改变企业组织结构、变更管理层、企业合并或者分立、引进外来投资、裁员、借款。重整计划的制订人应该根据债务人的具体情况采用切实、可行的措施以恢复债务人的营运价值，为重整成功创造条件。每个公司的经营方案根据实际情况各不相同，但最重要的内容是资金筹措及使用安排、资产重组等。美国破产法规定，重整计划可以对实施措施进行自由规定，但原则上重整计划必须足够详细，使债权人和股东在对重整计划进行表决时能够合理地判断其可行性。为了给重整计划制订人提供参考，美国破产法也列举了一些可供考虑的方面，包括以下几点：债务人是打算保留全部破产财产，还是打算出售、出租或以其他方式处置部分财产；债务人是否将与其他企业进行合并；债务人是否打算将破产财产的一部分转移给另一个新设立的企业；担保物的处置计划；债务人是否打算发行新的股票或债券或进行其他机构性改组。破产法律所列举的，只是供债务人在制订重整计划时考虑的一些方面，并不是一个完整的清单。实际上，在重整计划中的实施措施还需包括债务人的经营计划和业务发展预测①。

如本章附表 5－5 所示，90 家公司中 S＊ST 海纳无经营方案，＊ST 宝硕未披露经营方案，其余 88 家上市公司均有经营方案，但这些经营方案大部分主要聚焦于对未来的畅想与宏观规划，很少有具体的经营目标，难以进行评价。应规范和细化债务人经营方案，明确经营方案应当由什么内容组成，使其规范化和细化，具有可操作性。例如，规定经营方案应当包括重组方的名称、财务状况、业务范围等基本情况以及资产重组、业务重组、组织机构和管理方面的变更等内容。

在恢复经营能力所需资金来源方面，主要是由重组方注入优质资产，但具体以何种方式注入？不少上市公司的重整计划没有进一步具体规定。换言之，就是没有融资方案。即使规定了注入方式，往往是有条件受让公司股东让渡的股份。另外一种最常见的方式是债务人通过向重组方定向增发的方式筹集资金，此时定向增发价格是争议焦点。经营方案中应当确定重组方，同时经营方案应当规定，根据后续的实际情况可以对重组方进行调整。

第六节　典型案例分析：银亿股份

银亿股份前身兰光科技成立于 1998 年 8 月 31 日，注册地位于甘肃省兰州市高新技术开发区张苏滩 573 号 8 楼，于 2000 年 6 月 22 日在深交所上市，证券代码为 000981。2011 年 5 月 6 日，

---

① 潘琪著：《美国破产法》，法律出版社 1999 年版，第 212—213 页。

中国证监会出具《关于核准甘肃兰光科技股份有限公司向宁波银亿控股有限公司发行股份购买资产的批复》（证监许可〔2011〕680号）、《关于核准宁波银亿控股有限公司公告甘肃兰光科技股份有限公司收购报告书并豁免其要约收购义务的批复》（证监许可〔2011〕681号），核准银亿控股收购兰光科技。从2012年4月9日起，上市公司股票简称由“兰光科技”正式更名为“银亿股份”。银亿股份现办公地址位于浙江省宁波市江北区人民路132号银亿外滩大厦6楼，注册资本为40.28亿元，法定代表人为熊续强。根据上市公司现行有效的公司章程，上市公司主营范围为：房地产开发、经营；商品房销售；物业管理；装饰装修；房屋租赁；园林绿化；建筑材料及装潢材料的批发、零售；项目投资；兴办实业，汽车零部件的生产、研发和销售等（依法须经批准的项目，经相关部门批准后方可经营）。

受国内宏观经济、消费者信心不足，房地产行业宏观调控进一步加强且行业集中度逐步提升，汽车整车销售呈下降态势等因素影响，银亿股份2018年销售收入和利润出现下滑，同年开始出现亏损。由于银亿股份自身债务负担沉重，且到期债务偿付压力巨大，长期存在资金链断裂的风险。自2019年4月下旬以来，银亿股份陆续出现关联往来款项被认定存在控股股东及其关联方非经营性资金占用、重组标的业绩不达标、承诺方不能及时进行业绩补偿等重大问题。虽然银亿股份积极采取了全面的内部改革及脱困措施，但仍不能彻底摆脱上市公司的经营困境和债务危机。因银亿股份资金严重不足，且长期经营亏损，明显缺乏清偿能力，具备重整原因及重整可能，宁波中院根据债权人的申请，于2020年6月23日依法裁定受理银亿股份重整一案，并于同日指定银亿系企业清算组担任临时管理人。2020年8月21日，在宁波中院的召集下，银亿股份顺利召开了第一次债权人会议。经第一次债权人会议表决通过后，银亿系企业清算组正式履行银亿股份管理人职责。

一、引入重整投资人

（一）设定重整投资人的条件

为实现对银亿股份未来发展的持续支持，银亿股份重整投资人基本条件如下：

（1）重整投资人应当是依法设立并有效存续的企业法人或非法人组织，具有较高的社会责任感和良好的商业信誉，同时未被列入失信被执行人名单。

（2）本次重整投资人的招募不限行业，但具有汽车零部件行业或上下游行业从业者，在同等条件下优先考虑。

（3）重整投资人应拥有足够的资金实力进行重整投资，并能出具相应的资信证明或其他履约能力证明。

（4）两个或两个以上的重整投资人联合参与投资，以一个参评人的身份参与遴选，其中至少有一个重整投资人应符合全部资格条件。

（5）重整投资人应当符合监管机构要求的其他相关条件（含经认定的股东资格条件）。

（二）对重整投资人的评审

为保障重整投资人的遴选公开、公平、公正，并接受各方的监督，公司管理人决定采用公开招募的方式遴选重整投资人。2020 年 10 月 27 日，在宁波中院的监督下，重整投资人评审委员会对意向重整投资人提交的重整投资方案进行现场评审，并对意向重整投资人提交的重整投资方案进行评分，根据评分结果，最终确定由嘉兴梓禾瑾芯股权投资合伙企业（有限合伙）作为公司重整投资人，其投资总报价为人民币32亿元。同时，遴选出中泽控股集团股份有限公司与Punch Motive International NV（比利时邦志动力国际公司）组成的联合投资体、宁波合奔投资合伙企业（有限合伙）作为备选的公司重整投资人。公司将根据《关于公开招募和遴选重整投资人的公告》与确定的重整投资人签订相关书面重整投资协议，并推进重整相关工作[①]。

二、出资人权益变动

银亿股份现金流严重不足，已不能清偿到期债务，且明显缺乏清偿能力，生产经营和财务状况均已陷入困境。为挽救银亿股份，避免其破产清算，出资人和债权人需共同努力，共同分担实现上市公司重生的成本。因此，势必会对银亿股份出资人的权益进行调整。

银亿股份此次股本转增总共分两次进行。在第一次转增中，共计可转增2 610 137 444股股票，向控股股东及其支配的股东分配的1 855 202 169股股票用于完成业绩补偿，向其他股东转增754 935 275股股票；第二次转增共计可转增约3 359 343 562股股票，将全部用于偿还债务，以及用于引进重整投资人。其股本转增两次的原因可能在于：

第一，银亿转增的股份用途较多，需要业绩补偿与引进重整投资人，还需要偿还债权以及增加其他股东股数，单纯转增一次

---

① 2020年6月23日，浙江省宁波市中级法院（以下简称“宁波中院”）裁定受理对银亿股份有限公司（以下简称“公司”）的重整申请，并指定有关政府部门和有关中介机构组成的银亿系企业清算组担任公司的临时管理人，公司正式进入重整程序。

可能涉及计算复杂以及不易划分各方利益的情况，需要通过两次股份转增将业绩补偿与引进重整投资人、偿还债务分开。

第二，重整投资人投入32亿元可能存在不确定性（事实也证明重整投资人出资不顺利），若重整投资人出资不能到位的话，转增股本就无法实施，利用转增股本进行业绩补偿就无法实现，所以分两次转增股本。

首先，以银亿股份现有总股本为基数，按照每10股转增6.48股的比例实施资本公积金转增股票，共计可转增2 610 137 444股股票。转增后，银亿股份总股本将由4 027 989 882股增加至6 638 127 326股。

其次，再以6 638 127 326股为基数，按照每10股转增5.06股的比例实施资本公积转增，共计可转增约3 359 343 562股股票。转增后，银亿股份总股本将最终增加至9 997 470 888股。上述转增股票按照如下出资人权益调整方案进行安排（见表5－7）。

（一）控股股东权益变动

按照每10股转增6.48股的比例实施资本公积金转增股票，共计可转增2 610 137 444股。其中，应向控股股东及其支配的股东分配的1 855 202 169股将优先用于完成业绩补偿（业绩补偿股票677 015 839股），剩余的部分转增股票根据重整计划的规定进行处置，不再向上述股东进行分配。完成业绩补偿后，控股股东及其支配的股东应分配的总计1 174 433 403股业绩补偿股票及剩余的未向其分配的转增股票3 752 927股，共计1 178 186 330股股票将全部让渡，在最终转增完成后将专项用于引进重整投资人并解决银亿股份存在的历史遗留问题。重整前后控股股东权益变动见表5－8。

表 5－7　　出资人权益变动

股东	重整前股权结构		每 10 股转增 6.48 股				每 10 股转增 5.06 股				重整后股权结构	
	持股数量（股）	持股比例（%）	转增股数（股）	业绩补偿支付的股数（股）	业绩补偿后持股数量（股）	控股股东让渡数（股）	转增前持股数量（股）	转增股数（股）	让渡用于以股抵债股数（股）	让渡用于有条件引进重整投资人股数（股）	持股数量（股）	持股比例（%）
银亿控股	747 383 347	18.6	484 304 409	48 064 161	436 240 248	436 240 248	1 183 623 595	598 993 979	276 256 023	322 737 956	747 383 347	7.5
西藏银亿	481 414 795	12.0	311 956 787	83 328 276	228 628 511	228 628 511	710 043 306	359 330 168	165 723 073	193 607 095	481 414 795	4.8
宁波圣洲	922 611 132	22.9	597 852 014	499 863 228	97 988 786	97 988 786	1 020 599 918	516 492 290	238 206 535	278 286 385	922 611 132	9.2
熊基凯	711 557 036	17.7	461 088 959	45 760 174	415 328 785	415 328 785	1 126 885 821	570 280 810	263 013 510	307 267 300	711 557 036	7.1
除控股股东外的其他股东	1 165 023 572	28.9	754 935 275		1 431 951 114		2 596 974 686	1 314 245 685	606 130 110	708 115 575	2 596 974 686	26.0
重整投资人											2 988 200 641	29.9
债权人											1 549 329 251	15.5
合计	4 027 989 882	100.0	2 610 137 444	677 015 839	2 610 137 444	1 178 186 330	6 638 127 326	3 358 892 427	1 549 329 251	1 810 014 311	9 997 470 888	100.0

资料来源：根据银亿股份重整计划整理。

表 5－8　　　　控股股东权益变动

股东名称	持股比例（%）		持股数量（股）	
	重整前	重整后	重整前	重整后
银亿控股	18.55	7.48	747 383 347	747 383 347
西藏银亿	11.95	4.82	481 414 795	481 414 795
宁波圣洲	22.91	9.23	922 611 132	922 611 132
熊基凯	17.67	7.12	711 557 036	711 557 036

资料来源：根据银亿股份重整计划整理。

（二）其他股东权益变动

重整前除控股股东及其支配的股东外的其他股东合计持股 1 165 023 572 股，占比 28.92%。转增股数重整后股权结构变为其他股东合计持股 2 596 974 686 股，占比 25.98%。其他股东具体权益变动见表 5－9。

表 5－9　　　　其他股东权益变动

股东名称	持股比例（%）		持股数量（股）	
	重整前	重整后	重整前	重整后
其他股东	28.92	25.98	1 165 023 572	2 596 974 686

资料来源：根据银亿股份重整计划整理。

重整前除控股股东及其支配的股东外的其他股东合计持股 1 165 023 572股，占比 28.92%。每 10 股转增 6.48 股部分中，共计转增 2 610 137 444 股股票，向控股股东及其支配的股东分配的转增股票为 1 851 449 242 股，向除控股股东及其支配的股东以外的全体其他股东转增股票为 754 935 275 股，剩余的 3 752 927股转增股票根据重整计划的规定进行处置，不再向原股东进行分配。

控股股东及其支配的股东分配的转增股票中的1 851 449 242股作为应补偿股份，业绩补偿结束后其他股东增加的持股数量为1 431 951 114股（转增股数754 935 275股加业绩补偿677 015 839股）。每10股转增5.06股部分（共转增1 314 245 685股）不再向全体股东分配，全部让渡并按照重整计划的规定，专项用于引进重整投资人，清偿负债（见表5－10）。

表5－10　　其他股东股份转增变动　　（单位：股）

股东名称	每10股转增6.48股		每10股转增5.06股		
	转增股数	业绩补偿结束后增加的持股数量	转增股数	让渡用于以股抵债股数	让渡用于有条件引入重整投资人股数
其他股东	754 935 275	1 431 951 114	1 314 245 685	606 130 110	708 115 575

资料来源：根据银亿股份重整计划整理。

转增股数重整后其他股东合计持股2 596 974 686股，占比25.98%。其他股东在经历了资本公积转增股份和业绩补偿后，持股比例基本不变，只有小幅下降，说明银亿股份向中小股东分配的相当数量的股数，保护了中小股东的利益。

（三）投资人权益变动

投资人通过受让2 988 200 641股股票支付现金对价解决银亿股份的遗留问题，其具体权益变动如表5－11所示。

表5－11　　投资人权益变动表

投资人名称	持股比例（%）		持股数量（股）	
	重整前	重整后	重整前	重整后
嘉兴梓禾瑾芯股权投资合伙企业	0	29.89	0	2 988 200 641

资料来源：根据银亿股份重整计划整理。

重整投资人通过受让控股股东及其支配的股东让渡的1 174 433 403股业绩补偿股票，转增剩余的未向其分配的转增股票3 752 927股及全体股东让渡的专项用于引进重整投资人的1 810 014 311股转增股票，共计受让股数为2 988 200 641股，占重整后总股数比例为29.89%。投资人由此成为第一大股东。

重整投资人梓禾瑾芯投入32亿元获得29.882亿股银亿股份，折合每股股价1.07元。截至2022年1月24日，＊ST银亿股份股价为3.15元，不考虑36个月的禁售期，重整投资人收益率超过200%[①]。

三、债权调整与清偿方案

根据《企业破产法》的规定及债权审查情况，银亿股份重整设有财产担保债权组和普通债权组，具体分类方案及调整方案如下。

（一）有财产担保债权

未获得担保财产优先受偿的财产担保债权按照普通债权组的受偿方案获得清偿。具体调整情况表5－12。

表5－12　有财产担保债权金额　（单位：元）

债权人名册	有财产担保债权金额	质押财产	就担保财产优先受偿金额	转入普通债权金额
宁波银加电子商务有限公司	475 174 138.33	川山甲	274 231 930.18	200 942 208.15

① 截至2022年1月24日，银亿股份重整投资人梓禾瑾芯股权投资合伙企业（有限合伙）已累计支付全部投资款人民币32亿元（含履约保证金人民币1.53亿元）至银亿股份管理人账户。根据《重整投资协议》约定，在重整投资人支付上述全部投资款后，银亿股份和管理人已及时启动重整计划中资本公积金转增股票事项，因深圳新冠疫情影响，前往深圳现场办理股票转增、划转等相关工作受到一定限制，导致资本公积金转增股票一事有一定延迟。

续表

债权人名册	有财产担保债权金额	质押财产	就担保财产优先受偿金额	转入普通债权金额
浙江浙里投资管理有限公司	69 304 785.15	13.86%的股权	39 997 094.68	29 307 690.47
合计	544 478 923.48		314 229 024.86	230 249 898.62

资料来源：根据银亿股份重整计划整理。

经管理人审查，有财产担保债权人共计2家，分别为宁波银加电子商务有限公司和浙江浙里投资管理有限公司，涉及金额544 478 923.48元。按照《企业破产法》的规定，有财产担保债权人就担保财产享有优先受偿的权利。根据担保财产的评估价值及担保范围，有财产担保债权中有314 229 024.86元可以就担保财产获得优先清偿，将全额留债分期清偿；其余230 249 898.62元债权由于无法就担保财产优先受偿，需列入普通债权组。

（二）普通债权

根据偿债能力分析，银亿股份在破产清算状态下的普通债权清偿比例为39.75%。为最大限度地保护债权人的合法权益，根据银亿股份的实际情况，重整计划将较大幅度地提高普通债权的清偿比例。普通债权具体分类及其金额见表5-13。

表5-13　普通债权金额表　（单位：元）

类别	金额
已经宁波中院裁定确认的债权	5 013 653 313.95
已经管理人审查但尚未经裁定确认的债权	1 932 242 465.52
预计债权中暂缓确认的债权	24 949 162.87

续表

类别	金额
按照普通债权组的调整方案和受偿方案获得清偿的债权（有财产担保债权转入）	230 249 898. 62
银亿股份普通债权总额	7 201 094 840. 96

资料来源：根据银亿股份重整计划整理。

1. 普通债权

银亿股份普通债权总额为 7 201 094 840. 96 元，债权清偿方式如下：

（1）普通债权以债权人为单位，每家债权人 120 万元以下（含 120 万元）的部分，按照 100% 的比例进行现金清偿；由银亿股份在本重整计划获得法院批准之日起 1 个月内以现金方式清偿完毕。

（2）每家普通债权人超过 120 万元的债权部分，将对普通债权不作调整，全部通过以股抵债的方式予以清偿。由银亿股份在本重整计划执行期限内，每家普通债权人的每 100 元债权可分得 25. 2525 股上市公司股票（分配的股票的最终数量以中登深圳实际登记确认的数量为准，若股数出现小数位，则去掉拟分配股票数小数点右侧的数字，并在个位数上加“1”），股票抵债价格为 3. 96 元/股，该部分债权的清偿比例为 100%。

2. 预计债权

（1）暂缓确认债权。已向管理人申报但因仍需补充证据材料等原因导致管理人尚无法出具审查意见而暂缓确定的债权，本次重整中按照其申报金额预留相应偿债资金和抵债股票，待其债权经审查确定之后，可以按照本重整计划规定的同类债权清偿条件受偿。如经审查确定之后，其债权性质不属于本重整计划规定的有财产担保债权或普通债权，则该笔债权应按照《企业破产法》的相关规定进行受偿。

（2）未申报债权。针对在本重整计划提交法院和债权人会议表决前未进行申报但仍受法律保护的债权，在本重整计划执行期间不得行使权利；在重整计划执行完毕后，仍可要求银亿股份按照重整计划规定的同类债权清偿方案进行清偿。如经审查确定之后，其债权性质不属于本重整计划规定的有财产担保债权或普通债权的，则该笔债权应按照《企业破产法》的相关规定进行受偿。

四、经营方案

在重整计划获得法院批准之后，银亿股份将以重整为契机，通过进行一系列资产重组措施，从根本上改善银亿股份生产经营状况，实现高效有序的经营状态，维持并进一步提升银亿股份的竞争力，使银亿股份成为经营稳健、运营规范、业绩优良的上市公司。资产重组安排见表5－14。

表5－14　　银亿股份资产重组安排

<table>
<tr><td rowspan="2">银亿股份资产重组安排</td><td>资产结构优化</td><td>（1）整体剥离处置房地产业务，以资产处置的标的与资产处置方式为主
（2）置出山西凯能股权</td></tr>
<tr><td>汽车零部件板块</td><td>汽车零部件板块将以重整为契机，在重整完成后，公司将继续实施市场化改革，继续推动全球化产业布局和产品升级工作，进一步做优做强自动变速箱及其衍生的混合动力和纯电动产品、汽车安全气囊气体发生器等主营业务。同时加大研发投入，寻求新的业务增长点</td></tr>
</table>

资料来源：根据银亿股份重整计划整理。

五、重整执行情况

（一）资本公积金转增股本方案实施情况

截至 2022 年 4 月 26 日，银亿股份为执行重整计划转增的 5 969 481 006股股份已全部完成转增，公司总股本由4 027 989 882 股增至 9 997 470 888 股。上述 5 969 481 006 股股份全部登记至公司管理人开立的银亿股份有限公司破产企业财产处置专用账户（以下简称“管理人专用账户”），占转增后公司总股本的 59.71%。根据重整计划安排，在出资人权益调整方案中将解决原控股股东及其支配股东的业绩补偿、现金分红返还和资金占用问题等历史遗留问题。目前，银亿股份已实施完成重整计划中资本公积金转增股本方案，原控股股东及其支配股东的业绩补偿、现金分红返还和资金占用问题等历史遗留问题已全部解决。

（二）债权清偿进展情况

对有财产担保债权清偿的进展情况：截至 2022 年 4 月 26 日，银亿股份已用重整投资人支付的投资款完成对有财产担保债权的首期及第二期还款并支付了按照重整计划规定应当支付的利息，合计金额为 118 860 401.89 元。

对普通债权现金清偿的进展情况：截至 2022 年 4 月 26 日，经宁波中院裁定确认的涉及普通债权现金清偿的债权人共 131 家，已用重整投资人支付的投资款完成现金清偿的共 127 家，共支付普通债权清偿款人民币 121 618 305.00 元；剩余 4 家债权人因未提供银行账户信息等原因，还未就上述债务进行现金清偿，待上述债权人银行账户信息更正完毕或提供完毕后，将立即着手上述现金清偿事宜。

对普通债权以股抵债清偿的进展情况：截至 2022 年 4 月 26 日，管理人专用账户持有的银亿股份股票中，519 317 625 股已过户至银亿股份债权人指定的证券账户，对应的普通债权清偿金额为 2 056 497 795 元，该部分股份的上市交易日期为 2022 年 2 月 25 日。剩余 1 030 011 626 股转增股份将继续提存于管理人专用账户，待相关债权人提供证券账户或债权获得确认后，根据重整计划的规定进行分配。

（三）重整投资协议履行进展情况

根据重整计划和重整投资协议安排，资本公积转增形成的股份中的2 988 200 641股由重整投资人梓禾瑾芯受让。截至公告日，管理人专用账户持有的银亿股份股票中的 2 988 200 641 股已过户至梓禾瑾芯的证券账户。目前梓禾瑾芯持有公司 2 988 200 641股，占公司总股本的 29.89%，为公司控股股东，实际控制人为叶骥先生。

根据银亿股份关于公司重整计划执行进展的公告可知，其大部分债权已经清偿完毕，余下未清偿的只有部分以股抵债的普通债权，公司重整计划中资本公积金转增股本方案已经完成，原控股股东及其支配股东的业绩补偿、现金分红返还和资金占用问题等历史遗留问题均已全部解决，公司的实际控制人变更为叶骥先生，表明出资人事实上已经获得该公司的控制权。总体来说，银亿股份的债权清偿虽然耗时较长，但仍处于稳步进行的状态中。

附表

附表 5－1 出资人权益调整：股东让渡比例

序号	股票代码	公司简称	控股股东让渡比例	非控股股东让渡比例	备注
1	600722	＊ST 沧化	11.00%	—	登记在册的股东中持股 10 万股以上（不包括 10 万股）的股东让渡
2	000892	S＊ST 星美	—	—	全体非流通股股东通过股权分置改革让渡
3	600155	＊ST 宝硕	75.00%	按持股数量确定让渡比例	持股数量在 1 万股以下（含 1 万股）让渡比例为 10%；1 万股以上 5 万股以下（含 5 万股）部分，让渡比例为 20%；5 万股以上 300 万股以下（含 300 万股）部分，让渡比例为 30%；300 万股以上 2 200 万股以下（含2 200 万股）部分，让渡比例为 40%
4	600705	S＊ST 北亚	—	—	（1）非流通股股东向流通股股东送股。流通股股东每持有 10 股流通股将获得非流通股股东支付的 2.8 股股份 （2）全体股东同比例缩股。全体股东按照每 10 股缩为 2.8 股的比例缩股

续表

序号	股票代码	公司简称	控股股东让渡比例	非控股股东让渡比例	备注
5	000561	*ST 长岭	80.00%	按持股数量确定让渡比例	(1) 市国资委作为长岭的第一大股东，让渡其持有的全部股份之80%，计95 221 120股 (2) 市国资委以外的其他非流通股股东，分别让渡其持有的全部股份之50%，共计17 949 240股 (3) 全体流通股股东分别让渡其持有的全部股份之10%，共计24 206 332股
6	600094	*ST 华源	87.00%	24.00%	—
7	600180	*ST 九发	52.02%	30.00%	九发集团让渡其持有的九发股份7 500万股股票，占其持有九发股份股票的70.20%；其他股东按30%比例让渡其持有的九发股份股票，共让渡股票43 245 467股。全体股东让渡股票共计118 245 467股
8	000719	S*ST 鑫安	按持股数量确定让渡比例	按持股数量确定让渡比例	(1) 河南花园集团有限公司让渡其持有鑫安科技股份的70%，计26 254 208股 (2) 河南永盛投资担保有限公司让渡其持有鑫安科技股份的67%，计24 270 879股 (3) 河南觉悟科技有限公司让渡其持有鑫安科技股份的50%，计3 236 641股 (4) 流通股股东让渡其持有股份的15%，计7 375 679股。非流通股股东共计让渡53 761 728股，流通股股东共计让渡7 375 679股，总计让渡61 137 407股

续表

序号	股票代码	公司简称	控股股东让渡比例	非控股股东让渡比例	备注
9	600728	S＊ST 新太	按持股数量确定让渡比例	按持股数量确定让渡比例	非流通股股东拟让渡 9% 的股权，共计让渡 11 435 416 股，流通股股东拟让渡 6% 股权，共计让渡 4 867 215股，该让渡股权将作为偿还债务的资金来源
10	000498	＊ST 丹化	按持股数量确定让渡比例	按持股数量确定让渡比例	（1）丹化集团让渡其所持丹东化纤股份的 40%（57 686 578 股，为有限售条件的流通股） （2）资本公积金转增股份和丹化集团让渡的股份共计 108 386 578 股，全部用于按照本重整计划的规定清偿相关债权
11	600217	＊ST 秦岭	21.67%	10.41%	（1）控股股东耀县水泥厂无偿让渡所持秦岭水泥股份的 43% 用于重整，共计 70 480 338 股；其他股东无偿让渡所持秦岭水泥股份的 21% 用于重整，共计104 345 643 股 （2）全体股东让渡的股份中，45 858 146股按照重整计划的规定用于清偿债权，128 967 835 股由重组方唐山冀东水泥股份有限公司有条件受让
12	000030	＊ST 盛润 A	77.00%		

续表

序号	股票代码	公司简称	控股股东让渡比例	非控股股东让渡比例	备注
13	200030	* ST 盛润 B		按持股数量确定让渡比例	(1) 莱英达集团作为盛润股份的控股股东，为支持盛润股份的重整，无偿让渡其持有盛润股份股权的 40%，共计 6 901.76 万股用于清偿盛润股份的债务；另外还需让渡 37% 的股权共计6 384.13 万股，由重组方有条件受让 (2) 除莱英达集团外持有盛润股份超过 1 万股股份的股东，其持有的 1 万股以下（含 1 万股）的部分不需要让渡，超过 1 万股的部分无偿让渡 20%，共计让渡 A 股 1 094.55 万股、B 股 544.36 万股
14	000034	* ST 深泰	按持股数量确定让渡比例	按持股数量确定让渡比例	(1) 全体限售流通股股东，即希格玛公司、宝投公司、重庆润江、华润深国投各无偿让渡所持有的限售流通股 15%，合计让渡限售流通股 25 415 516 股 (2) 全体流通股股东各无偿让渡所持有的流通股的 10%，合计让渡流通股18 849 303股 以上合计让渡深泰集团股票 44 264 819股，占深泰集团总股本的 12.37%

续表

序号	股票代码	公司简称	控股股东让渡比例	非控股股东让渡比例	备注
15	600057	*ST夏新	100.00%	5.69%	(1) 全体股东按照一定比例让渡其持有的夏新电子股份。夏新电子有限公司让渡其所持股份的100%(185 209 632股,为有限售条件的流通股),其他股东分别让渡其所持股份的10%(24 463 037股,其让渡中50 306股为有限售条件的流通股)。全体股东共计让渡209 672 669股 (2) 全体股东让渡的股份中,70 000 000股(其中24 412 731股为无限售流通股)按照重整计划的规定用于清偿债权 (3) 全体股东让渡的股份中,139 672 669股由重组方有条件受让
16	000587	S*ST光明	按持股数量确定让渡比例	按持股数量确定让渡比例	(1) 光明集团按照16%的比例让渡其实际持有的非流通股票(不包括已转让并质押予上海鸿扬公司的1 500万股股票),共计让渡713.89万股非流通股票 (2) 其他非流通股东按照10%的比例让渡其持有的非流通股票(包括光明集团已转让并质押予上海鸿扬公司的非流通股票),共计让渡575.99万股非流通股票 (3) 流通股东持有的5万股(含5万股)以上部分的流通股票按照6%的比例进行让渡,共计让渡200.86万股流通股票

续表

序号	股票代码	公司简称	控股股东让渡比例	非控股股东让渡比例	备注
17	000818	ST 锦化	按持股数量确定让渡比例	按持股数量确定让渡比例	锦化股份让渡其转增股份的60%，共计让渡约2.04亿股
18	000557	ST 银广夏	按持股数量确定让渡比例	按持股数量确定让渡比例	银广夏全体股东按照以下比例让渡其所持股份：浙江长金实业有限公司（或其受让人）让渡70%，其余股东持股数量50万股以上的部分让渡18%，50万股以下（含50万股）的部分让渡12%。全体股东共计让渡100 430 245股（其中17 517 794股股份被质押，17 523 743股股份被司法冻结，17 670 535股股份为限售流通股）
19	000787	*ST 创智	按持股数量确定让渡比例	按持股数量确定让渡比例	四川大地作为第一大股东让渡其持有的创智科技股份数量的35%，让渡数量为15 622 320股；湖南华创实业有限公司和湖南创智实业有限公司作为创智科技原大股东的关联公司，分别让渡其持有的创智科技股份数量的35%，两个公司合计让渡数额为5 706 750股。其让渡1万股以上部分的20%，让渡1万股以内的部分（含1万股）的15%，合计让渡47 318 728股；持股1万股以下（含1万股）的股东让渡其持有的创智科技股份数量的15%，合计让渡10 675 592股。出资人让渡股份共计为79 323 390股（注：每户股东让渡股份数量取计算结果的整数部分，不足1股部分不计入）

续表

序号	股票代码	公司简称	控股股东让渡比例	非控股股东让渡比例	备注
20	600699	*ST 得亨	按持股数量确定让渡比例	按持股数量确定让渡比例	得亨股份第一大股东辽源市财政局让渡其所持股份的 50%（让渡 11 122 180 股），其他股东让渡其所持股份的 18%（合计让渡 529 426 283股）全体股东共计让渡 40 548 463 股
21	600678	*ST 金顶	—	—	调减全体股东所持金顶公司股份的 23%，共计调减约 80 265 090 股
22	600757	*ST 源发	按持股数量确定让渡比例	按持股数量确定让渡比例	(1) 每名股东持有的 1 000 万股以下（含 1 000 万股）部分的股票，按照 33% 的比例进行让渡，共计让渡股份 11 084.06 万股 (2) 每名股东持有的超过 1 000 万股部分的股票，按照 38% 的比例进行让渡，共计让渡 8 219.06 万股 (3) 香港冠丰自愿将其持有的剩余股票中再让渡 987.97 万股股票，用于支持华源发展重整工作

续表

序号	股票代码	公司简称	控股股东让渡比例	非控股股东让渡比例	备注
23	000757	＊ST 方向	按持股数量确定让渡比例	按持股数量确定让渡比例	股东让渡股份 ①除公司工会外，方向光电股东无偿让渡其持有股份的 10%，共计让渡28 976 073股 ②出具报告之日时的第一大股东北泰集团持有方向光电的股份额外无偿让渡 25 500 股，因此北泰集团共计无偿让渡 3 000 万股，占其持有方向光电股份的 66.67%
24	600462	＊ST 石岘	—	—	股份调减 ①第一大股东吉林石岘纸业有限责任公司，调减其所持股份的 40% ②第二、第三、第四大股东即中国华融资产管理公司、中国东方资产管理公司、中国建设银行股份有限公司吉林省分行，调减其所持股份的 30% ③除前四大股东外的其他股东，调减其所持股份的 20%；按照上述比例，共计调减股份约97 025 238股
25	000820	＊ST 金城	按持股数量确定让渡比例	按持股数量确定让渡比例	（1）金城股份第一大股东锦州鑫天纸业有限公司按照 30% 比例让渡其持有的金城股份股票 （2）其他股东按照 22% 的比例让渡其持有的金城股份股票，共计让渡约6 678.69万股

续表

序号	股票代码	公司简称	控股股东让渡比例	非控股股东让渡比例	备注
26	000677	* ST 海龙	按持股数量确定让渡比例	按持股数量确定让渡比例	（1）出资人让渡股份 ①山东海龙第一大股东——潍坊市投资公司无偿让渡所持有山东海龙股份的78%，合计让渡109 452 812股 ②山东海龙第二大股东——潍坊康源投资有限公司无偿让渡所持有山东海龙股份的30%，合计让渡31 219 355股 ③山东海龙第三大股东——潍坊广澜投资有限公司所持有山东海龙股票全部依法拍卖后，由受让方无偿让渡25%股份，合计让渡14 978 889股 ④山东海龙第四大股东——上海东银投资有限公司无偿让渡所持有山东海龙股份的50%，合计让渡27 030 000股 ⑤除前四大股东外，山东海龙其他全体股东各无偿让渡所持有的山东海龙股份的25%，合计让渡126 401 842股 以上总计让渡山东海龙股份30 908 898股，约占山东海龙总股本的35.77%

续表

序号	股票代码	公司简称	控股股东让渡比例	非控股股东让渡比例	备注
27	000035	*ST 科健	按持股数量确定让渡比例	100.00%	中科健第一、第二大股东科健集团和智雄电子分别让渡其所持有中科健股份的40%，合计让渡股份25 845 600股。其中科健集团让渡13 445 600股，智雄电子让渡12 400 000股
28	000017/200017	*ST 深中华A/B	8%—10%	8.00%	全体股东无偿让渡8%的股份，其中第一大股东国晟能源和第二大股东卓润公司无偿让渡的股份增加2%至10%，用于清偿债务
29	000751	*ST 锌业	10.00%	10.00%	全体股东按照10%的比例让渡其目前持有的锌业股票，共计让渡约11 101.33万股
30	600381	*ST 贤成	12.00%	12.00%	(1) 缩减股份 (2) 出资人让渡股份 贤成矿业全体出资人以缩股后各自所持公司股份为基数，按照12%的比例让渡其所持有的公司股份，共计让渡约2 387.12万股

续表

序号	股票代码	公司简称	控股股东让渡比例	非控股股东让渡比例	备注
31	002015	＊ST 霞客	按持股数量确定让渡比例	按持股数量确定让渡比例	股东让渡股份： 第一大股东让渡其所持股份的6%，即1 259 406股 第二大股东让渡其所持股份的6%，即1 100 062股 让渡的股份由管理人公开变卖，变卖所得用于提供霞客环保偿债资金和预留霞客环保生产经营资金。第二大股东所持股份因个人债务已被查封，承诺股份若届时未能解封导致无法让渡，其将按5.38元/股 × 1 100 062股，将5 918 333.56元交付霞客环保，该5 918 333.56元提供环保偿资霞客环保生产经营资金
32	000033	＊ST 新都	按持股数量确定让渡比例	0.00%	公司第一大股东无偿让渡50%现持有股份和现持有股份对应的转增股份。其他股东不让渡股份，并以持有公司股份的数量，按照每10股转增3.04545721558199股的比例取得转增股份

附表 5－2　　出资人权益调整：资本公积转增股本

序号	股票代码	公司简称	资本公积转增股本比例	转增股本让渡比例（%）
1	600556	*ST 北生	10 转 3	100.00
2	000498	*ST 丹化	10 转 13	100.00
3	000818	ST 锦化	10 转 10	100.00
4	000757	*ST 方向	10 转 2	100.00
5	600462	*ST 石岘	10 转 3	—
6	600817	*ST 宏盛	10 转 0.5　10 转 2	100.00
7	000035	*ST 科健	10 转 2.59	100.00
8	000972	*ST 中基	10 转 6	—
9	000751	*ST 锌业	10 转 2.7	100.00
10	600074	*ST 中达	10 转 3.55	100.00
11	000520	*ST 凤凰	10 转 5	100.00
12	002506	*ST 超日	10 转 19.9165402124431	100.00
13	002015	*ST 霞客	10 转 6.7	100.00
14	000033	*ST 新都	10 转 3.04545721558199	—
15	002608	*ST 舜船	10 转 13.870379	100.00
16	000155	*ST 川化	10 转 17.02	100.00
17	600725	*ST 云维	10 转 10	30.00
18	601005	*ST 重钢	10 转 11.50	100.00
19	000912	*ST 天化	10 转 16.803419	100.00
20	600423	*ST 柳化	10 转 10	100.00
21	600399	*ST 抚钢	10 转不超过 5.72	100.00
22	000982	*ST 中绒	10 转 13.61	100.00
23	300116	坚瑞沃能	10 转 8.5	95.69
24	300008	天海防务	10 转 8	100.00
25	600815	*ST 厦工	10 转 8.5	100.00

续表

序号	股票代码	公司简称	资本公积转增股本比例	转增股本让渡比例（%）
26	601258	*ST 庞大	10 转 5.641598	100.00
27	600186	*ST 莲花	10 转 2.99333	100.00
28	000410	*ST 沈机	10 转 12	100.00
29	002260	*ST 德奥	10 转 11	100.00
30	000792	*ST 盐湖	10 转 9.5	100.00
31	002210	*ST 飞马	10 转 6.1	100.00
32	002501	*ST 利源	10 转 19.22	100.00
33	000981	*ST 银亿	10 转 6.4 之后再 10 转 5.06	100.00
34	002716	*ST 金贵	10 转 13.01436	100.00
35	600179	*ST 安通	10 转 19.35	96.61
36	000595	*ST 宝实	10 转 5.03	100.00
37	002354	*ST 天娱	—	100.00
38	002445	*ST 中南	10 转 7.292334	100.00
39	002323	*ST 雅博	10 转 18.44	6.99
40	601777	*ST 力帆	10 转 24.99695156	100.00
41	600157	*ST 永泰	10 转 7.88	100.00
42	603555	ST 贵人	10 转 15	100.00
43	600595	*ST 中孚	10 转 10	100.00
44	002766	*ST 索菱	10 转 10	100.00
45	002219	*ST 恒康	10 转 7.5	100.00
46	000980	*ST 众泰	10 转 15	100.00
47	002072	*ST 凯瑞	10 转 10.8909	100.00
48	002356	*ST 赫美	10 转 14.84	100.00
49	000564	*ST 大集	10 转 34.9	100.00
50	600221	*ST 海航	10 转 10	100.00
51	600515	*ST 基础	10 转 20	84.45
52	600734	*ST 实达	10 转 25	100.00
53	300071	*ST 嘉信	10 转 3.8	100.00

续表

序号	股票代码	公司简称	资本公积转增股本比例	转增股本让渡比例（%）
54	600225	*ST 松江	10 转 26.46628854	100.00
55	600518	*ST 康美	10 转 18	87.48
56	002321	*ST 华英	10 转 29.92	100.00
57	000523	*ST 浪奇	10 转 15.69	100.00
58	300278	*ST 华昌	10 转 15.00423	100.00
59	002175	*ST 东网	100 转 69.384138	100.00
备注	1. 600817 *ST 宏盛资本公积转增股本用于提高普通债权人的清偿比例，用资本公积金按每 10 股转增 0.5 股的比例，共计转增 6 436 403 股。资本公积转增股本用于引入战略投资者，用资本公积金按每 10 转增 2 股的比例向全体股东转增股本，共计转增 25 745 613 股 2. 600725 *ST 云维全体股东同比例无偿让渡本次转增股份的 30%（全体股东实际让渡比例为转增后总股本的 15%） 3. 600242S *ST 华龙、000688S *ST 朝华、000631S *ST 兰宝、200160 *ST 帝贤 B000925S *ST 海纳、000697 *ST 偏转、002145 *ST 钛白未披露相关内容			

附表 5-3　　有财产担保债权

序号	股票代码	公司简称	全额清偿	抵押物不足部分计入普通债权	备注
1	600722	*ST 沧化	√		分 3 年清偿
2	600242	S *ST 华龙		√	参与普通债权按比例清偿
3	000688	S *ST 朝华	√		抵偿特定财产
4	000892	S *ST 星美	√		直接抵偿
5	600155	*ST 宝硕	√		分 6 期清偿
6	000925	S *ST 海纳			无
7	000631	S *ST 兰宝			无

续表

序号	股票代码	公司简称	全额清偿	抵押物不足部分计入普通债权	备注
8	600705	S＊ST 北亚	√		
9	000561	＊ST 长岭			无
10	600094	＊ST 华源		√	
11	600180	＊ST 九发		√	
12	200160	＊ST 帝贤 B		√	
13	000719	S＊ST 鑫安	√		
14	600556	＊ST 北生		√	
15	600728	S＊ST 新太			无
16	000498	＊ST 丹化		√	
17	600217	＊ST 秦岭		√	
18	000030	＊ST 盛润 A			无
19	200030	＊ST 盛润 B			无
20	000034	＊ST 深泰			无
21	000697	＊ST 偏转	√		
22	600057	＊ST 夏新	√		假定相应担保财产和建筑工程能够按照清算价值予以变现，则担保债权和工程款优先权能够获得全额清偿
23	000587	S＊ST 光明		√	
24	000818	ST 锦化		√	
25	000557	ST 银广夏			无
26	000787	＊ST 创智			无
27	600699	＊ST 得亨		√	如果担保财产的变现价值小于担保债权金额，则未受清偿的担保债权作为普通债权受偿

续表

序号	股票代码	公司简称	全额清偿	抵押物不足部分计入普通债权	备注
28	600678	＊ST 金顶		√	若担保财产的变现价值或者担保资产评估报告所确定的评估价值不足以清偿所对应的担保债权，则该笔担保债权未受清偿的部分作为普通债权，按照重整计划规定的方案受偿
29	600757	＊ST 源发		√	
30	000757	＊ST 方向		√	
31	002145	＊ST 钛白	√		
32	600462	＊ST 石岘		√	若担保财产的变现价值或者评估的市场价值不足以清偿所对应的担保债权，则该笔担保债权未受清偿的部分转为普通债权，按照重整计划规定的方案受偿
33	600817	＊ST 宏盛	√		
34	000820	＊ST 金城		√	
35	000677	＊ST 海龙	√		
36	000035	＊ST 科健		√	
37	000017/200017	＊ST 深中华 A/B			无
38	000972	＊ST 中基	√		
39	000751	＊ST 锌业		√	

续表

序号	股票代码	公司简称	全额清偿	抵押物不足部分计入普通债权	备注
40	600074	*ST 中达	√		江苏银团债权就中达股份抵质押资产评估值得到全额清偿；就中达股份 7 家子公司和母公司申达集团抵质押资产评估值得到全额补偿；未就抵质押资产评估值得到清偿和补偿的部分，按普通债权受偿率 29.6% 受偿
41	000520	*ST 凤凰		√	
42	600381	*ST 贤成			无
43	002506	*ST 超日		√	
44	002015	*ST 霞客		√	
45	000033	*ST 新都	√		
46	002608	*ST 舜船		√	
47	000155	*ST 川化		√	
48	600725	*ST 云维		√	
49	601005	*ST 重钢		√	
50	000912	*ST 天化			无
51	600423	*ST 柳化		√	
52	600399	*ST 抚钢	√		10 年内清偿完毕
53	000982	*ST 中绒		√	
54	300116	坚瑞沃能		√	

续表

序号	股票代码	公司简称	全额清偿	抵押物不足部分计入普通债权	备注
55	300008	天海防务		√	有财产担保债权在担保财产快速变现价值(即141 149 725.58元)范围内优先现金受偿,并以该受偿金额作为对价,按照3元/股的价格以重整投资人身份取得资本公积金转增的股票,超过估值范围的部分作为普通债权清偿
56	600815	*ST厦工			无
57	601258	*ST庞大	√		
58	600186	*ST莲花	√		
59	000410	*ST沈机		√	
60	002260	*ST德奥		√	
61	000792	*ST盐湖	√		
62	002210	*ST飞马		√	
63	002501	*ST利源	√		
64	000981	*ST银亿	√		
65	002716	*ST金贵		√	
66	600179	*ST安通			无
67	000595	*ST宝实		√	
68	002354	*ST天娱		√	
69	002445	*ST中南		√	
70	002323	*ST雅博			无
71	601777	*ST力帆		√	
72	600157	*ST永泰		√	

续表

序号	股票代码	公司简称	全额清偿	抵押物不足部分计入普通债权	备注
73	603555	ST 贵人		√	
74	600595	*ST 中孚		√	
75	002766	*ST 索菱		√	
76	002219	*ST 恒康		√	
77	000980	*ST 众泰		√	
78	002072	*ST 凯瑞			无
79	002356	*ST 赫美		√	
80	000564	*ST 大集		√	
81	600221	*ST 海航		√	
82	600515	*ST 基础		√	
83	600734	*ST 实达		√	若对应担保财产的市场价值不足以覆盖有财产担保债权的全部金额，对于实达集团为主债务人或保证人的债权，债权金额超出依法可供其债权受偿的担保财产市场价值的部分依法转入普通债权清偿
84	300071	*ST 嘉信		√	
85	600225	*ST 松江		√	
86	600518	*ST 康美		√	
87	002321	*ST 华英		√	
88	000523	*ST 浪奇		√	
89	300278	*ST 华昌		√	
90	002175	*ST 东网		√	

附表 5－4　　　　普通债权调整方案

序号	公司代码	公司简称	普通债权调整
1	600722	＊ST 沧化	（1）普通债权人中 50 万元以上（不含 50 万元）大额债权可获得 14.28% 的清偿。大额普通债权中的金融机构债权，在重整计划执行期满 12 个月的月底前清偿 10%，满 24 个月的月底前清偿 35%，满 36 个月的月底前清偿 55%；大额普通债权中的非金融机构债权，在法院批准重整计划的次日起 6 个月内清偿 50%，1 年内清偿完毕 （2）普通债权人中 50 万元以下（含 50 万元）小额普通债权按 30% 的确定比例清偿。小额普通债权在法院批准重整计划次日起 9 个月内一次性清偿
2	600242	S＊ST 华龙	根据剩余可分配资产按同等比例清偿，未受清偿部分不再清偿
3	000688	S＊ST 朝华	所有普通债权本金现金清偿率为 10%，剩余 90% 本金债权及全部利息、罚息、违约金、赔偿金、迟延履行金及实现债权的费用等债权，与公司现有的资产（除已设定担保权的资产）按照账面值由重庆市好江贸易有限责任公司承债式收购
4	000892	S＊ST 星美	按已经确认的债权本金的 30% 清偿，未获清偿的全部剩余债权由重庆城奥承担清偿责任
5	600155	＊ST 宝硕	（1）普通债权人 10 万元以下（含 10 万元）部分的债权共计 15 007 826.58 元，将在重整计划草案获得法院裁定批准之日起 6 个月内一次性清偿 （2）超过 10 万元（不含 10 万元）部分的债权，按照 13% 比例以现金清偿部分为 621 726 192.13 元，在重整计划草案获得法院批准之日起 3 年内分 3 期清偿完毕，每年为 1 期，每期偿还 1/3，即 207 242 064.04 元，具体支付时间为每一期的期末

续表

序号	公司代码	公司简称	普通债权调整
6	000925	S＊ST 海纳	普通债权本金将获得 25.35%，在重整计划执行期内现金一次性清偿
7	000631	S＊ST 兰宝	普通债权一律按经确认的该债权数额的 22% 予以清偿，即清偿率为 22%；对普通债权人剩余的 78% 的债权数额（未清偿部分）依法不再承担任何清偿责任
8	600705	S＊ST 北亚	按经确认债权数额 19% 的比例予以清偿（大股东哈尔滨铁路局承诺：在重整计划草案表决通过并经人民法院批准、资产注入重组方案获批准后，在清偿比例范围内向各债权人提供担保，确保各债权人获得清偿）
9	000561	＊ST 长岭	按经确认的债权数额的 18% 予以清偿
10	600094	＊ST 华源	以出资人让渡的股票受偿，每 100 元债权受偿 3.3 股 A 股
11	600180	＊ST 九发	（1）该组各家债权人 10 万元以下部分的债权全额予以清偿。该部分债权以部分债权人放弃的应分配款项全额清偿 （2）该组债权人 10 万元以上（不含 10 万元）部分的债权，在扣除优先支付款项及 10 万元以下部分债权后，以九发股份全部资产实际处置变现款项、重组方及（或）投资人提供的 1.7 亿元现金、九发股份流通股股东让渡的 23 245 467 股股票、部分债权人在重整计划表决通过后放弃受偿的应分配款项及股票、追索恒丰银行的股权投资所得款项或第三方贴补款项 8 500 万元按比例进行清偿。按照上述安排，如果九发股份资产能够按照评估值变现，普通债权组 10 万元以上部分的债权清偿比例约可达到 20.48%

续表

序号	公司代码	公司简称	普通债权调整
12	200160	*ST 帝贤 B	债务人财产处置变现后根据债权受偿方案应当清偿普通债权的部分，全部向普通债权人进行分配。此外，由债务人另行筹集资金按照每家普通债权人最终获得确认的债权总额 2% 的比例再进行清偿。由于债务人以全部财产的变现所得向债权人进行清偿，并按照普通债权最终获得确认总额 2% 的比例再进行清偿，因此，普通债权根据重整计划所能获得的实际清偿率高于其在债务人破产清算条件下所能获得的清偿率
13	000719	S*ST 鑫安	普通债权的清偿比例为 17.05%；小额普通债权的清偿比例为 25.81%
14	600556	*ST 北生	(1) 该组各家债权人 5 万元以下部分的债权：共计 7 118 376.15元，全额清偿 (2) 该组债权人 5 万元以上（不含 5 万元）部分的债权：共有 104 家债权人的债权金额超过 5 万元，金额共计 1 187 604 255.22 元。对该部分债权通过资本公积金转增股份提高清偿比例。以北生药业截至 2008 年 12 月 26 日总股本为基数，全体股东用资本公积金每 10 股转增 3 股，转增 9 110.624 万股股份分配给普通债权人，每 100 元普通债权受偿约 7.67 股
15	600728	S*ST 新太	(1) 各家债权人 10 万元（含本数）以下部分的债权：共计1 345 545.00元，将获得全额清偿 (2) 各家债权人超过 10 万元部分的债权：普通债权组共有 12 家债权人的债权金额超过 10 万元，对于超出 10 万元（不含 10 万元）部分的债权，共计 325 519 859.58 元，按不低于 21.77% 的比例进行清偿

续表

序号	公司代码	公司简称	普通债权调整
16	000498	＊ST 丹化	(1) 每笔债权5万元以下（含5万元）部分：共计24 277 868. 91元，按照100%的比例清偿 (2) 每笔债权5万元以上部分：共计1 175 315 739. 82元。假定丹东化纤全部资产能够按照快速变现值变现，全部转增和让渡的股份按照重整计划进行变现，则变现资金清偿担保债权、重整费用、共益债务、职工债权、税务债权以及按照100%比例清偿5万元以下（含5万元）部分的普通债权之后，还有250 290 181. 96元资金用于清偿5万元以上部分的普通债权，则该部分债权的清偿比例约为21. 30%
17	600217	＊ST 秦岭	(1) 债权额的20%以现金清偿 (2) 为提高普通债权的清偿比例，每100元普通债权受偿5. 2股出资人让渡的秦岭水泥股份。按停牌价每股5. 78元计算，可使普通债权清偿比例提高30%。合并计算，普通债权的清偿比例为50%
18	000030	＊ST 盛润 A	普通债权的调整方案： 根据深圳天健国众联资产评估有限公司的偿债能力分析报告，盛润股份现有资产变现所得在支付破产费用、共益债务及优先债权后的剩余部分，向普通债权人按比例清偿，偿债比例仅为2. 16%。根据重整计划规定的清偿方案，盛润股份除了用现有资产偿债外，还将用股东无偿让渡的股份向普通债权人予以清偿，即普通债权按照每100元债权受偿3. 4353股盛润股份A股的标准获得清偿。按照流通股9. 07元/股、限售股8元/股测算，普通债权人可以获得的清偿比例为30. 05%。盛润股份普通债权人按照本重整计划规定的上述清偿方案获得清偿后，剩余部分的债权盛润股份依法不再承担清偿责任

续表

序号	公司代码	公司简称	普通债权调整
19	200030	*ST 盛润 B	小额债权的调整方案： 小额债权不作调整，按经确认的该类债权数额全额清偿，即清偿率为 100%
20	000034	*ST 深泰	根据偿债能力分析报告，深泰集团在破产清算状态下的普通债权清偿比例为 0.46%。为最大限度地保护全体债权人的合法权益，根据本案实际，重整计划将普通债权的清偿比例提高约 19.87 个百分点，使得普通债权清偿比例达到约 20.3298%。对于上述债权中未获清偿的部分，根据规定，深泰集团不再承担清偿责任
21	000697	*ST 偏转	对普通债权不予调整，全部普通债权按经确认的债权数额的 100% 予以清偿： （1）每笔债权中 1 万元以下（含 1 万元）部分的债权：共计 20 039 175.37 元，按照 100% 的比例清偿 （2）每笔债权中 1 万元以上 10 万元以下（含 10 万元）部分的债权：共计 66 645 299.95 元，按照 50% 的比例清偿 （3）每笔债权中 10 万元以上部分的债权
22	600057	*ST 夏新	该部分债权共计 2 302 449 362.82 元。假定夏新电子的资产能够按照清算价值变现，在清偿担保债权、重整费用、共益债务、职工债权、税务债权以及 10 万元以下（含 10 万元）部分的普通债权后，尚能剩余现金 141 590 558.12 元。该部分资金对 10 万元以上部分的普通债权按比例进行清偿，清偿比例约为 6.15%。为了提高该部分普通债权的清偿比例，重整计划安排将股东让渡的 70 000 000 股股份与重组方提供的 1 亿元现金用于追加清偿，让渡的股份按照夏新电子股票暂停上市前 20 日加权平均价 3.71 元/股计算，则该部分普通债权的清偿比例可以提高 15.62%。综上所述，10 万元以上部分的普通债权的清偿比例约为 21.77%

续表

序号	公司代码	公司简称	普通债权调整
23	000587	S＊ST 光明	（1）大额普通债权组 金额超过 30 000 元的普通债权为大额普通债权。大额普通债权总额为 381 631 802.10 元，共涉及 11 家债权人。该组债权调整方案如下： ①对每家债权人 30 000 元以下（含 30 000 元）的部分，按照 100%的比例清偿 ②对每家债权人超过 30 000 元的部分，按照 18%的比例清偿 ③光明家具履行完毕上述清偿义务后，大额普通债权未获清偿的部分全部予以豁免，债务人不再承担清偿责任 （2）小额普通债权组 金额在 30 000 元以下（含 30 000 元）的普通债权为小额普通债权 小额普通债权总额为 68 271.04 元，共涉及 16 家债权人。该组债权不作调整，按 100%比例清偿 普通债权以光明家具的财产变现所得以及出资人让渡股票的变现所得进行清偿
24	000818	ST 锦化	（1）对本组每家债权人 9 万元以下（含 9 万元）的债权部分按照 100%的比例清偿。该部分债权总额为 29 737 371.69 元，共计应清偿 29 737 371.69 元 （2）对本组每家债权人超过 9 万元的债权部分按照 5%的比例清偿。该部分债权总额为 2 336 618 354.72 元，共计应清偿 116 830 917.74 元
25	000557	ST 银广夏	每笔债权 100 万元以下部分（含 100 万元）清偿比例为 100%，每笔债权 100 万元以上 1 000 万元以下部分（含 1 000 万元）清偿比例为 70%，每笔债权 1 000 万元以上部分清偿比例为 50%

续表

序号	公司代码	公司简称	普通债权调整
26	000787	*ST 创智	(1) 债权金额不超过 8 000 000 元（含 8 000 000 元的部分），债权人可选择以现金或股票受偿，两种受偿方式只能择其一。债权人选择现金方式受偿的，债权清偿比例为 50%；选择股票方式受偿的，每 100 元普通债权约可分得 6 股创智科技股票 (2) 债权金额超过 8 000 000 元以上的部分以股票清偿，每 100 元普通债权约可分得 3.3286 股创智科技股票，按照创智科技股票被暂停上市前一交易日的收盘价 4.68 元/股计算，超过 8 000 000 元部分的清偿比例为 15.58%
27	600699	*ST 得亨	根据偿债能力评估报告，得亨股份如果实施破产清算，假定得亨股份全部资产能够按快速变现值约 4.32 亿元予以变现，则普通债权清偿比例约为 15.18%；假定得亨股份全部资产实际变现价值只能达到约 3.10 亿元或更低，则普通债权清偿比例为零。为提高普通债权的清偿比例，本重整计划安排将重组方提供的 2.14 亿元现金用于向普通债权人追加清偿。如果得亨股份资产能够按照快速变现值变现，则普通债权的清偿比例可以提高约 26.67%，普通债权清偿比例提高至约 41.85% 如果得亨股份资产的实际变现价值按照重整计划优先清偿担保债权后，不足以按照《企业破产法》的规定支付重整计划第七条规定的重整费用和共益债务，则重组方提供的现金优先用于弥补该资金缺口
28	600678	*ST 金顶	清偿比例，重整计划将普通债权的清偿比例调整如下：每位债权人 20 万元以下部分（含 20 万元）清偿比例为 100%，每位债权人 20 万元以上部分清偿比例为 18%

续表

序号	公司代码	公司简称	普通债权调整
29	600757	*ST 源发	华源发展现有全部财产将按照第一次债权人会议表决通过的财产处置方案处置变现，无担保财产的实际变现所得（扣除变现税费等必要费用后）在依次支付破产费用职工债权及税款债权，并按照债权性质预留清偿预计债权的相应款项后，剩余部分将向普通债权人按照债权比例进行分配 假定华源发展现有全部财产能够按照预计可回收金额变现，则普通债权就财产变现所得可以获得3.35%的清偿；最终的现金清偿率，以实际清偿为准 以让渡股票进行清偿。每100元普通债权将获得分配7.97股流通股及2.52股限售流通股。以华源发展股票停牌前20日的加权平均价格6.92元/股测算，普通债权清偿比例为72.59%；如华源发展现有全部财产能够按照预计可回收金额变现，则普通债权最终的综合清偿比例为75.94%
30	000757	*ST 方向	普通债权以方向光电的财产变现所得以及出资人让渡的115 531 616股的转让所得进行清偿，该组债权综合清偿比例约为19.68%。方向光电按照上述方案履行完毕清偿义务后，对于普通债权未获得清偿的部分不再承担清偿责任
31	002145	*ST 钛白	普通债权组设小额债权组后，普通债权金额为15 967.16万元，清偿率为41.69%。小额债权组的债权金额合计为7 088.87万元。在资产清偿率41.69%的基础上，由中国信达和中核四〇四提供部分资金，将清偿率提高至70%
32	600462	*ST 石岘	每家债权人2万元以下部分（含2万元）清偿比例为100%，每家债权人超过2万元部分清偿比例为10%

续表

序号	公司代码	公司简称	普通债权调整
33	600817	＊ST 宏盛	本重整计划安排将依据出资人权益调整方案转增部分股份，由管理人以不低于 4.30 元/股的价格进行处置或按比例分配给符合条件的普通债权人，用于提高清偿比例。清偿比例大约可提高至 12%（最终清偿率以全部资产实际变现数额为准）
34	000820	＊ST 金城	（1）对本组每家债权人 10 万元以下（含 10 万元）的债权部分按照 100% 的比例清偿 （2）对本组每家债权人超过 10 万元的债权部分按照 5% 的比例清偿
35	000677	＊ST 海龙	重整计划将对普通债权的清偿比例作较大幅度的提高： （1）普通债权 5 万元以下（含 5 万元）的部分全额清偿 （2）普通债权超过 5 万元（不含 5 万元）部分的清偿比例提高至 40% （3）对于上述债权中未获清偿的部分，根据规定，山东海龙不再承担清偿责任
36	000035	＊ST 科健	（1）大额普通债权 为适当提高小额债权组的清偿率，大额普通债权组现金清偿比例调整为 13.77%，股份的清偿率为每 100 元大额普通债权受偿 1.909 股中科健股份。如果按照中科健停牌前 20 个交易日均价 11.25 元/股计算，股份折成现金清偿的清偿率为 21.48%。两者相加，大额普通债权组清偿率合计约为 35.25%。中科健大额普通债权人按照重整计划规定的上述清偿方案获得清偿后，未获清偿的债权中科健依法不再承担清偿责任 （2）小额普通债权 小额债权组现金清偿比例为 28.52%。股份的清偿率为每 100 元小额普通债权受偿 1.909 股中科健股份。如果按照中科健停牌前 20 个交易日均价 11.25 元/股计算，股份清偿折成现金清偿的清偿率 21.48%。两者相加，小额债权组清偿率约为 50%。中科健小额普通债权人按照本重整计划规定的上述清偿方案获得清偿后，未获清偿的债权中科健依法不再承担清偿责任

续表

序号	公司代码	公司简称	普通债权调整
37	000017/200017	*ST 深中华 A/B	普通债权受偿分为两部分：一部分是通过处置现有资产受偿，另一部分是通过出资人让渡的股份受偿。假设资产均按照评估价值处置，资产处置受偿率为 24.36%；股票按照停牌价折算，让渡股份受偿率 6.31%，普通债权受偿率合计为 30.67%
38	000972	*ST 中基	(1) 普通债权金额在 4 万元以下部分（包括 4 万元），共计 814 382.35 元，全额予以清偿 (2) 普通债权金额 4 万元以上（不包括 4 万元）的部分，共计 3 661 893 074.27 元，综合偿债率提高至 53.86% (3) 对于普通债权中未获清偿的部分，根据规定，重整计划执行完毕后，中基实业不再承担清偿责任
39	000751	*ST 锌业	(1) 对本组每家债权人 15 万元以下（含 15 万元）的债权部分按照 100% 的比例清偿 (2) 对本组每家债权人超过 15 万元的债权部分按照 5% 的比例清偿
40	600074	*ST 中达	将普通债权受偿率从模拟破产清算条件下的 8.003% 提高至 29.6%；其余未受偿部分，中达股份不再清偿
41	000520	*ST 凤凰	(1) 对每家普通债权人 20 万元以下（含 20 万元）的债权部分按照 100% 的比例清偿 (2) 对每家普通债权人超过 20 万元的债权部分，每 100 元普通债权可分得 4.6 股长航凤凰股票，以长航凤凰股票 2013 年 12 月 27 日停牌价 2.53 元/股折价，该部分普通债权清偿比例约为 11.64%
42	600381	*ST 贤成	普通债权各家债权人本金 5 000 元以下（含 5 000 元）部分，按照 100% 比例予以全额清偿；各家债权人本金超过 5 000 元部分，按照 3% 的比例予以清偿；免除贤成矿业普通债权剩余未获清偿本金、全部利息及其他债权

续表

序号	公司代码	公司简称	普通债权调整
43	002506	*ST 超日	（1）每家普通债权人 20 万元以下部分（含 20 万元）的债权全额受偿 （2）普通债权超过 20 万元部分按照 20% 的比例受偿
44	002015	*ST 霞客	将普通债权受偿率从模拟破产清算条件下的 16.28% 提高至每户普通债权人所持普通债权金额在 10 万元以下的部分（含 10 万元）100% 受偿；超过 10 万元的部分按 60.24% 受偿。其余未受偿部分，不再清偿
45	000033	*ST 新都	（1）每家普通债权人 20 万元以下部分（含 20 万元）的债权全额受偿 （2）每家普通债权人超过 20 万元部分按照 60% 的比例受偿
46	002608	*ST 舜船	（1）对每家普通债权人 30 万元以下（含 30 万元）的债权部分，按照 100% 的比例以现金方式清偿 （2）对每家普通债权人超过 30 万元的债权部分，按 10.56% 的比例以现金方式清偿 （3）扣除以现金清偿债权的部分后，剩余普通债权以舜天船舶资本公积金转增的股票抵偿，每股抵债价格为 13.72 元，每 100 元债权可分得约 7.288 股股票
47	000155	*ST 川化	（1）每家普通债权人债权额 100 万元以下（含 100 万元）的债权全额清偿 （2）每家普通债权人债权额超过 100 万元的部分按照 50% 的比例清偿
48	600725	*ST 云维	（1）金融普通债权 金融普通债权包括向管理人申报的金融普通债权（包括已经确认和暂未确认金额），以及担保债权因优先受偿不足转为金融普通债权的金额。金融普通债权的调整和清偿方案如下：①30 万元以下部分（含 30 万元）现金全额清偿；②30 万元以上部分以现金和股票按比例清偿

续表

序号	公司代码	公司简称	普通债权调整
48	600725	*ST 云维	(2) 非金融普通债权 非金融普通债权基本是经营性债权，相对于金融债权有较大的特殊性，涉及债权人人数众多，绝大部分债权单笔债权额度相对较小。非金融普通债权调整及清偿方案如下：①30 万元以下部分（含 30 万元）全额现金清偿；②30 万元以上部分以现金按比例清偿
49	601005	*ST 重钢	(1) 每家普通债权人 50 万元以下（含 50 万元）的债权部分，按照 100% 的比例以现金方式清偿 (2) 每家普通债权人超过 50 万元的债权部分，每 100 元普通债权将分得约 15.990483 股重庆钢铁 A 股股票，股票的抵债价格按 3.68 元/股计算，该部分普通债权的清偿比例约为 58.844978%。以股抵债过程中，如债权人可分得的股票存在不足 1 股的情况，则该债权人分得的股票数量按照"进一法"处理，即去掉拟分配股票数小数点右侧的数字后，在个位数上加"1"
50	000912	*ST 天化	(1) 每家债权人 10 万元以下（含 10 万元）的部分，由泸天化股份在本重整计划获得法院裁定批准之日起 6 个月内依法以现金方式一次性清偿完毕 (2) 超过 10 万元的部分： ①金融类普通债权 每家金融类普通债权人每 100 元普通债权分得约 11.24859393 股上市公司股票（若股数出现小数位，则去掉拟分配股票数小数点右侧的数字后，在个位数上加"1"），股票的抵债价格为 8.89 元/股，该部分债权的清偿比例为 100% ②非金融类普通债权 非金融类普通债权人可在如下两种方式中选择一种获得清偿：第一，每家非金融类普通债权人每 100 元普通债分得约 11.24859393 股上市公司股票（若股数出现小数位，则去掉拟分配股票数小数点右侧的数字后，在个位数上加"1"），股票的抵债价格为 8.89 元/股，该部分债权的清偿比例为 100%。第二，在本重整计

续表

序号	公司代码	公司简称	普通债权调整
50	000912	＊ST 天化	划获得法院裁定批准之日起 6 个月内，由泸天化股份以现金方式一次性清偿该部分债权的 60%，非金融类普通债权人按照该方案受偿后未获清偿的债权部分，根据《企业破产法》第九十四条的规定，泸天化股份不再承担清偿责任 (3) 泸天化集团作为泸天化股份的重要债权人，承诺将其对泸天化股份的 4 亿元债权转为对上市公司的资本性投入由全体股东享有，并不再向上市公司进行追偿（承诺不再追偿的债权金额已超过对泸天化股份所享有债权总额的 50%），上市公司也无须向泸天化集团清偿，以确保泸天化股份可以集中偿债资源优先清偿其他普通债权人的债权。就泸天化集团对上市公司所享有的剩余债权，泸天化集团承诺将不占用本次重整的上市公司偿债资源，由上市公司在本重整计划获得法院裁定批准之日起 12 个月内以现金方式分期清偿完毕，且不再就前述债权计收利息
51	600423	＊ST 柳化	普通债权 20 万元以下（含 20 万元）的部分全额受偿，超过 20 万元的部分受偿比例为 50%，未受偿部分柳化股份不再清偿
52	600399	＊ST 抚钢	(1) 经营类普通债权 ①每家债权人 50 万元以下（含 50 万元）的债权部分以现金方式一次性全额清偿，由抚顺特钢在本重整计划执行期限内清偿完毕 ②超过 50 万元的债权部分，经营类普通债权人可以选择以下三种清偿方式之一：第一，全额保留，由抚顺特钢在 7 年内清偿完毕，清偿期间从重整计划执行完毕之日的次月 1 日起算，清偿期间起算日所在年份为第 1 年，前 4 年不安排清偿，从第 5 年起至第 7 年，由抚顺特钢在每年的 12 月 31 日前分别清偿 30%、30% 和 40%，清偿期间不计收利息；第二，按照 7.92 元/股的抵债价格获得相应数量的转增股票，即每 100 元普通债权分得约 12.626263 股转增股票；第三，按

续表

序号	公司代码	公司简称	普通债权调整
52	600399	* ST 抚钢	照 70% 的清偿率一次性现金清偿，由抚顺特钢在本重整计划执行期限内以现金方式清偿完毕，剩余未获清偿的部分依法豁免，抚顺特钢不再承担清偿责任。债权人可选择以上任一方式进行受偿，逾期未作出选择视为接受上述第三种清偿方式，即按照 70% 的清偿率一次性现金清偿。抚顺特钢通过上述任意一种方式向债权人清偿后，均不再承担清偿义务 （2）金融类普通债权 ①每家债权人 50 万元以下（含 50 万元）的债权部分，以现金方式一次性全额清偿，由抚顺特钢在本重整计划执行期限内清偿完毕 ②每家超过 50 万元的债权部分共计 649 190.24 万元。将分如下两部分进行清偿：一是超过 50 万元的债权部分中的182 055.32万元债权将全额保留，由抚顺特钢 10 年内清偿完毕，具体安排包括以下两部分：第一，每家债权人 50 万元以上的债权部分，统一按照每 7.911617 元债权保留 1 元债权的比例共计保留 82 055.32万元债权；第二，为支持抚顺特钢重整，金融机构需向东北特钢集团、锦程沙洲提供共计 100 000 万元贷款支持。对于提供贷款支持的债权人按照每提供 1 元贷款保留 1 元债权的比例共计保留 100 000 万元债权。上述共计保留的 182 055.32 万元债权，由抚顺特钢 10 年内清偿完毕。前 5 年只付息不还本，从第 6 年起每年清偿本金中的 20%，直至清偿完毕；在清偿期间，由抚顺特钢按照 2.8% 的年利率支付利息，清偿期间从本重整计划执行完毕之日的次月 1 日起算，每个自然季度最末 1 月的第 20 日支付本季度产生的利息。上述债权在清偿期间由东北特钢集团提供保证担保。二是超过 50 万元的债权部分中剩余的 467 134.92 万元普通债权，每 100 元普通债权分得 12.626263 股转增股票，以分得的转增股票抵偿债务，股票的抵债价格按 7.92 元/股计算，该部分普通债权的清偿比例为 100%。在以股抵债过程中，如债权人可分得的股票数量不为整数，则该债权人分得的股票数量按照“进一法”处理，即去掉拟分配股票数小数点右侧的数字后，在个位数上加“1”

续表

序号	公司代码	公司简称	普通债权调整
53	000982	*ST 中绒	(1) 每家债权人50万元以下（含50万元）的债权部分 (2) 对每家普通债权人超过50万元的债权部分，由中银绒业在重整计划执行期限内以现金方式清偿完毕。以资本公积金转增的部分股票抵偿，每股抵债价格为5.87元，每100元债权可分得约17.035775股股票。该部分普通债权的清偿比例约为100%
54	300116	坚瑞沃能	根据坚瑞沃能的实际情况，重整计划将普通债权的受偿比例提高至12%，未受偿部分不再清偿
55	300008	天海防务	普通债权每家债权人5 000万元以下（含5 000万元）的债权部分将以现金全额清偿；超过5 000万元的债权部分将以现金方式按照85%的比例清偿。其中有财产担保债权超过担保物估值范围纳入普通债权的部分，以该受偿金额作为对价，按照3元/股的价格以重整投资人身份取得资本公积金转增的股票
56	600815	*ST 厦工	(1) 50万元以下部分现金清偿 (2) 超过50万元的部分按一定比例通过留债展期方式清偿 (3) 超过50万元部分在扣除留债展期部分后全部以股抵债
57	601258	*ST 庞大	参见普通债权受偿方案*ST 庞大部分
58	600186	*ST 莲花	债权部分按照100%的比例清偿： (1) 对每家普通债权人10万元以下（含10万元）的 (2) 对每家普通债权人超过10万元的债权部分，将按照17.48%的清偿比例进行清偿
59	000410	*ST 沈机	参见普通债权受偿方案*ST 沈机部分
60	002260	*ST 德奥	50万元以下部分全部受偿，50万元以上部分按85%的比例受偿，未受偿部分不再清偿

续表

序号	公司代码	公司简称	普通债权调整
61	000792	*ST 盐湖	普通债权以债权人为单位，每家债权人 50 万元以下（含 50 万元）的部分，由盐湖股份公司在重整计划执行期限内依法以现金方式一次性清偿完毕；超过 50 万元的部分处理如下：（1）非银行类普通债权可选择留债或以股抵债方式进行清偿；（2）银行类普通债权视非银行类普通债权的选择情况而部分留债，并实施以股抵债
62	002210	*ST 飞马	（1）对于重整投资人支付的偿债资金以及非保留资产处置所得在清偿破产费用、共益债务及职工债权之后。剩余资金将用于向普通债权进行分配。假设非保留资产处置均能按照评估价值变现，普通债权清偿率为 6.24%，实际清偿率须根据资产处置所得确定 （2）资本公积转增形成的 1 008 352 388 股，其中 676 199 786股股票用于向普通债权人抵偿债务，偿债股票的价格为 4 元/股，偿债资产价值共计 2 704 799 144 元。普通债权通过股票受偿的清偿率为 19.98%
63	002501	*ST 利源	（1）10 万元以下部分现金受偿 以具有民事权利能力和民事行为能力的债权人为单位，每家债权人 10 万元以下（含 10 万元）的债权部分，按照 100% 的清偿比例在重整计划执行期限内一次性现金受偿 （2）带息类普通债权超过 10 万元部分——以股抵债 带息类普通债权超过 10 万元以上的债权部分，以每 100 元普通债权分得约 10.27 股利源精制资本公积金转增股票（若股数出现小数位，则去掉拟分配股票数小数点右侧的数字后，在个位数上加“1”）的方式予以清偿，股票的抵债价格按 9.74 元/股计算，该部分普通债权的清偿比例为 100%，但重整计划另有规定的除外 （3）非带息类普通债权超过 10 万元的部分——给予受偿方式选择权 非带息类普通债权人 10 万元以上的部分可选择按照 15.51% 的清偿比例在重整计划执行期限内一次性现金受偿，剩余部分不再承担清偿责任。或者，非带息类普通债权人 10 万元以上的部分可以选择按照带息类普通债清偿方式受偿

续表

序号	公司代码	公司简称	普通债权调整
64	000981	*ST 银亿	（1）普通债权以债权人为单位，每家债权人 120 万元以下（含 120 万元）的部分，按照 100% 的比例进行现金清偿；由银亿股份在重整计划获得法院批准之日起 1 个月内以现金方式清偿完毕 （2）每家普通债权人超过 120 万元的债权部分，将对普通债权不作调整，将全部通过以股抵债的方式予以清偿。由银亿股份在重整计划执行期限内，每家普通债权人的每 100 元债权可分得 25.2525 股上市公司股票（分配的股票的最终数量以中登深圳实际登记确认的数量为准，若股数出现小数位，则去掉拟分配股票数小数点右侧的数字，并在个位数上加“1”），股票抵债价格为 3.96 元/股，该部分债权的清偿比例为 100%
65	002716	*ST 金贵	每家债权人普通债权数额 20 万元以下（含 20 万元）的部分以货币形式全额受偿；超过 20 万元的部分，每 100 元以货币形式受偿 2.00 元、受偿转增股票 7.3 股；未受偿的部分不再承担清偿责任。根据财务咨询报告，金贵银业未来 5 年股票价格的合理区间为 6.04 元/股—12.08 元/股。重整计划采用该区间的下限 6.04 元/股作为股票抵偿债务的折算价格，普通债权超过 20 万元部分的受偿率为 46.09%；在抵债股票价格达到区间上限 12.08 元/股时，普通债权超过 20 万元部分的受偿率为 90.18%；在抵债股票价格达到 13.42 元/股时，普通债权可以获得全额受偿

续表

序号	公司代码	公司简称	普通债权调整
66	600179	＊ST 安通	为最大限度地保护债权人合法权益、提高债权人的受偿水平，根据安通控股实际情况，重整计划将对普通债权不作调整，将全部通过以股抵债的方式予以清偿
67	000595	＊ST 宝实	（1）每家普通债权人 20 万元以下（含 20 万元）的债权部分，由宝塔实业在重整计划执行期限内以现金方式全额清偿 （2）每家普通债权人超过 20 万元的债权部分，由宝塔实业在重整计划执行期限内以资本公积金转增的部分股票抵偿，每 100 普通债权可分得约 12.5 股宝塔实业股票（如债权人可分得股票存在不足 1 股情况的，则该债权人分得的股票数量按照“进一法”处理，即去掉拟分配股票数小数点右侧的数字后，在个位数上加“1”）。债权人（含宝塔实业因法定原因代为清偿的子公司债权人）领受抵债股票或抵债股票提存后，其债权不再清偿
68	002354	＊ST 天娱	参见普通债权受偿方案＊ST 天娱部分
69	002445	＊ST 中南	为确保本次重整成功，重整计划草案对普通债权人除债权本金以外的利息、罚息、违约金及其他费用（利息计算至重整受理日 2020 年 11 月 24 日）进行全额调减 同时，根据咨询报告，中南文化破产清算状态下普通债权受偿率约为 22.59%，为最大限度保障债权人利益，提升债权受偿水平，体现重整程序较破产清算程序对债权人的受偿优势，对普通债权本金偿债率作出大幅度提升（具体见债权受偿方案）。未受偿部分不再清偿

续表

序号	公司代码	公司简称	普通债权调整
70	002323	*ST 雅博	根据《偿债能力分析报告》，普通债权在破产清算状态下的清偿率为 10.57%。为最大限度地保护债权人合法权益、提高债权人的受偿水平，根据雅博股份实际情况，重整计划将对普通债权不作调整，将全部通过现金方式及以股抵债方式予以清偿
71	601777	*ST 力帆	每家普通债权人 10 万元以下（含 10 万元）的债权部分，由力帆股份在重整计划获得法院裁定批准之日起 6 个月内依法以现金方式一次性清偿完毕 每家普通债权人超过 10 万元的债权部分以转增股票抵偿，每 100 元普通债权分得约 626 174 076 股力帆股份 A 股股票（若股数出现小数位，则去掉拟分配股票数小数点右侧的数字，并在个位数上加“1”），股票的抵债价格为 15.97 元/股，该部分债权的清偿比例为 100% 为使上市公司重整后经营性资产具有完整性，针对由力帆股份作为主债务人并以力帆股份全资子公司财产提供抵质押担保的债权，若该担保财产予以保留的，将参照有财产担保债权受偿方式在全资子公司担保财产评估值范围内予以留债分期清偿，未能受偿的部分将按照普通债权受偿方案获得受偿。债权人就基于同一法律事实形成的债权向同时进入重整程序的主债务人、保证人或其他连带债务人均主张权利的，在上述其中一个债务人的重整程序中获得 100% 清偿后，其他债务人将不再承担清偿责任

续表

序号	公司代码	公司简称	普通债权调整
72	600157	*ST永泰	以债权人为单位，每家债权人50万元以下（含50万元）的债权部分，由永泰能源在重整计划执行期限内以现金方式全额清偿；超过50万元的债权部分按照如下调整及受偿方案清偿： （1）以子公司财产提供抵质押担保的普通债权 鉴于永泰能源子公司与永泰能源财务报表上的合并和经营上的完整性，且永泰能源经营业务主要来源于子公司，为保留子公司的经营性资产，由子公司提供财产担保的债权与永泰能源提供财产担保的债权作同等处理，即永泰能源子公司提供财产担保的债权，参照有财产担保债权清偿方案进行清偿 （2）融资租赁类债权 永泰能源与石化板块联合承租的融资租赁债权，债权人可以选择在石化板块协议重组，也可以选择在永泰能源受偿。选择在永泰能源受偿的，对应融资租赁物评估价值部分与有财产担保债权留债延期部分调整及受偿方案一致，扣除前述融资租赁评估价值的剩余债权作为普通债权，按照无抵质押的普通债权的受偿方案予以清偿 （3）无永泰能源及其子公司财产提供抵质押担保的普通债权 对于无永泰能源及其子公司财产提供抵质押担保的普通债权及有财产担保债权对应担保财产评估值无法覆盖的债权部分，其中本金及合同（票面）利息，根据重整计划的清偿方案清偿

续表

序号	公司代码	公司简称	普通债权调整
73	603555	ST 贵人	为最大限度地保护债权人合法权益、提高债权人的受偿水平，根据贵人鸟实际情况，重整计划将对普通债权不作调整，将全部通过以股抵债的方式予以清偿
74	600595	*ST 中孚	参见普通债权受偿方案*ST 中孚部分
75	002766	*ST 索菱	为保护债权人合法权益，普通债权全额受偿。每家普通债权人普通债权数额 20 万元以下（含 20 万元）的部分以货币形式全额受偿；超过 20 万元的部分，每 100 元受偿转增股票 8.5 股。参照财务顾问的分析，抵债股票抵债价格为 11.76 元/股，该部分债权获得全额受偿
76	002219	*ST 恒康	根据《偿债能力分析报告》，普通债权在破产清算状态下的清偿率仅为 35.69%。为最大限度地保护债权人合法权益，提高债权人的受偿水平，重整计划草案对普通债权不作调整，将全部通过现金方式予以清偿
77	000980	*ST 众泰	参见普通债权受偿方案*ST 众泰部分
78	002072	*ST 凯瑞	在重整计划执行期间，管理人依据凯瑞德第一次债权人会议通过的《财产管理与变价方案》的授权处置财产变现资金支付破产费用，清偿税款债权后的剩余资金将全额用于清偿普通债权人，假设《财产管理与变价方案》处置财产能够按照评估价值获得处置变现，普通债权清偿率约为 1.06%。实际清偿率须根据资产处置所得具体确定

续表

序号	公司代码	公司简称	普通债权调整
79	002356	＊ST 赫美	截至 2021 年 11 月 29 日，赫美集团重整程序中应清偿的普通债权金额为 1 887 825 911.14 元。具体包括：普通债权中已审查确认债权 1 428 817 583.99 元；有财产担保债权将在担保财产清算价值或实际变现价款范围内优先受偿，未优先受偿的债权 304 952 840.56 元按照普通债权清偿；暂缓确认债权预计清偿金额 154 055 486.59元。为支持赫美集团重整，惠州浩宁达将在赫美集团正式进入重整程序并且重整计划获得深圳中院裁定批准后，免除赫美集团约 74 392 487.91 元债务的清偿责任（系管理人审查确认金额）。赫美集团普通债权人西藏信托有限公司对赫美商业担保财产有优先受偿的权利，按照清算价值预计在赫美商业重整程序中优先清偿金额为 49 975 272.23 元。因此，在赫美集团重整程序中，赫美集团需清偿的普通债权约为1 763 458 151元
80	000564	＊ST 大集	25 家公司的普通债权中，每家债权人 1 万元以下（含 1 万元）的部分，由 25 家公司在重整计划执行期限内以自有资金一次性清偿完毕，自有资金不足的，以偿债资源的现金部分依规统一安排清偿。每家债权人在 25 家公司最多可现金受偿 1 万元 超过 1 万元的部分以供销大集股票抵债。每家债权人的其他普通债权中，预计其他普通债权每 100 元可获得 25 股供销大集股票（不足 1 股的部分，按 1 股受偿），抵债价格为 4 元/股（最终比例以及抵债价格可能适当微调）。通过上述方式，可实现其他普通债权全额清偿

续表

序号	公司代码	公司简称	普通债权调整
81	600221	*ST 海航	调整后 11 家公司的普通债权中，每家债权人 10 万元以下（含 10 万元）的部分，由 11 家公司于法院裁定批准重整计划后 60 日内以自有资金一次性清偿完毕，自有资金不足的，以战略投资者投入的资金依规统一安排清偿。每家债权人在 11 家公司最多可受偿 10 万元 超过 10 万元的部分处理如下： （1）救助贷款 债权本金及利息部分参照有财产担保债权的清偿方式清偿，留债主体为 11 家公司，具体由海航控股根据实际财务状况指定。债权的其他部分，包括但不限于罚息、复利、违约金、维持费等，按其他普通债权的清偿方式清偿 （2）其他普通债权 其他普通债权将同时按以下两种方式受偿，即债权人不可仅受领其中关联方清偿部分或仅受领股票抵债部分，也不可改变两种清偿方式的受领比例。关联方清偿，即由海航集团、航空集团清偿负债。每家债权人的其他普通债权中，64.38% 的债权由关联方清偿（根据合规问题总规模，最终比例可能会有适当微调）。关联方清偿的具体方式以实质合并重整计划中规定的普通债权清偿方式为准 根据自查报告所确认的合规问题规模，并考虑期后合规问题解决情况，目前计划关联方清偿债权的总规模约 690 亿元（根据合规问题总规模，最终金额可能适当调整） 股票抵债。即以海航控股 A 股股票抵债。每家债权人的其他普通债权中，35.61% 的债权以股票抵偿，抵债价格为 3.18 元/股（最终比例以及抵债价格可能适当微调）。通过以上方式，可实现其他普通债权的全额清偿。预计其他普通债债权中，每 100 元可获得约 11.20 股海航控股 A 股股票（不足 1 股的部分，按 1 股计算），清偿 35.61%，另 64.38% 由关联方清偿

续表

序号	公司代码	公司简称	普通债权调整
82	600515	＊ST 基础	经管理人审查及法院裁定确认并经调整后，海航基础的普通债权为 65.97 亿元，包括经管理人审查及法院裁定确认的普通债权 58.21 亿元，以及有财产担保债权中调整为普通债权清偿的 7.76 亿元债权
83	600734	＊ST 实达	普通债权每家债权人 35 万元以下（含 35 万元）的债权部分将以现金方式全额清偿；超过 35 万元的债权部分将以现金方式按照 31% 的比例清偿
84	300071	＊ST 嘉信	重整计划对普通债权的调整及受偿方案具体如下： （1）16 万元以下部分现金受偿 每家债权人 16 万元以下（含 16 万元）的债权部分，获得全额现金受偿，于重整计划执行期间清偿 80%，自重整计划执行完毕后 1 个月内清偿剩余的 20% （2）超过 16 万元部分的债权人可在如下方案中择一选择清偿 ①通过资本公积转增形成的华谊嘉信股份进行以股抵债，每 100 元分得约 7.2727 股股份，以股抵债价格为 13.75 元/股，以股抵债部分的清偿率为 100%。在以股抵债过程中，如债权人可分得的股份数量不为整数，则该债权人分得的股份数量按照“进一法”处理，即去掉拟分配股份数小数点右侧的数字后，在个位数上加“1” ②按 10% 的清偿率在重整计划执行期间内现金清偿，剩余部分豁免清偿

续表

序号	公司代码	公司简称	普通债权调整
85	600225	*ST 松江	普通债权具体受偿方案如下： （1）每一家债权人对松江股份的全部普通债权中50万元以下（含50万元）部分由松江股份在重整计划获得法院裁定批准之日起3个月内以现金方式一次性清偿 （2）每一家债权人对松江股份的全部普通债权中超过50万元部分以转增股票抵偿，每100元普通债权分得约10.52631579股松江股份A股股票（若股数出现小数位，则去掉拟分配股票数小数点右侧的数字，并在个位数上加“1”），股票的抵债价格为9.50元/股，该部分债权的清偿比例为100%
86	600518	*ST 康美	（1）对每家普通债权人50万元以下（含50万元）的债权部分，按照100%的比例进行现金清偿 （2）对每家普通债权人超过50万元的债权部分，通过以股抵债、一定比例现金清偿、信托受益权抵债的方式予以清偿
87	002321	*ST 华英	（1）每家普通债权人50万元以下（含50万元）的债权部分，将由华英农业在重整计划执行期间内以现金方式清偿 （2）每家普通债权人超过50万元的债权部分，按照7.55元/股的抵债价格获得相应数量的转增股票，即每100元普通债权分得约13.2450股的华英农业股票（若股数出现小数位，则去掉拟分配股票数小数点右侧的数字后，在个位数上加“1”），该部分债权视为100%清偿

续表

序号	公司代码	公司简称	普通债权调整
88	000523	＊ST 浪奇	为最大限度地保护债权人合法权益、提高债权人的受偿水平，对于每家债权人债权金额在 10 万元以上的普通债权将采用以股抵债的方式清偿，每 100 元将获得 15.13 股广州浪奇股份（不足 1 股的按 1 股计算），以股抵债价格 6.61 元/股，清偿率为 100% 其中，银行债权人以股抵债获得的股份，在重整计划执行完毕之日起 3 年内放弃除股东会决议事项中对公司增加或者减少注册资本之外所有事项的表决权，且除通过二级市场集中竞价交易外，不得向除轻工集团外持股超过 5% 的股东及其关联方转让 为了充分保护小额债权人的利益，重整计划对广州浪奇普通债权中 10 万元以下（含 10 万元）的小额债权或每家债权在该金额以内的部分进行 100% 现金清偿。清偿前述小额债权所需的现金，在重整计划预留现金不足的情况下，由重整投资人认购为该部分小额债权预留股份的方式筹集，不足部分由其他债权多预留的偿债资金或股份变现筹集；再有不足的，由涉贸易业务已计提减值的低效资产变现清偿；若仍有不足，由重整后的广州浪奇承担
89	300278	＊ST 华昌	根据《偿债能力分析报告》，普通债权在破产清算状态下的清偿率为 2.42%。为最大限度地保护债权人合法权益、提高债权人的受偿水平，根据实际情况，重整计划对普通债权不作调整，将全部通过现金清偿和以股抵债的方式予以清偿

续表

序号	公司代码	公司简称	普通债权调整
90	002175	*ST 东网	(1) 小额普通债权组 普通债权中金额在 500 万元以下（含本数）的债权，归入小额普通债权组。小额普通债权组的债权总额为 40 845 494.51 元，共计债权人数 22 人。根据《偿债能力分析报告》，小额普通债权在模拟破产清算状态下的清偿率约为 18.46%。为最大限度地保护债权人合法权益、提高债权人的受偿水平，根据实际情况，小额普通债权的债权金额不作调整，但在重整计划执行期间分期货币清偿 (2) 大额普通债权组 普通债权中金额超过 500 万元（不含本数）的债权，归大额普通债权组。大额普通债权组的债权总额为 1 422 237 616.10元，共计 7 家债权人。根据《偿债能力分析报告》，大额普通债权在破产清算状态下的清偿率约为 18.46%。为最大限度地保护债权人合法权益、提高债权人的受偿水平，根据实际情况，用以股抵债的方式清偿大额普通债权

附表 5－5　　　　经营方案

序号	公司代码	公司简称	经营方案	是否设定未来经营目标	备注
1	600722	*ST 沧化	继续经营主业	无	引入战略投资者，恢复生产经营，进行工艺改造形成规模效益

续表

序号	公司代码	公司简称	经营方案	是否设定未来经营目标	备注
2	600242	S＊ST 华龙	主营业务变更为房地产业务	无	恢复持续经营能力并且实现股票恢复上市，将在债务重组、资产重组、人员重组等方面展开
3	000688	S＊ST 朝华	引入优质重组方，注入优质资产	无	
4	000892	S＊ST 星美	引入优质重组方，注入优质资产	无	以鑫以实业提供的现金及非流通股股东让渡的部分股票对债权人进行清偿或补偿，债权人未获清偿的部分债权，由重庆城奥企业管理咨询有限公司负责清偿；星美联合将现有的全部资产转让给重庆城奥，作为重庆城奥承接债务的对价。上海鑫以实业有限公司向星美联合提供偿债资金，形成星美联合对鑫以实业的负债。鑫以实业的关联方新世界中国房产有限公司注入具有盈利能力的优质资产
5	600155	＊ST 宝硕	未披露	未披露	
6	000925	S＊ST 海纳	—	—	

续表

序号	公司代码	公司简称	经营方案	是否设定未来经营目标	备注
7	000631	S＊ST 兰宝	—	—	兰宝信息以长春高新光电发展有限公司承接兰宝信息全部负债的形式向长春高新光电发展有限公司出售兰宝信息现有全部资产，上述资产高于负债间的差额为 4 451.05 万元，将由万向资源以其持有的顺发恒业部分股权价值向兰宝信息补足。同时，兰宝信息将向万向资源以发行股份的方式购买万向资源持有的顺发恒业 100% 股权在扣除上述填补差额 4 451.05 万元后的剩余部分
8	600705	S＊ST 北亚	注入优质资产	无	
9	000561	＊ST 长岭	引入优质重组方，注入优质资产	无	
10	600094	＊ST 华源	引入优质重组方，注入优质资产	无	

续表

序号	公司代码	公司简称	经营方案	是否设定未来经营目标	备注
11	600180	＊ST 九发	引入优质重组方，注入优质资产	无	依据重整计划，重组方及（或）投资人确定后，由其受让股东让渡的部分股权。作为受让股份的条件，重组方及（或）投资人应向九发股份提供17亿元资金，用于支付九发股份重整费用及提高九发股份债权清偿比例。此外，重组方还须向九发股份无偿注入33亿元具有一定盈利能力的优质资产，用以弥补大股东占款所造成的损失，并解决九发股份的持续经营能力问题。实施资产注入：重组方承诺向九发股份注入的资产具有良好的盈利能力，且资产注入应于2008年12月31日前完成，以使九发股份尽快恢复生产经营
12	200160	＊ST 帝贤 B	继续经营主业	无	
13	000719	S＊ST 鑫安	引入优质重组方，注入优质资产	无	

续表

序号	公司代码	公司简称	经营方案	是否设定未来经营目标	备注
14	600556	*ST 北生	引入优质重组方，注入优质资产	有	重组方应当在重整程序终结之后以非公开发行股份购买资产等合法方式向北生药业注入净资产不低于人民币7亿元并具有一定盈利能力的优质资产，重组完成当年注入资产实现净利润应不低于15亿元，并能在未来年度保证一定的增长，使北生药业恢复持续经营能力和持续盈利能力，成为业绩优良的上市公司
15	600728	S*ST 新太	继续经营主业	无	
16	000498	*ST 丹化	引入优质重组方，注入优质资产	无	重组方通过定向增发方式向丹东化纤注入净资产不低于人民币10亿元且具有一定盈利能力的优质资产，使丹东化纤恢复持续经营能力和盈利能力，成为业绩优良的上市公司
17	600217	*ST 秦岭	引入优质重组方，注入优质资产	无	

续表

序号	公司代码	公司简称	经营方案	是否设定未来经营目标	备注
18	000030	*ST 盛润 A	引入有实力的重组方，注入优质资产	有	富奥公司拟用于盛润股份重大资产重组的净资产规模不低于 25 亿元，重大资产重组实施完成后的第一个完整的会计年度，该部分资产实现的净利润不低于 3 亿元，重大资产重组实施完成后的连续三个会计年度平均每股收益不低于 0.32 元
19	200030	*ST 盛润 B			
20	000034	*ST 深泰	引入优质重组方，注入优质资产	无	为增强深泰集团的持续经营能力，深泰集团拟实施资产重组，通过非公开发行股份购买资产等合法方式，由希格玛公司作为重组方，向深泰集团注入具有相当规模和盈利能力的优质资产，使深泰集团恢复持续经营能力和持续盈利能力，成为业绩优良的上市公司

续表

序号	公司代码	公司简称	经营方案	是否设定未来经营目标	备注
21	000697	* ST 偏转	引入优质重组方，注入优质资产	无	由于所处行业明确进入夕阳期，公司已难以正常持续经营，为彻底解决公司的发展问题，必须对咸阳偏转实施破产重整，通过重整解决咸阳偏转股份有限公司的债务问题，通过职工安置减员增效、降低财务成本；同时引入有实力的重组方，注入优良资产和新业务，使公司恢复持续经营能力，实现良性发展
22	600057	* ST 夏新	引入优质重组方，注入优质资产	无	因夏新电子资产整体质量较差，盈利能力较弱，公司所有资产将依法通过公开拍卖或变卖等方式进行处置。同时，为了解决夏新电子的持续经营能力问题，必须引入重组方，由重组方向夏新电子注入优质资产

续表

序号	公司代码	公司简称	经营方案	是否设定未来经营目标	备注
23	000587	S＊ST 光明	引入优质重组方，注入优质资产	无	重组方通过定向增发等方式向光明家具注入具有相当盈利能力的优质资产，使光明家具从根本上恢复持续经营能力和盈利能力
24	000818	ST 锦化	继续经营主业	无	重整后的锦化氯碱将利用新控股股东的融资平台，增加上市公司流动资金的投入和近期的设备维护及改造资金；在 5 年内，新控股股东将根据企业发展的需要，提供一定资金用于开发新项目，提高锦化氯碱的经营能力
25	000557	ST 银广夏	引进新的重组方，注入新的优质资产	有	重组方将通过定向增发等方式向银广夏注入净资产评估值不低于人民币 40 亿元的优质资产，且重大资产重组完成后上市公司连续三个会计年度净利润合计不低于人民币 10 亿元

续表

序号	公司代码	公司简称	经营方案	是否设定未来经营目标	备注
26	000787	*ST创智	引入优质重组方，注入优质资产	无	重组方受让相应部分让渡股票的条件具体包括：（1）承诺在后续重组工作中通过定向增发等方式，向创智科技注入评估价值不少于20亿元且未来3年每年净利润不低于25亿元的资产，且该类资产应当符合证券法规及证券监管部门的要求；（2）重组方无偿提供不少于5 000万元的资金支持，用于维持创智科技自重整计划获得法院批准之日至资产注入完成前所必要的运营、管理费用，支付重整费用，以及偿还债权所需的资金；（3）承诺未在债权申报期限内申报但受法律保护的债权，在重整计划执行完毕后仍能按照重整计划规定的同类债权比例获得清偿
27	600699	*ST得亨	引入优质重组方，注入优质资产	无	重组方及其一致行动人将通过定向增发等方式向得亨股份注入净资产不低于人民币8亿元且具有一定盈利能力的优质资产，使得亨股份恢复持续经营能力和盈利能力，成为业绩优良的上市公司

续表

序号	公司代码	公司简称	经营方案	是否设定未来经营目标	备注
28	600678	*ST 金顶	择机注入优质资产	无	优化资产结构：（1）建设新项目：实施矿山技术改造及资源增划、建设节能环保活性氧化钙项目、建设现代物流园区。(2) 处置四川金顶（集团）峨眉山特种水泥有限公司 51% 股权等亏损严重及与公司后续发展业务无关的资产
29	600757	*ST 源发	引入优质重组方，注入优质资产	无	重组方应当在重整程序终结之后以证券监管部门认可的方式（包括但不限于重组方以资产认购华源发展非公开发行的股份等方式）向华源发展注入净资产不低于 20 亿元并具有一定盈利能力的优质资产，使华源发展恢复持续经营能力和持续盈利能力，成为业绩优良的上市公司

续表

序号	公司代码	公司简称	经营方案	是否设定未来经营目标	备注
30	000757	*ST 方向	引入优质重组方，注入优质资产	无	由管理人转让给具有一定实力且其资产符合中国证监会关于上市公司资产重组规范性要求的潜在重组方，潜在重组方主营业务为汽车零配件制造的优先考虑
31	002145	*ST 钛白	引入优质重组方，注入优质资产	无	金星钛白在重整前已对中核钛白实施托管，对中核钛白生产线进行检修、改造，改善生产状况，为后续重组工作奠定良好基础。金星钛白拟将其持有的符合监管部门要求的优质资产以定向增发的方式注入中核钛白，金星钛白拟注入的资产评估值不低于 5 亿元
32	600462	*ST 石岘	引入重组方，注入优质资产	无	重组方根据石岘纸业经营发展的需要，向其提供不低于 1 亿元人民币的融资支持，并在合适的时机注入优质资产，进一步增强石岘纸业的盈利能力

续表

序号	公司代码	公司简称	经营方案	是否设定未来经营目标	备注
33	600817	*ST 宏盛	引入重组方注入优质资产	有	引入战略投资者阶段性恢复持续经营能力。根据《关于宏盛科技破产重整计划中引入战略投资者事宜的约定》，莱茵达控股集团有限公司、张金成承诺莱茵达租赁 2012 年、2013 年实现净利润均不低于 2 500 万元，如未实现上述承诺净利润，莱茵达控股集团有限公司、张金成承诺在宏盛科技公司年报披露后 10 个工作日内，以现金方式按上述承诺净利润与实现净利润间差额的 45% 补足给宏盛科技公司
34	000820	*ST 金城	引入有实力的重组方，赠与并注入优质资产	有	重组方承诺，恒鑫矿业公司股权赠予公司后，其所拥有的探矿权在 2012 年 11 月 30 日前探明黄金储量不低于 25 吨稀土详查报告储量不低于 2 万吨，如果该项承诺未能实现，则朱祖国将于 2013 年 3 月 31 日前向公司支付补偿金人民币 5 000 万元。朱祖国（包括其关联方及一致行动人）将其合法拥有的矿产行业优质资产或金城股份股东大会认可的其他优质资产，经证券监管机关许可后注入金城股份，进一步增强和提高金城股份的持续经营及盈利能力

续表

序号	公司代码	公司简称	经营方案	是否设定未来经营目标	备注
35	000677	* ST 海龙	继续经营主业	有	在新疆海龙恢复正常生产经营后，预计山东海龙可实现生产规模：粘胶短纤维 27 万吨、高模低缩帘子布 2.5 万吨；经济指标：销售收入达到 51 亿元、利润总额 2.5 亿元，新技术、新产品效益对企业总效益的贡献率保持在 80% 以上；行业地位：产品竞争力和新产品贡献率国内领先等战略目标
36	000035	* ST 科健	引入有实力的重组方，注入优质资产	有	未来引入的重组方必须符合以下条件：重组方净资产评估值不低于 18 亿元，重大资产重组实施当年的净利润不低于 17 亿元，每股收益不低于 0.30 元，并能在未来年度保证一定的增长，使中科健恢复持续经营能力和持续盈利能力，成为业绩优良的上市公司

续表

序号	公司代码	公司简称	经营方案	是否设定未来经营目标	备注
37	000017/200017	＊ST 深中华 A/B	引入重组方并注入优质资产	有	深中华引入的重组方的条件是：净资产评估值不低于 20 亿元，重大资产重组实施当年的净利润不低于 2 亿元，资产重组后深中华将恢复持续经营能力和持续盈利能力，并成为业绩优良的上市公司
38	000972	＊ST 中基	引入有实力重组方向公司注入优质资产	无	积极研究开展产业多元化发展的策略，并根据中基实业的实际情况引入有实力重组方，向公司注入优质资产，以改善和提高公司的持续经营能力和盈利能力
39	000751	＊ST 锌业	继续经营主业	无	剥离低效资产并提升企业持续经营和盈利能力
40	600074	＊ST 中达	继续经营主业，在合适时机注入优质资产	无	一方面要实现债务调整和清偿，解决债务负担过重的问题；另一方面要提高持续经营能力和盈利能力，摆脱目前的经营困境

续表

序号	公司代码	公司简称	经营方案	是否设定未来经营目标	备注
41	000520	*ST 凤凰	引入重组方并注入优质资产	无	根据公司发展需要，择机引入重组方并注入优质资产。未来，长航凤凰可根据自身发展的需要，择机引入有实力的重组方，向长航凤凰注入盈利能力优良、符合国家产业政策的优质经营性资产，力争使长航凤凰成为经营稳健、业绩优良的上市公司
42	600381	*ST 贤成	引入有实力重组方，向公司注入优质资产	有	重组方拟向公司注入的净资产的评估值应不低于20亿元，且重组完成后未来3年，在不考虑重组完成后转增送配等股本变动因素的前提下，公司每股收益平均不得低于0.4元
43	002506	*ST 超日	继续经营主业	有	(1) 剥离不良资产，改善资产结构 (2) 提升管理水平，提高经营效率；增强重整后的竞争力，实现企业的快速稳定发展 (3) 导入先进材料和技术，提高产品竞争力 (4) 加强生产成本控制，提升利润空间 (5) 调整产业结构，适时注入资产

续表

序号	公司代码	公司简称	经营方案	是否设定未来经营目标	备注
44	002015	*ST 霞客	继续经营主业	有	(1) 优化资产结构，剥离低效亏损资产。通过此次重整，霞客环保拟保留生产经营必需的房屋土地等资产，对生产经营不需要的低效亏损资产，包括应收账款、长期股权投资等，予以处置，以优化霞客环保的资产结构，提高霞客环保资产的经济效益 (2) 优化产品结构，调整现有经营模式 (3) 补充流动资金，适时注入重组资产
45	000033	*ST 新都	继续经营主业	有	(1) 剥离低效资产，改善资产结构 (2) 提升管理水平，提高经营业绩 (3) 丰富业务链条，整合各方资源 (4) 调整产业结构，注入优质资产 (5) 申请股票恢复上市 (6) 盈利预测及业绩承诺

续表

序号	公司代码	公司简称	经营方案	是否设定未来经营目标	备注
46	002608	*ST 舜船	继续经营主业	无	舜天船舶以不低于发行价格 8.91 元/股向其他不超过 10 名特定投资者非公开发行股份进行配套融资，本次募集配套资金不超过 465 000 万元，拟用于支付本次交易的发行费用、增加标的公司江苏信托资本金、部分标的电厂超低排放改造项目及新建热电联产燃气机组项目
47	000155	*ST 川化	继续经营主业	有	重整投资人依法注入符合承诺利润要求的优质资产，并完成川化重构重建、人员整合、业务优化等系列工作，使得川化股份恢复持续经营能力和盈利能力，满足恢复上市的条件，力争使川化股份成为经营稳健、业绩优良的上市公司

续表

序号	公司代码	公司简称	经营方案	是否设定未来经营目标	备注
48	600725	* ST 云维	继续经营主业	无	剥离低效亏损资产，将在原有经营范围内，暂时继续开展煤焦化产品贸易业务，维持公司正常运营
49	601005	* ST 重钢	继续经营主业	无	在基本维持 800 万吨产能情况下，以“满产、满销、低成本”作为核心战略目标，对产品结构、产线配置、工艺流程进行优化。纠正与优势市场的错配，弥补竞争力的差距，并谋求在目标区域市场上产品组合的差异性优势，按照“止血、造血、升级”的脉络分阶段实施，逐步从根本上重塑重庆钢铁的产业竞争力，实现凤凰涅槃，浴火重生
50	000912	* ST 天化	引进新的重组方，注入新的优质资产	无	在重整计划获得法院裁定批准之后，将由管理人公开处置 47 000 万股转增股票，有条件引入重组方

续表

序号	公司代码	公司简称	经营方案	是否设定未来经营目标	备注
51	600423	＊ST 柳化	继续经营主业	有	在正式确定战略投资者后，战略投资者应在符合法律法规规定的前提下，结合拟注入资产的实际情况，对拟注入资产自注入之日起连续3年（含注入当年）的净利润进行承诺。如果实际实现的净利润低于上述承诺净利润的，由战略投资者就差额部分以支付现金或者资产注入时经股东大会及监管机构认可的补偿方式对柳化股份进行补偿
52	600399	＊ST 抚钢	继续经营主业	无	在“吃饱开足”的基础上，进一步释放产能、降低成本；优化品种结构，实现品种升级，增强市场话语权；加强人才队伍建设、延长产业链，提高人均产钢量；优化完善法人治理结构

续表

序号	公司代码	公司简称	经营方案	是否设定未来经营目标	备注
53	000982	*ST 中绒	继续经营主业	有	结合行业现状和市场需求，短期经营主要以控制原绒供应、围绕羊绒相关产品贸易展开。上市公司将加大研发投入、内外部合作、人才引进和技术研发力度，建立起产学研一体化的研发体系，实现掌握关键技术和建设高端品牌的中远期目标。从主导产业链经营着手构建纺织互联网生产平台
54	300116	坚瑞沃能	继续经营主业	无	在对本行业现状及未来发展进行分析后，基于对未来锂电池应用场景将更为广泛、市场规模将逐渐扩大的预测，结合自身优势，在维持主营业务不变的前提下，形成了重整后的经营规划：行业分析及定位、产品及产能规划、客户资源开发、业绩预测

续表

序号	公司代码	公司简称	经营方案	是否设定未来经营目标	备注
55	300008	天海防务	继续经营主业	无	提升公司治理水平，增强外部客户信心，恢复公司融资能力及市场拓展能力，促使原来各板块业务重回健康发展的轨道。通过整合重整投资人的品牌、市场及资源，实现企业间的高效协同，发挥合作后的战略互补优势，争取更广阔的发展空间，扩大营收规模，提升经营业绩并实现利润稳步增长
56	600815	＊ST 厦工	继续经营主业	有	通过多种措施进行提质增效，控股股东承诺自2020年开始未来3年累计归属于母公司的净利润不低于4亿元，差额部分由控股股东补足
57	601258	＊ST 庞大	继续经营主业	无	补充公司流动资金（重整投资人将引入中国民生银行股份有限公司为庞大集团提供不超过10亿元的共益债务融资，用于补充公司流动资金）；提升资产流动性及资金使用效率；优化品牌及经营网络结构；积极推进新能源与新零售业务

续表

序号	公司代码	公司简称	经营方案	是否设定未来经营目标	备注
58	600186	*ST 莲花	继续经营主业	无	(1) 优化治理结构：完善内部决策机制、强化财务审批流程、优化管理团队，全面加强管理；(2) 降低成本：降低人力成本、降低财务成本、降低生产成本；(3) 多渠道补充企业流动资金：适度采取多元融资渠道、及时回收应收预付资产
59	000410	*ST 沈机	继续经营主业	无	以现有机床产品、技术、渠道、品牌为基础，积极协同通用技术集团的产业资源，有效利用资本市场的融资平台，做实做强智能控制机床、做强做优铸造业务，积极拓展并深化工业互联网的应用领域和市场，塑造生态型的产品服务体系，强化全员服务意识，通过坚持不懈的长期努力，将沈机股份打造成为具有自主核心技术和竞争力的一流工业互联网服务龙头企业

续表

序号	公司代码	公司简称	经营方案	是否设定未来经营目标	备注
60	002260	＊ST 德奥	继续经营主业	无	基于对未来小家电市场的预测，结合自身优势，在剥离亏损业务、维持小家电主营业务不变的前提下，形成重整后的经营规划：增强小家电业务、剥离亏损业务。德奥通航将继续保持自主研发的优势，通过提升工艺和质量控制，借助优质客户资源和专业稳定团队，创新市场营销渠道，继续增强小家电业务。同时，德奥通航将剥离持续亏损业务，降低其对公司资产结构的影响
61	000792	＊ST 盐湖	继续经营主业	无	完善上市公司治理结构，引入市场化管理机制：与金融机构建立稳定的沟通机制、进一步完善上市公司各项机制建设
62	002210	＊ST 飞马	继续经营主业	无	将继续聚焦于环保业务及供应链服务领域，形成具有环保新能源业务。供应链业务的双主业结构模式，并通过重整投资人的规划安排，引入优势资源，稳健发展新的业务增长点

续表

序号	公司代码	公司简称	经营方案	是否设定未来经营目标	备注
63	002501	*ST 利源	继续经营主业	无	结合区位、政策优势以及重整投资人所处行业的资源优势，制订以“立足传统+优化结构+进军高端”为方针的经营方案
64	000981	*ST 银亿	继续经营主业	无	全面优化银亿股份的资产、负债及业务结构，大幅度提升整体的盈利水平及持续经营能力
65	002716	*ST 金贵	继续经营主业	无	（1）优化公司治理结构 （2）降低运营成本 （3）恢复和巩固行业地位
66	600179	*ST 安通	继续经营主业	无	主营业务为航运物流，在航运物流发展所需要的航运基础设施、船舶运力、货源归集、金融支持、地方多式联运体系等多个方面，招航物流均可以提供相应的资源支持，并根据自身特点以及安通控股目前的业务经营情况，整合、优化安通控股现有的经营业务，全面提升安通控股整体业务实力

续表

序号	公司代码	公司简称	经营方案	是否设定未来经营目标	备注
67	000595	* ST 宝实	继续经营主业	无	根据对宝塔实业的战略定位和发展规划，重整投资人将适时向宝塔实业注入符合产业政策的优质资产，增强和提高宝塔实业的持续经营能力和盈利能力
68	002354	* ST 天娱	继续经营主业	无	公司将持续在棋牌电竞领域深耕细作，充分发挥由天神娱乐发起成立的棋牌电竞产业联盟的优势，汇聚各方资源，共同推进棋牌游戏产业的绿色、健康、蓬勃发展
69	002445	* ST 中南	继续经营主业	有	中南文化将通过建立和运行常态化的管理提升机制，保障精细化管理水平的逐步提高，不断增强企业素质和市场竞争能力，推进和保障上市公司可持续发展

续表

序号	公司代码	公司简称	经营方案	是否设定未来经营目标	备注
70	002323	＊ST 雅博	继续经营主业	有	山东雅百特作为金属围护系统行业的专业公司，继续主打市场、项目管理、项目售后服务等主要业务方向，继续拼搏于市场，尽快回到行业龙头地位，为社会建造更多、更好、更优质的建筑艺术品，为社会、为股东、为中小投资者作出贡献，让公司更良性地发展，在合规合法的基础上稳健发展
71	601777	＊ST 力帆	继续经营主业	无	（1）导入智能化、平台化、网联化换电汽车业务，打造新品牌、新技术、新业态、新模式智能换电新能源汽车新生态 （2）全面升级制造体系，全流程实现智能化模块化生产 （3）深挖摩通产业价值，做优做精中大排量产品，提升产品市场占有率 （4）改善上市公司资金流及修复融资功能，妥善化解原力帆品牌汽车维保风险 （5）全面优化董事会管理层架构，完善上市公司各项机制建设 （6）受让财务公司股权，优化财务成本，提升资产收益，实现降本增效

续表

序号	公司代码	公司简称	经营方案	是否设定未来经营目标	备注
72	600157	*ST 永泰	继续经营主业	无	“强身健体”，成为大型煤电综合能源供应商，通过技术创新，不断提升核心竞争力，加强内部生产管理，降本增效
73	603555	ST 贵人	继续经营主业	无	1. 优化治理结构 (1) 完善内部决策机制 (2) 优化管理团队，提高法人治理机制 2. 降低成本 (1) 降低财务成本 (2) 降低生产成本 3. 优化渠道 4. 多元化运营模式 5. 拓展新品牌业务
74	600595	*ST 中孚	继续经营主业	无	加强上市公司的市场化机制建设；促进全体干部职工诚信勤勉地开展工作，保障公司业绩长期、持续、稳健地提升，以实现公司长期战略目标，实现中孚实业价值最大化，实现公司的重整价值

续表

序号	公司代码	公司简称	经营方案	是否设定未来经营目标	备注
75	002766	*ST 索菱	继续经营主业	无	(1) "1+2" 战略、双轮驱动 (2) 市场与营销网络开拓计划 (3) 加强、提升生产能力，提高产品品质 (4) 人力资源扩充规划 (5) 财务管理及内控制度健全计划
76	002219	*ST 恒康	继续经营主业	无	在重整计划经陇南中院裁定批准后 3 年内，重整投资人根据恒康医疗经营发展需要，支持恒康医疗获得总额不低于 30 亿元的多种形式融资，用于保证恒康医疗发展所需资金需求
77	000980	*ST 众泰	继续经营主业	无	(1) 重整品牌战略，布局中高端品牌 (2) 整改生产基地、提升生产质量 (3) 建立高效管理体系，加强信息化建设 (4) 重塑供应链体系，提升核心竞争力

续表

序号	公司代码	公司简称	经营方案	是否设定未来经营目标	备注
78	002072	＊ST 凯瑞	继续经营主业	无	充分发挥上市公司规范化管理制度优势、激励平台优势，引进吸收战略管控高超、工作经验丰富、国际视野开阔、决策能力科学、运营效率突出的经营管理团队，全面实施体制优化和管理改善，提高内部运行效率和治理能力，为后续主业发展奠定坚实基础
79	002356	＊ST 赫美	继续经营主业	无	赫美集团将以重整为契机，在化解赫美集团债务危机后，进一步巩固赫美集团在品牌代理和运营领域的优势，扩充代理品类，重拾市场规模，并择机注入盈利能力强的优质资产

续表

序号	公司代码	公司简称	经营方案	是否设定未来经营目标	备注
80	000564	＊ST 大集	继续经营主业	无	公司将践行新型商业运营理念，立足于区域领先、辐射全国，以商业为核心，多业态协同支持，致力于提升大众生活便利，更好地满足大众对美好生活的追求。利用互联网、现代物流、现代金融等手段，构建连通城乡消费的流通服务体系，实现城乡信息流、物流、资金流、商流有效统一，提升城乡商品流通的效率，加快新零售发展步伐
81	600221	＊ST 海航	继续经营主业	有	依托海南自贸港，突出核心优势，打造与传统模式差异、保持国内第四大规模的新海南航空集团，完善市场布局策略，形成“一张网”主架构，构建以国内快线为主、国际航线“长短结合”全球一体化航线网络

续表

序号	公司代码	公司简称	经营方案	是否设定未来经营目标	备注
82	600515	*ST 基础	继续经营主业	无	深耕海南、服务自贸港，紧抓海南自贸港政策发展机遇，依托战略投资者资源及核心能力，打造机场运营管理、临空产业投资运营、持有型物业经营及物业管理等业务发展新格局，实现公司向高质量发展转型升级，成为自贸港建设的领军企业
83	600734	*ST 实达	继续经营主业	无	保留业务每年盈利情况将大幅改善。将继续聚焦于物联网周界安防领域，并通过重整投资人的规划安排，引入优势资源，稳健发展新的业务增长点

续表

序号	公司代码	公司简称	经营方案	是否设定未来经营目标	备注
84	300071	*ST 嘉信	继续经营主业	无	华谊嘉信将通过构建产品与研发团队，通过对多个环节数据的打通、融合，形成大量基础数据，在此基础上进行打标签和结构化，进而将数据改造成为能够随时加工处理的成熟数据。同时，通过 AI（人工智能）加以深度学习，对数据进行全面画像，形成个人的偏好指南，根据其偏好进行定向推送，从而有效提高销售转化率
85	600225	*ST 松江	继续经营主业	无	立足于卓朗科技的竞争优势，围绕信息技术应用创新产业方向，通过引入先进的管理模式和高水平的创新人才，持续完善公司治理结构和内控体系，不断提高研发创新和经营管理水平，努力将公司打造成为中国软件和信息技术领域领先的上市企业，创建国内软件一流品牌

续表

序号	公司代码	公司简称	经营方案	是否设定未来经营目标	备注
86	600518	＊ST 康美	继续经营主业	无	(1) 优化公司治理结构与决策机制 (2) 强化财务审批流程，严控成本 (3) 优化管理团队，提升公司治理水平
87	002321	＊ST 华英	继续经营主业	有	将围绕种禽孵化/养殖、商品鸭养殖、饲料生产、屠宰加工、熟食加工、副产品加工、羽绒加工等禽养殖全产业链业务进行深度调整和整合。在重整投资人全面管理、全面投入的前提下，华英农业将逐步实现产业升级和浴火重生，重现“世界鸭王”的实力
88	000523	＊ST 浪奇	继续经营主业	无	在完成重整并实现平稳有序的过渡后，根据广州浪奇的战略定位和发展规划，重整投资人将根据相关法律法规的规定，适时将优质资产注入上市公司，提高上市公司持续经营能力和盈利能力

续表

序号	公司代码	公司简称	经营方案	是否设定未来经营目标	备注
89	300278	*ST 华昌	继续经营主业	无	(1) 完善内部决策机制 (2) 降低运营成本 (3) 多渠道补充企业流动资金 (4) 恢复和提升行业地位
90	002175	*ST 东网	继续经营主业	无	以重整为契机，彻底化解东方网络债务危机，出清文化传媒板块中的不良资产，打造精密量具量仪制造和城市与综合产业园区服务双主业驱动的发展战略。在保持精密量具量仪制造业务稳健发展的同时，引入重整投资人具备的产业优势，做优做强城市与综合园区服务业务

第六章　重整效果分析

《企业破产法》于2007年6月实施以来，监管部门陆续在制度建设层面推出了相关配套政策和法规，逐步完善和规范破产重整的程序，指导破产重整的相关实践。例如，最高人民法院在2011年9月、2013年9月及2019年2月陆续发布《关于适用〈中华人民共和国企业破产法〉若干问题的规定（一）（二）（三）》（法释〔2011〕22号、法释〔2013〕22号、法释〔2019〕3号）。2017年8月，最高人民法院发布《关于为改善营商环境提供司法保障的若干意见》（法发〔2017〕23号），提出要完善破产程序启动机制和破产企业识别机制，切实解决破产案件立案难问题；推动完善破产重整、和解制度，促进有价值的危困企业再生等。2019年7月，发改委等13个部门联合发布《加快完善市场主体退出制度改革方案》（发改财金〔2019〕1104号），提出要完善企业破产启动与审理程序、研究建立预重整和庭外重组制度、完善企业破产重整制度等。2021年2月，发改委等13个部门联合发布《关于推动和保障管理人在破产程序中依法履职进一步优化营商环境的意见》（发改财金规〔2021〕1274号），提出加强金融机构对破产程序的参与和支持，加强重整企业融资支持，支持重整企业金融信用修复和企业纳税信用修复等。2021年11月，国务院发布《关于开展营商环境创新试点工作的意见》（国发〔2021〕24号），提出在优化营商环境工作中的一个重点任务就是要推行破产预重整制度，建立健全企业破产重整信用修复机制，允许债权人等推荐选任破产管理人等。

为深入研究破产重整案件的趋势及特征，本章对重整效果予以分析，以期系统性地了解破产重整实践，为陷入困境的企业提供更多的重整实操经验，引导更多的社会资本和专业投资者关注破产重整中潜在的投资机会，同时也期待这些研究能对破产重整制度的发展与完善提供助力。

重整不限于债务减免和财务调整，重点是维持企业的营运价值。人民法院在审查重整方案计划时，除合法性审查外，还应审查其中的经营方案是否具有可行性。实践中，上市公司或者管理人制订的上市公司重整计划草案应当包括详细的经营方案。因此，本章着力从重整效果、企业运营价值、财务状况以及市值分析四个方面展开。

第一节　企业重整效果分析

一、上市公司重整前后比较

（一）资产负债情况

上市公司重整前已濒临资不抵债境地或处于严重资不抵债情形，而在重整之后，上市公司全部负债都得到妥善安排，部分将获得现金清偿，部分将以股抵债，部分将依法豁免。同时，因债务豁免形成上市公司重组收益可以抵减亏损，然后再通过重大资产重组等方式，上市公司将能够恢复生产经营并产生盈利，上市公司资产负债结构得到优化。

（二）企业生产经营

上市公司在进入重整前，绝大多数现金流已近枯竭，部分甚至需要靠举债才能维持正常的信息披露费用，日常生产经营所需资金更是捉襟见肘。在此情形下，上市公司不得不停产停业，员工处于待业状态或停薪休假，仅保留部分员工看守公司资产。上市公司重整后，通过引进重组方并将注入或购入部分盈利能力较强的生产经营性资产，或注入充足的现金，使生产经营得以根本性恢复并具备持续盈利能力。

（三）诉讼问题

上市公司进入重整前，因缺乏清偿能力形成大量到期不能偿还的债务，进而引发大量诉讼。债权人对上市公司的银行账户、核心资产进行查封或冻结，有的上市公司不得不把仅有的经营所得通过第三方甚至个人账户暂存或进行周转，以维持公司日常运营。而在上市公司进入重整后，根据《企业破产法》提供的破产保护效力，所有针对上市公司资产的查封、冻结等限制措施将依法予以解除，所有诉讼、执行程序将依法中止，上市公司将能够在《企业破产法》的保护下正常生产经营。

（四）上市资格

上市公司重整前，有的上市公司已经被处以退市风险警示，有的上市公司甚至已经被暂停上市。这类上市公司，无论净资产还是经营利润指标都在恶化，若在规定时间内财务指标无法改善，则将面临退市风险。因此在重整前，上市公司维持继续上市的资格，则既有时间方面的难度，也有解决负债和生产经营方面的困难。

上市公司重整后，按照重整计划的安排，上市公司的债务负担得以解决，债权人依法豁免的债务作为重组收益冲抵亏损，公司恢复盈利能力，各项财务指标明显改善。如此，面临暂停上市风险的上市公司，将被摘掉“ST”帽子；已经暂停上市的公司，可以在满足上市条件后申请恢复上市。重整之后，上市公司的上市资格得以维持。

通过上市公司重整前后对比不难看出，重整后的上市公司在资产负债结构、公司经营能力方面得到脱胎换骨的改变。

二、重整的社会效果

上市公司重整之后的社会效果主要体现在以下方面。

（一）债权人的债权得以最大限度地保护

上市公司重整之后，在多数情况下债权人按照清偿比例将分得部分上市公司股权。随着上市公司生产经营恢复正常，持续盈利，上市公司股票交易活跃，债权人分得的股票可以在二级市场变现，作为对自己债权的清偿。据了解，分得上市公司股票的债权人，清偿率都比较理想，个别上市公司的债权人分得股票，如果在交易价的高点出售，其清偿率甚至可以超过100%。如果不给上市公司重整的机会，上市公司或将退市，债权人的债权将得不到清偿；如果破产清算，则很多上市公司普通债权的受偿率将为零。所以，上市公司重整可以最大限度地保护债权人的利益。

（二）出资人权益得以保护

因上市公司重整不仅解决负债问题，还解决持续经营和盈利问题，上市公司上市资格得以维持，上市公司股票交易价格得以稳定甚至稳中有升。如果不给上市公司重整的机会，任由上市公司继续恶化，势必导致股票退市甚至上市公司破产清算，出资人将损失惨重，不利于资本市场的稳定发展。可以说，上市公司重整最大限度地保护了广大投资人的投资权益。

（三）金融生态环境得以改善

大多数上市公司都有金融机构债权，有些上市公司欠付金融机构债权数额十分巨大。这些金融债权如果得不到妥善处理，势必造成金融机构巨额贷款损失，甚至触发系统性金融风险。上市公司重整后，多数情况下金融机构的部分债权可转为上市公司股票，随着上市公司股票的升值，金融机构在二级市场套现回收，可以最大限度减少贷款损失，甚至不受损失，由此，金融生态环境得以改善。如果不给上市公司重整的机会，上市公司将退市或破产清算，最大的受害人无疑将是金融机构，金融生态环境也必将恶化。所以，上市公司重整从一定意义上讲，强有力地保护了金融债权，改善了金融生态环境。

（四）员工就业与社会稳定

上市公司一般员工众多，如果不给上市公司重整的机会，大部分员工将失去工作。上市公司重整后，相当一部分员工会留在本公司继续工作，减轻了社会再就业压力，对有效缓解就业压力功不可没。

上市公司重整前，债权人采用各种手段进行维权，包括到行政机关上访、通过司法机关启动诉讼执行公司财产、影响公司经营秩序等；由于长期欠付员工薪酬与社保，个别员工采取极端手段进行维权；由于长期拖欠工程款等敏感类债权，导致工程款债权人欠付施工工人的工资，工程款债权人不得不将施工工人调动起来，共同维权。以上种种都是社会不稳定的潜在因素。如果不给上市公司重整的机会，势必进一步加剧债权人与债务人之间的矛盾和冲突，导致群体性事件的发生，严重影响社会稳定。上市公司重整后，员工债权和工程款优先债权将在短时间内获得全额清偿，潜在的社会不稳定因素从此彻底化解。所以上市公司重整，不仅没有制造社会矛盾，反而把债权人与债务人之间的利益冲突限制在上市公司内部，彻底地消化而非转移给社会，利国利民。

（五）创造投资机会

重整前，上市公司几乎可以说是“死水一潭”，所有可利用的资源均因司法保全等限制丧失流动性，其价值无法通过市场的力量进行释放，资源浪费严重。上市公司重整之后，所有对上市公司资源的限制措施解除，上市公司可以通过市场机制从容配置资源。同时，上市公司自身的上市资源可以创造更多的投资机会，既实现了上市公司本身资源价值最大化以清偿自身负债，又创造了更多的投资机会和就业岗位，并进一步活跃市场经济。可以说，上市公司重整对社会经济的发展是有特殊贡献的。

（六）增加税收

上市公司在重整之前，由于没有经营活动、营业收入和利润，对国家税收贡献很少或根本无税可交，甚至欠付巨额税款。如果不给上市公司重整的机会，上市公司退市进行破产清算，纳税主体将不复存在。上市公司重整之后，上市公司作为纳税主体被保留下来，加之上市公司重大资产重组，恢复生产经营活动，有了营业收入和利润，可以持续为国家贡献税收，上市公司股票交易本身也能给国家带来大量税收收入。所以说，上市公司重整，不仅对上市公司的出资人和债权人有利，而且对增加国家税收收入也是有利的。

第二节　企业运营价值分析

一、经营方案分析

重整计划往往历时较长，根据本书统计，重整计划实际执行时间平均为 183 天（见图 6－1）。各公司计划的实际执行时间差异很大，清偿方式、资产处置难度等都会造成这种差异，实操中，股东让渡的股权未解除质押或司法冻结，这种情况往往会造成执行期限的大幅延长。图 6－2 列示了 2007—2021 年重整公司数量。

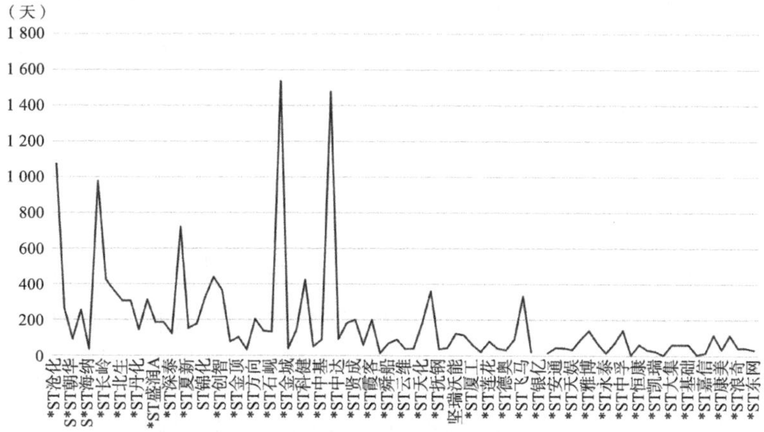

图 6－1 重整计划从批准到执行完毕历时天数

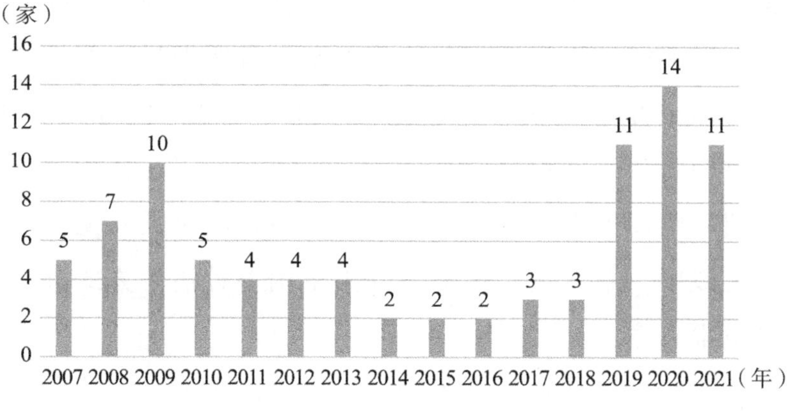

图 6－2 2007—2021 年重整公司数量分布

重整计划中经营方案以资产部分剥离式为主，资产全部剥离式比例降低。在 90 家上市公司重整案件中，各家上市公司对资产经营方案采取的处理方式各有不同。参考已有研究对资产处理方式的分类，将其分为“资产全部剥离式”[①]“资产部分剥离式”和“资产保留式”三种形式。随着上市公司重整规则的进一步完善，上市公司重整模式的选择将日渐回归到着重考虑上市公司自身资产与营运业务的价值上，越来越严格的退市规定缩减资产全部剥离式的适用空间，相应地也使得更多企业采用资产部分剥离或资产保留的方式进行破产重整。

二、清偿方案分析

重整计划中债权受偿方式更加多元化。重整方案中涉及的债权一般包括有财产担保债权、职工债权、税款债权以及普通债权。根据对已披露重整计划的 90 家上市公司重整方案中债权调整与受偿方案的梳理，发现职工债权和税款债权均 100% 受偿，有财产担保债权一般均在担保财产范围内优先清偿，特定担保未足额覆盖的有财产担保债权部分则转入普通债权受偿。因此各公司往往在对普通债权的调整和清偿方案上有所差异。债权的清偿主要包括两个方面，一个是清偿率，另一个是清偿方式。其中，破产重整中对各类债权的清偿方式一般包括现金清偿、债转股、以资抵债、留债展期四类，现金清偿及债转股是最常见的清偿方式。在实践中，单个破产重整案件中采用多种清偿方式进行组合的现象也很普遍。

债转股清偿是指在重整程序中通过将部分或全部债务转换成股权，以期降低破产企业债务规模。在实际重整方案中，债转股的应用能够提高清偿率，减少普通债权人尤其是大额金融债权人

---

① “资产全部剥离式”指在重整方案中明确将对上市公司原有全部资产、营业事务进行剥离处置，在重整期间或重整执行完毕后通过资产重组等方式向上市公司注入新的资产，从而使上市公司具备持续盈利能力。

的损失。留债主要是将债务延期支付，减轻当前的偿债压力，但仍负有未来偿付的责任。通过延长还款期限，留存部分债务分期还本付息，给予企业以恢复和发展的时间和空间，提升对债权人的清偿能力。现金是破产重整债权清偿方案中最常见的清偿方式之一。

三、出资人权益调整分析

对于出资人权益的调整，资本公积转增股本仍是主要方式。上市公司进入破产重整，为使企业获得重生，往往需要出资人和债权人共担公司实现重生的成本。出资人权益调整方式常见的有上市公司股东无偿让渡股权、股东有偿转让股权、资本公积金转增股本、缩股等。实践中，资本公积转增股本逐渐成为近年来上市公司破产重整中出资人权益调整的主要方式。

第三节　企业财务状况分析

企业重整效果最直接的表现就是财务方面。因此，本部分主要从偿债能力和盈利能力两个方面展开分析。

一、偿债能力

表 6－1 列示了重整前后偿债能力的对比。可以发现，企业的流动比率、速动比率、现金比率、资产负债率的均值由重整前的 0.72、0.61、0.37、229%，变化为重整后的 3.21、2.64、1.44、55%。均值容易受到极值影响，为消除极值影响，进一步从中位数来看，资产负债率也从 112% 降低到 50%。由此说明重整计划执行完毕后，企业偿债能力得到明显改善。

表 6-1　　重整前后企业偿债能力对比

股票代码	股票简称	重整前				重整后			
		流动比率（%）	速动比率（%）	现金比率（%）	资产负债率（%）	流动比率（%）	速动比率（%）	现金比率（%）	资产负债率（%）
均值		0.72	0.61	0.37	229	3.21	2.64	1.44	55
中位数		0.38	0.25	0.03	112	1.69	1.14	0.37	50
000017	深中华 A	0.06	0.05	0.03	1 151	1.22	1.05	0.79	74
000030	*ST 盛润	0.03	0.03	0.00	2 945	0.94	0.94	0.01	107
000033	*ST 新都	0.61	0.59	0.23	141	8.43	8.30	1.08	93
000034	深信泰丰	0.15	0.10	0.04	635	1.24	0.86	0.43	59
000035	中国天楹	0.11	0.11	0.00	703	0.93	0.88	0.32	50
000155	川化股份	0.14	0.13	0.02	326	2.41	2.39	0.41	46
000410	*ST 沈机	0.86	0.52	0.00	99	0.90	0.65	0.18	94
000520	长航凤凰	0.06	0.05	0.01	861	1.88	1.79	0.44	50
000557	*ST 广夏	2.14	1.98	1.97	53	1.84	1.67	1.61	49
000561	烽火电子	0.56	0.35	0.16	124	2.36	1.83	0.68	39
000587	金叶珠宝	0.26	0.26	0.26	391	2.07	0.77	0.06	46
000595	宝塔实业	0.74	0.47	0.08	75	2.42	1.75	0.87	40
000677	恒天海龙	0.28	0.21	0.02	80	0.36	0.25	0.09	81
000697	炼石有色	1.24	1.11	0.73	55	2.22	2.01	1.30	21
000719	*ST 鑫安	0.11	0.10	0.02	116	4.77	4.77	4.77	21
000751	锌业股份	1.36	0.38	0.18	48	1.20	0.44	0.06	48
000757	浩物股份	0.97	0.73	0.06	98	1.18	0.92	0.27	77
000792	盐湖股份	0.31	0.24	0.04	229	2.11	1.91	0.87	54
000818	方大化工	0.80	0.63	0.39	32	1.09	0.63	0.07	25
000820	金城股份	0.06	0.04	0.00	160	1.31	0.82	0.17	68
000912	泸天化	0.22	0.14	0.03	123	2.81	2.13	1.18	26
000972	新中基	0.50	0.29	0.14	94	0.80	0.41	0.09	61
000982	*ST 中绒	0.35	0.16	0.03	113	10.80	9.68	7.96	9
002015	霞客环保	0.23	0.18	0.01	239	10.52	5.29	1.31	7
002145	中核钛白	0.43	0.22	0.01	84	0.61	0.41	0.04	60

续表

股票代码	股票简称	重整前				重整后			
		流动比率（%）	速动比率（%）	现金比率（%）	资产负债率（%）	流动比率（%）	速动比率（%）	现金比率（%）	资产负债率（%）
002260	＊ST 德奥	0.45	0.36	0.13	95	3.63	3.28	0.93	81
002354	天神娱乐	0.40	0.39	0.10	87	3.66	3.59	1.05	23
002501	＊ST 利源	0.13	0.12	0.00	285	3.35	2.90	1.45	28
002506	协鑫集成	0.08	0.08	0.01	286	1.35	1.11	0.16	76
002608	江苏国信	0.43	0.37	0.00	71	0.45	0.41	0.21	51
002716	金贵银业	0.83	0.54	0.00	106	1.56	0.45	0.24	52
300008	天海防务	0.54	0.23	0.03	80	1.87	1.58	0.25	32
300116	保力新	1.70	1.65	0.78	55	0.97	0.61	0.11	63
600057	象屿股份	0.38	0.37	0.35	143	1.05	0.71	0.18	77
600074	保千里	0.42	0.31	0.03	86	1.70	1.29	0.71	46
600157	永泰能源	0.18	0.16	0.01	73	0.53	0.49	0.08	56
600179	安通控股	0.39	0.38	0.02	114	1.87	1.85	0.62	31
600186	莲花健康	0.76	0.73	0.52	97	1.41	1.33	0.57	48
600217	ST 秦岭	0.21	0.14	0.09	113	0.14	0.07	0.01	94
600242	ST 华龙	0.19	0.18	0.05	112	1.03	1.01	0.13	74
600381	青海春天	1.10	1.02	0.61	97	9.80	6.00	0.73	17
600399	ST 抚钢	0.53	0.40	0.03	112	3.37	2.11	0.11	48
600423	ST 柳化	2.53	1.96	1.37	21	5.27	5.25	4.61	16
600462	石岘纸业	0.09	0.02	0.00	236	1.74	1.17	0.36	33
600556	＊ST 北生	0.13	0.12	0.00	219	0.31	0.31	0.22	273
600678	四川金顶	0.05	0.01	0.00	156	0.34	0.32	0.15	81
600699	ST 得亨	0.27	0.17	0.02	121	1.15	0.92	0.21	51
600705	＊ST 北亚	0.68	0.68	0.68	88	36.70	36.23	34.71	3
600722	ST 金化	0.19	0.12	0.03	199	0.19	0.06	0.01	138
600725	ST 云维	0.29	0.25	0.01	134	18.50	13.64	3.06	17
600728	新太科技	0.49	0.46	0.31	147	1.69	1.50	0.39	55

续表

股票代码	股票简称	重整前				重整后			
		流动比率（%）	速动比率（%）	现金比率（%）	资产负债率（%）	流动比率（%）	速动比率（%）	现金比率（%）	资产负债率（%）
600757	ST 源发	0.16	0.10	0.02	216	1.68	1.04	0.76	33
600815	*ST 厦工	0.84	0.55	0.08	101	2.30	1.56	0.30	56
600817	*ST 宏盛	12.62	12.62	10.53	40	2.81	2.63	2.62	26
601005	重庆钢铁	0.09	0.06	0.03	100	1.43	0.82	0.38	31
601258	ST 庞大	0.71	0.58	0.25	80	1.55	1.02	0.09	51

二、盈利能力

表6－2列示了重整前后企业的盈利能力对比分析。统计发现，从均值来看，重整前企业总资产报酬率、营利毛利率分别为－36%、6%，重整后变化为4%、17%。从中位数来看，总资产报酬率从－8%变化为3%，营业毛利率从8%提高到13%。这说明，重整后公司整体盈利能力得到显著改善。总体而言，企业重整后的盈利能力是有所提升的。

表6－2　　　　重整前后企业盈利能力对比分析

股票代码	股票简称	重整前		重整后	
		总资产报酬率（%）	营业毛利率（%）	总资产报酬率（%）	营业毛利率（%）
均值		－36	6	4	17
中位数		－8	8	3	13
000017	深中华 A	－1	10	15	6
000030	*ST 盛润	－517	0	－15	0
000033	*ST 新都	－92	32	3	39

续表

股票代码	股票简称	重整前		重整后	
		总资产报酬率（%）	营业毛利率（%）	总资产报酬率（%）	营业毛利率（%）
000034	深信泰丰	101	18	10	15
000035	中国天楹	-207	75	7	52
000155	川化股份	-85	7	5	6
000410	*ST 沈机	0	26	-12	-9
000520	长航凤凰	-635	-16	24	14
000557	*ST 广夏	127	46	-1	62
000561	烽火电子	257	3	9	40
000587	金叶珠宝	-125	-26	14	7
000595	宝塔实业	-19	0	-13	-8
000677	恒天海龙	36	-14	-11	-2
000697	炼石有色	-8	3	11	53
000719	*ST 鑫安	107	0	79	0
000751	锌业股份	4	13	3	6
000757	浩物股份	96	24	14	29
000792	盐湖股份	-209	26	22	60
000818	方大化工	45	-5	2	6
000820	金城股份	9	10	2	20
000912	泸天化	-18	12	4	13
000972	新中基	8	18	7	12
000982	*ST 中绒	-26	2	2	16
002015	霞客环保	-223	-31	-13	1
002145	中核钛白	-31	-1	4	23
002260	*ST 德奥	4	22	-72	5
002354	天神娱乐	-13	49	1	19
002501	*ST 利源	-294	-223	-19	-23
002506	协鑫集成	-189	8	4	15

续表

股票代码	股票简称	重整前		重整后	
		总资产报酬率（%）	营业毛利率（%）	总资产报酬率（%）	营业毛利率（%）
002608	江苏国信	1	28	9	15
002716	金贵银业	-37	-11	2	7
300008	天海防务	-14	2	2	13
300116	保力新	77	12	-20	-17
600057	象屿股份	111	8	6	2
600074	保千里	28	4	17	42
600157	永泰能源	4	30	3	22
600179	安通控股	-51	-21	16	29
600186	莲花健康	4	10	3	12
600217	ST 秦岭	-13	14	-7	3
600242	ST 华龙	137	56	6	35
600381	青海春天	5	60	20	48
600399	ST 抚钢	-9	14	4	17
600423	ST 柳化	19	14	1	23
600462	石岘纸业	-123	3	1	-11
600556	*ST 北生	-110	-50	14	0
600678	四川金顶	10	-2	2	14
600699	ST 得亨	-34	-1	17	21
600705	*ST 北亚	1	0	-2	45
600722	ST 金化	1	4	-12	-4
600725	ST 云维	-39	-12	2	4
600728	新太科技	3	56	6	25
600757	ST 源发	-39	3	7	39
600815	*ST 厦工	-1	12	2	8
600817	*ST 宏盛	-9	62	0	58
601005	重庆钢铁	-10	-40	7	13
601258	ST 庞大	-13	1	4	10

第四节　市值角度

一、控制权变化

重整后控制权发生变化的比例较高。在统计的披露重整计划的 90 家公司中，有 58 家上市公司在破产重整后实际控制人发生了变化，占比 64%；有 26 家上市公司的实际控制人并没有因为重整而改变。

二、主营业务及所属行业

重整后继续维持原主营业务及行业的概率较大。根据破产重整前后上市公司的证监会行业二级分类的变化，判断公司的主营业务是否因为重整而改变。根据统计，有 38 家上市公司的主营业务通过破产重整发生改变，占比为 42%；有 52 家公司维持原有业务，占比为 58%。此外，破产重整上市公司行业分布的主要特点为大部分公司集中于制造业：重整前有 53 家公司为制造业大类中的企业，占完成重整的 73 家上市公司的 72.60%；重整后，部分上市公司调整了主营业务，有 46 家公司仍为制造业企业，占比 63.01%。

三、二级市场表现

重整后大部分公司的市值均得到不同程度修复。表 6-3 列示了重整前后市值变化。使用重整计划执行完后一年的市值和重整计划执行完前一年的市值，统计重整前后的市值变化情况。无论是从市值还是从托宾 Q 来看，重整前后均有明显改善。如托宾 Q 的均值、中位数分别从重整前的 3.32、2.31 提升到重整后的 4.62、2.94。因此，无论是从投资者角度还是市值管理角度而言，重整都是有利的。由此可知，对于具有重整可能的上市公司，努力推动其重整成功，对于优化资源配置、促进产业结构的调整和升级换代及减少上市公司破产清算对社会带来的不利影响，都取得了良好的社会效应和经济效应。

表 6－3 企业重整前后市值对比分析

股票代码	重整前		重整后	
	市值（元）	托宾 Q	市值（元）	托宾 Q
均值	17 986 329 823	3.32	20 410 449 112	4.62
中位数	6 410 717 387	2.31	7 212 130 180	2.94
000034	2 234 553 709	15.22	1 456 229 271	7.31
000155	6 718 944 560	9.68	9 723 587 864	1.44
000410	24 918 757 060	1.27	11 411 328 980	2.23
000520	7 532 443 483	11.03	12 574 236 503	24.50
000523	9 208 250 185	2.76	6 435 743 024	2.53
000561	1 352 021 595	4.98	3 063 302 730	2.50
000564	43 499 929 538	0.98	31 667 571 483	1.28
000595	3 548 554 952	3.06	4 180 739 416	3.85
000677	5 704 715 955	1.68	8 086 032 750	2.99
000697	1 834 749 015	3.07	2 749 325 650	4.00
000751	10 025 658 762	3.02	6 259 184 786	1.63
000792	75 421 691 151	3.53	205 753 543 004	8.48
000912	10 703 623 334	1.86	9 311 474 811	1.40
000980	13 980 202 278	1.88	21 148 480 001	3.46
000982	11 738 175 178	1.43	4 627 435 565	3.74
002015	2 941 785 210	7.41	3 550 393 776	12.78
002072	1 239 648 067	3.08	1 289 210 832	15.09

续表

股票代码	重整前		重整后	
	市值（元）	托宾 Q	市值（元）	托宾 Q
002145	2 025 507 356	3.66	3 660 817 352	1.47
002175	2 325 857 387	4.02	4 152 098 958	7.41
002210	6 700 837 576	11.99	8 280 278 695	16.04
002354	7 723 863 041	1.75	9 680 117 016	3.26
002356	4 673 609 907	4.24	5 903 167 566	6.09
002445	5 260 465 727	2.64	6 527 009 667	2.41
002501	9 969 027 840	3.47	7 645 921 542	3.44
002506	6 120 597 198	2.61	36 073 347 424	2.54
002716	12 333 112 582	1.39	9 002 327 758	3.00
002766	3 785 593 483	2.04	3 777 526 544	3.37
300008	3 512 666 715	1.82	8 106 195 179	3.44
300071	3 213 115 475	2.78	3 363 748 243	3.68
300116	4 653 490 370	3.73	10 259 340 675	14.58
300278	4 769 369 046	2.11	6 778 338 819	2.49
600157	95 578 397 971	1.87	98 640 291 010	1.97
600179	11 262 660 369	1.47	18 460 708 577	1.66
600186	5 020 895 583	2.50	5 517 156 433	2.59
600221	212 275 269 733	1.30	189 659 786 230	1.41
600399	16 870 793 075	1.94	10 584 712 672	1.37
600423	3 622 380 747	1.33	2 065 198 750	4.40
600462	3 053 240 069	5.02	2 839 765 373	5.93
600515	65 167 531 648	1.17	76 319 127 544	1.31
600518	54 368 676 842	1.70	44 493 541 303	2.92
600595	24 406 051 772	1.31	25 939 331 345	1.20
600699	2 278 917 741	3.07	2 538 559 934	1.97
600725	14 929 420 124	2.01	3 877 696 244	11.66
600728	1 920 926 897	5.75	2 203 825 726	2.96

续表

股票代码	重整前		重整后	
	市值（元）	托宾 Q	市值（元）	托宾 Q
600734	3 757 498 304	1.81	9 297 812 865	8.92
600757	3 482 255 836	3.63	5 064 026 838	1.40
600815	8 007 170 947	1.65	6 048 984 944	1.81
601258	35 676 077 468	1.27	21 903 778 231	1.19
601777	23 012 624 648	1.35	22 575 318 131	1.28
603555	4 954 883 657	1.53	5 994 777 586	2.45

四、小结

近年来，党中央、国务院高度重视优化营商环境工作，其中健全更加开放透明、规范高效的市场主体准入和退出机制，提高市场重组、出清的质量和效率，则是这一工作的关键内容。世界银行将“破产办理”指标列入营商环境评价指标体系的一级指标，而重整程序指标又是其核心部分。由此可见，重整制度集中体现了《企业破产法》的拯救功能，代表了现代破产法的发展趋势。通过市场化、法治化途径挽救困境企业，不断完善社会主义市场主体救治机制，有利于更好地服务和保障国家经济高质量发展，助推营造国际一流营商环境。本章对2007年施行的《企业破产法》实施以来的破产重整案例进行整合、梳理，就前述统计及分析总结如下：

第一，大部分进入破产重整的上市公司通过重整程序实现了法律效果和社会效果的统一。从案例数量和操作路径来看，上市公司破产重整逐步市场化、规范化、常态化。上市公司通过重整制度解决了债务问题、恢复了正常经营，改善了经营业绩，市值也得到不同程度的修复。

第二，从现有统计数据来看，需要进一步兼顾降低破产成本和优化破产重整效率。目前破产重整启动存在难度，程序相对烦琐；破产时间相对较久，样本上市公司从申请重整到最终执行完毕的平均耗时为 460.58 天；破产重整各项成本偏高、对持续运营价值和经营方案可行性重视不够等问题亟待在司法实践中逐步得到解决。

第三，产业投资人和财务投资人都在上市公司破产重整中扮演了越来越重要的角色，以期实现社会效益和资本效益的共赢。破产重整的目的在于挽救困境中的企业，上市公司的特殊性、信息的公开性也使其进入破产重整程序后相对容易获得外部的支持，为特殊机会投资创造了良好生态环境。从统计数据来看，90 家破产重整样本上市公司中有 59 家引入了外部投资人，产业投资人和财务投资人都在上市公司破产重整中发挥了重要作用。产业投资人围绕破产重整后企业价值的修复和经营层面的赋能，财务投资人围绕重整中债权债务关系的梳理和资金的融通，都给予了重整企业重获新生的力量。

参考文献

［1］［日］石川明．日本破产法［M］．何勤华，周桂秋译，中国法制出版社，2000.

［2］包丁裕睿．论重整程序中自行管理债务人的权限与监督［J］．中国政法大学学报，2021（04）：130—154.

［3］曹文兵．上市公司重整中出资人权益调整的检视与完善——基于51家上市公司破产重整案件的实证分析［J］．法律适用，2018（17）：105—113.

［4］车楠．境外破产企业集团结构重整探析——基于挪威Seadrill集团在美破产案例［J］．中国注册会计师，2021（04）：113—118.

［5］车楠．中资银行参与印度RCom公司破产重整案例分析及启示［J］．中国注册会计师，2021（08）：117—119.

［6］陈夏红．从康美药业重整看大规模侵权的破产法应对［J］．中国法律评论，2022（01）：93—105.

［7］池伟宏．困境企业拯救的破产重整路径效率优化［J］．中国政法大学学报，2021（04）：223—239.

［8］丁剑，孙娜．企业破产重整的会计处理难点探析［J］．中国注册会计师，2021（07）：92—95.

［9］丁燕．论合同法维度下重整投资人权益的保护［J］．

法律适用，2018（07）：96—101.

［10］高丝敏．论破产重整中信息披露制度的建构［J］．山西大学学报（哲学社会科学版），2021，44（03）：102—112.

［11］高丝敏．我国破产重整中债务人自行管理制度的完善——以信义义务为视角［J］．中国政法大学学报，2017（03）：56—69.

［12］郭毅敏：破产重整·困境上市公司复兴新视野——以审判实务研究为中心［M］．人民法院出版社，2010.

［13］郝杨．企业集团财务公司风险处置机制研究——基于L财务公司破产重整的案例分析［J］．金融监管研究，2021（11）：65—77.

［14］何心月．我国破产预重整实践的现状与出路［J］．华东政法大学学报，2022，25（05）：180—192.

［15］何旭强，周业安．上市公司破产和重整的选择机制、经济效率及法律基础［J］．管理世界，2006（07）：125—131.

［16］胡燕．关于上市公司破产重整中债务人管理模式的运行机制问题——基于ST秦岭破产重整的案例分析［J］．财务与会计，2012（08）：25—27.

［17］黄庆华，欧亚姗．破产重整效率、企业重整价值与利益相关群体——基于泸天化与柳化股份的比较案例［J］．财会通讯，2021（22）：99—102.

［18］黄贤华．后续重整申请权的保护与限制——上海万豪投资有限公司申请破产清算转重整上诉案评析［J］．中国注册会计师，2022（04）：111—113.

［19］李灵．破产债权审查的重点难点问题解析［J］．中国注册会计师，2021（11）：83—87.

［20］李曙光，郑志斌．公司重整法律评论（上市公司重整专辑）（第5卷）［M］．北京：法律出版社，2019.

［21］李晓慧，姜轶真，白蔚秋．方正集团破产重整模式分析及启示［J］．中国注册会计师，2022（08）：116—121.

［22］李永军，王欣新，徐阳光．破产法（第2版）［M］．中国政法大学出版社，2017.

［23］梁伟．论我国企业破产重整计划制定权主体制度［J］．学术交流，2018（02）：78—84.

［24］林雨晨，苏林璐．深市公司破产重整效果评估及监管建议［J］．证券市场导报，2021（11）：60—67.

［25］刘惠明，牟乐．新型企业拯救模式：预重整制度［J］．财会月刊，2021（21）：115—120.

［26］刘雯丽．我国企业破产重整管理人职能研究［J］．广西大学学报（哲学社会科学版），2018，40（02）：65—72.

［27］栾甫贵，侯晶．上市公司破产重整价值判断体系的探讨［J］．北京工业大学学报（社会科学版），2017，17（04）：22—28.

［28］栾甫贵，屈静蓉．＊ST德奥破产预重整的案例分析及启示［J］．财务与会计，2021（19）：48—51.

［29］潘光林，方飞潮，叶飞．预重整制度的价值分析及温州实践——以温州吉尔达鞋业有限公司预重整案为视角［J］．法律适用，2019（12）：37—43.

［30］齐明，郭瑶．破产重整计划强制批准制度的反思与完善——基于上市公司破产重整案件的实证分析［J］．广西大学学报（哲学社会科学版），2018，40（02）：49—57.

［31］齐明．重整期间公司控制权二元模式探究——兼论我

国破产管理人制度的不足与完善［J］. 求是学刊，2010，37（05）：95—99.

［32］乔文湘．上市公司破产重整中对中小股东权益的保护［J］. 现代管理科学，2014（04）：115—117.

［33］申林平．上市公司破产重整：原理与实务［M］. 法律出版社，2020.

［34］司伟．“绝对”与“相对”之辩：论我国企业破产重整中优先原则的选择［J］. 中国法律评论，2021，42（06）：88—98.

［35］孙鹏宇．破产重整中商业银行债转股问题研究［J］. 人民论坛·学术前沿，2018（04）：90—94.

［36］孙永国，周平．破产重整程序中涉税清偿探析［J］. 中国注册会计师，2022（05）：105—107.

［37］王春超，曹阳，张小立．集团上市公司整体破产重整模式研究［J］. 经济纵横，2011（04）：91—94.

［38］王静，蒋伟．实质合并破产制度适用实证研究——以《企业破产法》实施以来76件案例为样本［J］. 法律适用，2019（12）：3—17.

［39］王兰，黄伟佳．破产重整中银行担保债权的限制与保护［J］. 河南财经政法大学学报，2022，37（03）：66—77.

［40］王卫国：破产法［M］. 人民法院出版社，1999.

［41］王欣新，李江鸿．论破产重整中的债务人自行管理制度［J］. 政治与法律，2009（11）：83—88.

［42］王欣新．建立市场化法治化的预重整制度［J］. 政法论丛，2021（06）：73—85.

［43］王扬．持续经营视角下的审计质量研究——基于破产

重整上市公司的实证研究［J］. 当代经济研究，2012（04）：51—57.

［44］王佐发. 论困境公司董事信义义务的转化——以公司法与破产法的衔接为视角［J］. 社会科学，2022（01）：119—129.

［45］翁彬瑜. 企业破产重整融资债权优先清偿保护制度的国际借鉴［J］. 财会通讯，2022（21）：146—150.

［46］许胜锋. 重整中债务人自行管理制度价值及风险的实用性研究［J］. 中国政法大学学报，2017（03）：43—55.

［47］杨春华. 我国预重整制度探索研究［J］. 法律适用，2022（11）：140—151.

［48］尹秀超，周洪荣. 上市公司破产管理人指定方式及管理模式的市场效应分析［J］. 浙江学刊，2012（02）：174—179.

［49］于颖，罗党练，林硕延. 公司治理失败与企业破产——以海航集团为例［J］. 财会月刊，2021（13）：110—117.

［50］余浪，李乐，夏喆. 轻资产企业破产重整的动因、效果与路径——以天神娱乐为例［J］. 财会通讯，2022（18）：120—126.

［51］袁康，汪舒楠. 破产重整中的违约债券处置及其利益平衡［J］. 中国软科学，2021（05）：185—192.

［52］张世君，郑侠. 破产和解制度价值实现的困境与出路［J］. 首都师范大学学报（社会科学版），2022（05）：180—186.

［53］张思明. 破产重整债务人自行管理模式的适用性分析［J］. 商业研究，2019（01）：147—152.

[54] 张艳丽，陈俊清．论法庭外债务重组与法庭内重整的合理衔接［J］．北京理工大学学报（社会科学版），2022，24（01）：152—161.

[55] 张艳丽，陈俊清．预重整：法庭外重组与法庭内重整的衔接［J］．河北法学，2021，39（02）：43—58.

[56] 左北平．大型民营企业破产重整中的几个重要问题——以联盛集团破产重整案件为视角［J］．中国注册会计师，2017（12）：120—123.